KB056593

우리는
현재다

# 우리는 현재다
## 청소년이 만들어온 한국 현대사

**1판 1쇄 발행** 2016년 12월 12일 | **1판 4쇄 발행** 2020년 12월 10일

**지은이** 공현·전누리 | **펴낸이** 임중혁 | **펴낸곳** 빨간소금 | **등록** 2016년 11월 21일(제2016−000036호)

**주소** 서울시 강북구 삼각산로 47, 나동 402호 | **전화** 02−916−4038

**팩스** 0505−320−4038 | **전자우편** jioim99@hanmail.net

**ISBN** 979−11−959638−1−2 03900

• 책값은 뒤표지에 있습니다.

# 우리는 현재다

청소년은
미래의 주인공이
아니라
현재의 주인공이다!

## 청소년이 만들어온 한국 현대사

공현 · 전누리 지음

빨간소금

# 청소년도
## 시민이다

"청소년도 시민이다."

이 책이 전하고자 하는 주장을 한 문장으로 요약한다면 아마 이렇게 될 터이다. 우리 사회가 아직 성숙한 인간이 아니라며 '미성년자'라고 부르는 어린이·청소년도 엄연히 이 사회의 구성원이라는 것, 정치적·사회적 주체이며 주권자라는 것, 그리고 그 이야기를 대한민국이라는 나라가 아직 제대로 만들어지기 전부터 시작해서 역사 속의 청소년들을 통해 들려주는 것이 이 책의 내용이다.

사실 우리는 모두가 알고 있는 이야기를 새삼스럽게 하려는 것이다. 예를 들어 대부분의 사람들이 3·1운동에 유관순이라는 여성 청소년이 참여했다는 것을 알고 있다. 4·19혁명이 청소년들부터 시작됐다는 사실은 교과서에도 여러 번 나온다. 정치적 요구를 내걸고 진행된 촛불집회에 중고등학생들이 참가했다는 소식도 아마 어딘가 인터넷이나 신문을 통해 한 번쯤은 본 적이 있을 것이다. 우리는 그렇게 사소하게 지나쳤던 청소년들의 모습에 돋보기를 댄 것뿐이다.

한국 현대사 속에서 청소년들이 독립과 해방, 민주주의와 혁명, 인권과 삶을 위해 나섰던 순간들을 편집하고 확대하면서, 우리는 청소년들이 다른 많은 사람들과 함께 우리 역사의 주인이었고 바로 지금도 주인임을 보여주려 한다. 그 속에서 청소년들은 잘못된 것에 분노하고, 자신들의 권리를 외치며, 세상을 바꾸기 위해 행동하고, 먹고살기 위해 일하며, 세상의 벽과 가혹한 폭력 앞에 고통스러워하고, 변화의 가능성 앞에서 희망과 즐거움을 품는다. 청소년들은 역사 속에서 비슷하게 반복되면서도 또 매번 다른, 새로운 이야기와 행동을 통해 사회를 바꾸고 만들어왔다. 그리고 그런 모습이야말로 바로 민주주의였다고 해도 과언은 아닐 것이다.

우리는 청소년들이 '특별하다'는 이야기를 하려는 것이 아니다. 청소년들이 특별히 더 순수하거나 정의로웠던 것은 결코 아니었다. 그들도 역시 우리 사회를 살고 있는 수많은 사람들 중 한 명이었을 따름이다. 또 우리는 특별한 청소년들의 이야기를 하려는 것도 아니다. 이 책에 등장하는 청소년들은 대부분 그저 그런 학생이거나 노동자이거나 그저 한 명의 시민이었던 사람들이다. 우리는 이 책에 평범한 사람들이 단지 사람답게 살기 위해, 더 나은 세상을 만들기 위해 함께 이야기하고 행동한 이야기를 담았을 따름이다. 다만 그중에서도 아직 스무 살이 안 된, 지금 세상으로부터 어린이·청소년으로 불리는 사람들의 이야기를 골라서 전하는 것이다.

## 역사가 증언하는 청소년

청소년이 다른 많은 사람들과 마찬가지로 시민일 뿐이라면, 왜 굳이 청소년들의 이야기만을 골라서 전할 필요가 있는가? 그 이유는 아직도 많은 사람들이 이렇게 믿고 있기 때문이다. '청소년은 어른에게 보호받아야 할 순수하고 무력한 아이들이다. 청소년은 아직 정치에 관여하기에는 너무 어리고 공부나 해야 한다.' 바로 이러한 믿음이 청소년들을 제약하고 억압하는 틀이 되고 있다.

우리가 찾은 역사는 그런 세간의 믿음과는 다른 증언을 하고 있다. 우리가 살고 있는 이 나라, 이 사회, 이 민주주의 자체가 바로 청소년들이 함께 만들어온 것이라고 말이다. 대한민국을 건국한 계기인 3·1운동에서부터 숱한 독립운동들, 민주화와 경제발전의 과정 그리고 교육민주화 운동이나 광장에서의 사회운동까지, 청소년들은 정치적인 시민으로 계속 그 역사의 현장에 존재했다.

우리는 많은 사람들이 이 책을 읽고 그 사실을 알기를 바란다. 그리고 더 이상 거리로 나와 정치적 목소리를 내는 청소년들을 보며 기특하다거나, 새로운 일이라고 감탄하지 않기를 바란다. "아이들을 진지하게 대한다면 그들의 능력에 놀라지 않는다."(야누쉬 코르착) 청소년도 인간이고 시민이기에, 우리 사회의 문제에 대해 이야기하고 행동하는 것은 당연한 권리이자 자연스러운 현상이다. 그것에 새삼 놀라고 칭찬하는 일은 청소년들은 미성숙하고 잘 모를 거라는 편견, 청소년들의 정치적 행동은 예외적인 사건이라는 전제를 가지고 있는 것과 다름없다. 하지만 청소년의 정치적 행동은 과거부터 늘 있어왔다. 만약 당신이, 청소년이 언제나 정치적 주체였음을 알고 시민으로서 청소년이 가지는 정치적 권리를 존중한다면 청소년들을 특별하게 보지 않을 것이다.

무엇보다 우리는 청소년들 자신이 나이가 어리다고 해서 정치적이어선 안 된다거나 사회 문제에 관심을 가져서는 안 된다는 틀을 깨는 데 이 책의 이야기들이 도움이 되기를 바란다. 태어난 뒤부터 몇 년이 안 지났다는 것은 결코 이 사회의 시민으로서 생각하고 행동하는 데 걸림돌이 될 수 없다. 정치에 대해 잘 알고 행동하는 성숙한 어른이 있고 정치에 대해 잘 모르고 아직 참아야 하는 미성숙한 청소년이 있는 것이 아니다. 청소년이라는 이유로 관심을 가지고 행동해서는 안 된다며 가로막는 학교와 세상, 그리고 사람들의 고정관념이 있을 뿐이다. 이 책이 오늘날의 청소년들이 그런 고정관념을 해체하거나 뛰어넘는 데 있어 도움이 된다면 기쁠 것이다. 역사 속에서 주권자로서 살아 움직였던 그때 그 청소년들 역시 기뻐할 것이라고 조심스레 생각해본다.

## 이 책이 나오기까지

특정한 한 사건이 아닌 현대사의 여러 사건들 속에서 나타난 청소년의 모습들을 다루고 있는 이 책은 그동안 한국 현대사를 연구하고 정리해 둔 수많은 연구자들, 기록자들의 노고가 있었기에 가능했다. 우리가 한 것은 어쩌면 그들의 연구물들을 분석하고 짜깁기한 것에 불과할지도 모른다. 특히 〈민주주의 이행기 고등학생운동의 전개 과정과 성격에 관한 연구〉를 진행한 양돌규를 포함해 1980년대에서 1990년대 초까지의 고등학생운동을 기록하고 이야기한 이들, 1990년대 이후 청소년운동을 증언하고 기록해온 이들에게 더 큰 감사를 전하고 싶다. 그 두 운동을 넘나들며 역사를 쓰고 싶다는 마음이 싹텄던 것이 계기가 되어 이 책을 만들게 되었기 때문이다. 그런 정도의 구상을 좀 더 발전시켜 한국 현대사를 관통하는 기획으로 제안해주고 또 오랜 작업 시간을 기다려준 임중혁 대표에게도 특별히 감사의 말을 전한다.

청소년들이 나타났던 정치적 사건을 빠짐없이 다루려고 노력했지만, 가령 해방 후 건국 과정 등에 대한 부분은 공백으로 남아 있기도 하다. 다시금 지적하지만 그 기간 속에 청소년들의 움직임이 빠져 있는 건 아니었다. 1946년 10월 항쟁을 연구한 김상숙 박사는 "청년들, 특히 10대 중학생들과 거리의 청소년들은 1946년 10월 항쟁의 주역이었다."라고 지적하기도 했다. 충분한 자료 수집과 분석을 통해 그 공백을

채우는 것을 앞으로의 과제로 남겨둔다.

　무엇보다 역사 속 청소년들의 정치적 활동 외에도 경제 주체로서의 모습이나 문화적인 활동 등 일상적 모습을 다뤄 좀 더 총체적, 입체적으로 역사 속 청소년들의 모습을 담고 싶은 마음이 있었다. 하지만 우리의 지식이 부족하고 선행연구 성과가 적은 편이라 정치적 활동에 초점을 맞출 수밖에 없었다. 아쉽지만 이러한 작업에는 다른 이들이 나서 주기를 기대해본다.

　마지막으로 우리가 청소년인권에 대한 생각을 정립하는 데 절대적인 역할을 한, 함께 활동하고 공부하고 토론해온 청소년운동의 동료들 그리고 고등학생운동과 청소년운동의 사료를 수집하고 정리하는 데 나서준 류득선, 그리고 자료를 찾고 정리하는 데 조력해준 전혜원과 그 친구들, 이성현, 홍원기에게 감사의 말을 남긴다. 모든 책이 그렇듯 이 책 역시 다른 많은 사람들이 쌓아온 지식과 여러 관계 속에서 탄생했다. 부족하나마 저자로 이름을 올린 우리는 이 책이 또 다시 새로운 역사와 이야기를 낳기를 꿈꾸고 있다.

2016년 11월 20일
공현·전누리

# 1

청소년, 만세운동을 조직하다

"왜 우리들이 선생님 조종을 받지 않고는 못 나온단 말이에요? 일본 사람들은 어른만 애국심이 있고 아이

들은 애국심이 없는 식충이들만 산다는 이야긴가요? 조선 사람은 삼척동자도 나라를 사랑할 줄 알아요.

우리는 벌써 14,15세의 장성한 처녀들이에요."

# 몰래
# 붙인
# 태극기

밤의 학교는 조용했다. 이곳은 서울 정동에 자리한 조선의 대표적 여성 교육기관인 이화고등보통학교. 아무도 없는 밤의 교실에 그림자 두 개가 움직인다. 그림자들은 바삐 움직이며 무언가 그림이 그려진 종이를 계단에, 복도 벽에 붙이고 있었다.

　얼마나 시간이 지났을까. 그림자들은 숨을 죽이고 학교를 빠져나왔다. 창문으로 들어온 희미한 달빛 아래, 복도 벽에 붙어 있는 그림이 모

습을 드러냈다. 빨간색과 파란색이 어우러진 동그라미와 그 주변 네 귀퉁이를 장식한 까만 막대기. 비록 사괘(태극기 네 귀퉁이의 문양) 모두가 틀리고 어설프게 그려졌지만 그건 바로 태극기였다. 태극기는 학교 안 곳곳에 수십여 장 붙어 있었다.

유관순은 친구 이정수와 함께 학교를 나오면서 두근거리는 가슴을 진정시켰다. 아마도 친구들과 남몰래 학교에 들어갔다 나오느라 긴장했기 때문이었겠지만, 유관순은 그 두근거림 속에 긴장감 외의 다른 것도 섞여 있음을 알고 있었다. 그것은 바로 설렘, 그리고 뿌듯함이었다.

"내일 아침이면 애들이 깜짝 놀라겠지?"

"밥그릇 뚜껑 놓고 그린 거라서 못 그렸다고 흉이나 보지 않을까 걱정이다."

"뭐 잘 그린 게 중요한가? 우리가 독립을 바라는 마음이 중요한 거지."

날이 밝으면 학교 사람들은 다들 태극기에 담긴, 일본 제국주의로부터 독립하고자 하는 조선의 뜨거운 바람을 느낄 수 있을 것이다. 유관순은 함께 태극기를 붙이고 나오는 친구의 얼굴을 돌아보았다. 이정수의 얼굴 역시 설렘과 보람으로 어두운 밤 속에서도 환하게 빛나고 있었다.[12]

# 유관순은
## 단순 참가자가
## 아니었다

1910년 한국을 식민지로 만든 일제는 무단통치(武斷統治)를 펼쳤다. 무단통치란 경찰 등 무력을 앞세워 사람들을 지배하는 것을 말한다. 일제는 헌병경찰제도 등을 통해 독립운동가들을 무자비하게 탄압함은 물론 한국의 식량과 자원들도 강압적으로 약탈했다. 이러한 일제의 만행은 수많은 한국 사람들을 고통에 빠뜨렸고, 이 때문에 더욱 많은 사람들이 일제에 저항해서 독립을 이뤄야 한다는 생각을 갖게 되었다.

나라 밖에서 들려오는 소식들도 독립의 희망을 키워주었다. 1918년, 미국 대통령인 우드로 윌슨(Woodrow Wilson)은 식민지 민족의 결정권을 보장하자는 '민족자결주의(民族自決主義)' 원칙을 주장했고, 1917년에 일어난 러시아혁명도 독립을 꿈꾸는 사람들을 고무시켰다. 이런 상황을 배경으로 해서 1919년 3월 1일에 3·1운동이 일어났다.

그해 1월 21일, 일제가 강제로 황제 자리에서 쫓아낸 고종 전 황제가 급작스럽게 사망하면서 그가 독살당했다는 의혹이 사람들 사이에 퍼져나갔다. 이를 계기로 독립운동가들은 고종 황제의 국장일(國葬日) 이틀 전인 3월 1일에 대대적인 시위를 벌이기로 결정했다. 3월 1일의 독립선언과 독립만세시위는 천도교와 기독교, 불교 등 종교계 인사들과 학생들이 중심이 되어 준비했다. 3월 1일 오후 2시가 되자 민족대표들이 태화관에 모여 독립선언식을 진행했고, 2시 30분쯤 학생들과 시민들은 탑골공원에서 선언식을 진행한 뒤 만세시위를 벌였다. 서울에서 시작된 시위는 점차 전국적으로 퍼져나가 4월 10일경 절정에 이른 뒤 5월 말까지 계속되었다.

당시 유관순은 서울에서 이화여자고등보통학교에 다니고 있었다. 3·1만세운동이 시작되자 이화학교에서도 많은 학생들이 이에 참여하려 했으나 교사들은 학교 문을 잠그고 학생들을 막았다. 이화학교의 프라이(Lulu E. Frey) 교장은 "여러분은 아직 연약한 학생입니다. 나는 학생들이 참변당하는 걸 볼 수 없습니다."라며 학생들을 말렸지만, 유관순을 비롯한 많은 학생들은 담을 넘어 거리로 나가 시위에 참가했다. 유관순은 3월 5일에 열린 '학생단 시위'에도 친구들과 함께 참여했다가 경찰에게 체포되었는데, 외국인 선교사들이 학생들의 석방을 요구해 풀려 나올 수 있었다.[3]

유관순은 3·1운동이 있기 이전부터 독립운동에 많은 관심을 가졌다. 학교 안에서 친구와 함께 태극기를 70여 장 만들어 밤중에 몰래 학교 여기저기에 붙이기도 했다. 지금에 비유하자면 학생들이 학교에 몰래 들어가 주장을 쓴 종이를 여기저기 붙이는 것과 같은 일을 한 것이다. 또한 유관순은 네 명의 친구들과 함께 '죽음을 불사하고 독립을 위해 행동하자'라는 뜻으로 '결사대'라는 모임을 만들었다. 이 모임의 구성원들은 태극기와 애국가를 몸에 지니고 다니면서 여럿이 모여 태극기를 꺼내 보고 애국가를 불렀다고 한다. 유관순이 만세시위에 나간 것도 결사대 친구들과 함께였다.[4]

3월 5일 학생단의 시위 이후에도 독립운동은 계속 이어졌다. 상인들은 집단적으로 가게 문을 닫고 노동자들은 파업을 불사하며 시위를 이어나갔다. 학교에서는 학생들이 부상당할까 걱정된다며 시위 참여를 단속했지만 독립운동에 대한 학생들의 관심은 꺼지지 않았다. 그러자 일본제국은 3월 10일, 모든 학교에 휴교령을 내렸다. 학생들이 독립운동에 자꾸 참여하며 그 규모가 커지자 학생들의 모임을 막기 위해 학교 문을 아예 닫아버린 것이다. 당시에는 학교가 그리 많지 않았기 때문에, 다른 지역에 집이 있지만 서울의 학교에 진학해 기숙사에서 생활하는 학생들도 많았다. 그런데 휴교를 해버리니 이런 학생들은 서울을 떠나 자신의 집이 있는 지역으로 흩어질 수밖에 없었다. 유관순도 그런 학생 가운데 하나였다. 유관순은 "지금은 우리가 공부를 할 때가 아니라 만세를 부르고 나라를 찾아야 할 때다. 그러니 각자 시골로 가서 일

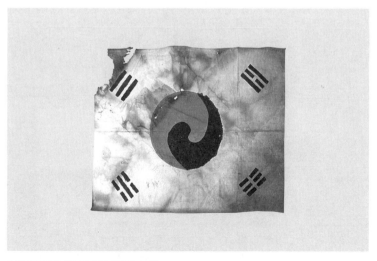

★ 2009년 5월에 서울 진관사에서 발견한 태극기.
같이 발굴된 신문류의 발행일자를 근거로 하여 1919년 3·1운동 당시 사용한 태극기라고 추정되고 있다.

## 일제시대의 교육제도와 학생들

일제시대의 교육제도 및 학교들은 명칭과 학생들의 연령 면에서 지금과 많이 달랐기 때문에 구분해 알아둘 필요가 있다.

당시의 초등교육기관이었던 '보통학교'는 요즘의 초등학교에 해당한다. 그런데 현재 초등학생들 연령대의 학생들은 물론 20세 이상인 사람들도 다닐 수 있었기 때문에 당시 보통학교 학생들의 평균연령은 11~15세였다고 한다.

지금의 중·고등학교에 해당하는 중등교육기관으로는 '고등보통학교'가 있었다. 고등보통학교는 4년제였고 12세 이상의 보통학교 졸업자들이 입학할 수 있었는데, 10대 후반이나 20대인 사람들이 많이 다녔다.

이와 다른 종류의 중등교육기관으로는 농업학교, 공업학교, 상업학교 등의 '실업학교'들이 있었다. 이름에서 알 수 있듯이 각 분야의 기술들을 가르치는 이들 학교에는 역시 보통학교 졸업자들이 진학할 수 있었다.

이와 달리 일본 학생들이 다니는 학교는 '소학교' '중학교'라 했는데, 교육시설이나 내용 등에서도 차별이 컸다.

1919년 현재 한국에 세워진 한국인을 위한 보통학교는 전국에 484개, 학생 수는 약 8만 4,000명 정도에 불과했다. 고등보통학교와 실업학교는 총 28개밖에 없었고, 약 3,800명의 학생이 있었다. 1920년경 조선인

★ 유관순 열사가 다녔던 이화학당은 1886년에 서울 정동에서 한식 기와집 형태의 교사로 출발했다.

의 취학률(학교에 다니는 비율)은 4.4%밖에 안 되었으니, 당시 청소년 열 명 중 아홉 명은 학교를 다니지 않았던 셈이다. 때문에 고등보통학교 정도만 다녀도 당시로서는 굉장히 공부를 많이 한 편에 속했다고 할 수 있다.

을 하고, 만세운동을 부르자."라고 친구들에게 이야기하며 함께 독립운동을 결의했다.[5]

충청남도 병천의 집으로 돌아간 유관순은 '우리 동네에서도 독립만세운동을 하자'며 지역의 어른들을 설득했다. 서울에서 일어난 3·1운동을 설명하고 4월 1일에 아우내장터에서 시위를 하기로 뜻을 모은 것이다. 사람들은 주변의 여섯 고을과 연락하며 시위를 준비하기로 했다. 유관순은 주변 지역과 다른 동네의 사람들을 직접 만나고 다니면서 만세시위를 하자고 권유했다. 시위를 준비하는 20일 동안 유관순은 수십 킬로미터 떨어진 진천, 청주, 논산까지도 걸어갔고 밤 12시, 새벽 3시까지도 여러 동네를 다니며 사람들을 만났다.

또한 직접 서울에 가서 독립선언문을 가지고 오는 일도 했다. 그때는 인터넷 같은 것이 없었기 때문에 누군가가 직접 가서 독립선언문이 적힌 종이를 들고 와야 했기 때문이다. 또한 다른 사람들은 태극기를 잘 그릴 줄 몰랐기 때문에 유관순은 시위에 사용할 태극기를 그리는 등 여러 역할을 맡으며 만세시위를 준비해나갔다. 그리고 4월 1일, 마침내 3,000여 명이 모인 아우내 장터에서 대한독립을 요구하는 만세시위가 벌어졌다. 유관순은 이 시위 때 경찰에게 체포되었고 약 1년 뒤 감옥에서 목숨을 잃었다.

이처럼 유관순은 3·1운동 만세시위의 단순 참가자가 아니라 만세시위를 하자고 동네의 어른들을 설득하고, 그들과 함께 계획을 짜고, 시위 준비에 필요한 많은 역할을 맡았던 주도자였다. 열여덟 살, 10대의 나이 때 스스로 생각하고 계획하고 발로 뛰어서 만세운동을 만든 것이다.

## 수많은
# 청소년들이 함께한
## 만세운동

사실 유관순처럼 10대가 만세운동을 준비하고 조직하는 것은 당시 그리 특이한 경우가 아니었다. 유관순이 있던 충남 병천 근처만 해도 청소년들이 나서서 독립운동을 한 사건이 여럿 있었다. 병천의 바로 옆 동네인 목천에서는 3월 14일에 목천공립보통학교의 전교생이 만세시위를 했다. 목천공립보통학교 학생들은 학교 안에서부터 시위를 시작해서 읍내로 달려나가 "대한독립만세"를 외쳤다. 이 시위를 주도한 사람은 당시 열여섯 살이었던 김소용과 열아홉 살이었던 이규태였다.[6] 3월 20일, 병천 북쪽에 있는 입장에서 벌어진 만세시위 역시 당시 열네 살이었던 광명사립보통학교의 민옥금, 한이순 등이 주도하고 준비했다. 충남 면천 지역에서는 면천공립보통학교 학생이었던 열여섯 살 원용은이 친구들과 함께 만세시위를 준비해 이 학교 학생들이 3월 10일에 만세를 부르며 저수지에서 교문까지 행진을 했다. 이 시위는 충남 지역에서 일어난 최초의 만세운동이었다.

3·1운동 이전부터도 청소년들은 독립운동의 여러 장면에 등장한다. 1898년 정부가 만민공동회와 독립협회를 탄압하고 독립협회 회원 열일곱 명을 가두자 많은 민중들이 밤을 새워 장작불을 피워가며 종로에서 시위를 벌였다. 그 자리에서는 열한 살의 장용남이 "지난날에는 공동회에서 함께 이야기하는 것이 옳다고 하더니 왜 이제 와서 독립협회를 잡아가느냐."라는 뜨거운 연설을 해 사람들의 마음을 뒤흔들었다. 그러자 정부는 장용남의 집에 경찰을 보내 그의 부모를 협박했고, 장용남은 만민공동회에 참가했다는 이유로 퇴학을 당했다. 장용남 외에도 열네 살의 서형만은 동네 청소년들과 '자동의사회(子童義士會)'를 조직, 만민공동회에 참여해 연설을 했다.[7]

나라의 주권을 빼앗긴 을사조약(1905년)이 체결되었을 때도 서울시내 소학교 300여 명의 학생들과 고등소학교 학생들이 동맹휴학으로 저항했다. 또한 당시에는 많은 사람들이 손가락을 잘라 피로 혈서를 써가며 자주독립을 위해 싸울 것을 맹세하는 '단지(斷指)동맹' 운동도 일어났다. 명신보통학교 학생 서광헌 등이 손가락을 잘랐고, 홍원군 공립보통학교 교사와 학생들 역시 이에 동참하며 나라를 구하겠다고 나섰다. 단지에 참여한 학생들은 내란선동죄라는 이름으로 일본제국에게 처벌당했다.[8]

3·1운동에서도 학생들은 중심이 되는 참여 집단으로 중요한 자리를 차지했다. 3·1운동이 시작될 때 학생들이 없었다면 시위는 그렇게 크

게 번져나갈 수 없었을 것이다. 서울에서의 3·1운동도 학생들이 처음 독립선언문을 배포하며 만세를 부르고 시위를 시작하자 다른 시민들이 그에 동참하면서 이루어졌다. 그 뒤의 3월 5일 학생단 시위에서는 약 1만 명의 학생들이 남대문에서 종로까지 행진을 하며 독립을 요구했다. 학생들은 학교에서 모여 함께 시위에 참여하러 갔는데, 그중 상당수는 10대 청소년이었다. 3월 5일에 만세시위에 참여했다가 경찰에 체포된 사람들이 거의 다 여학교 학생들이었다는 기록도 있다.

전국적으로도 다양한 나이의 청소년들이 만세시위를 했다. 평안 지역에서 5개 보통학교 학생들이 시위에 참가하자 일본제국의 경찰 간부는 이를 보고 놀라 "보통학교 학생들이 독립운동에 가담하거나 또는 목격함으로써 일찍이 꿈에도 생각하지 못했던 '독립운동이 있었다'고 하는 의식을 심어주게 되어 장래 교육상 큰 화근을 남겼다."라는 의견을 표기하기도 했다.[9] 앞서 살펴본 충남 지역의 병천, 목천 등에서 일어난 만세시위처럼 전국 곳곳에서 그와 같은 시위들이 일어났고, 전교생이 거리로 뛰어나가 시위를 하는 일도 많았다. 통영에서는 학교가 아닌 한문학당, 즉 서당에 다니는 청소년들의 주도 아래 만세시위가 이루어졌다. 그밖에도 정말 셀 수 없이 많은 곳에서 10대 청소년들은 만세운동을 벌여나갔다.

거리에서 시위하는 것만이 만세운동의 전부는 아니었다. 학생들은 학교 안에서도 독립을 외쳤고 다른 학생들과 함께 뜻을 모아 수업에 참여하지 않는 '동맹휴학'의 형태로 시위를 하기도 했다. 보통학교에서도 독립만세를 외치며 동맹휴학을 하는 일이 잦았다. 인천에서도 인천공립보통학교와 인천공립상업학교 학생들이 3월 6일에 동맹휴학을 하며 만세시위를 벌임으로써 인천 지역의 만세운동의 시발점이 되었다. 경기도 시흥공립보통학교의 전교생은 3월 7일에 동맹휴학을 하기로 결의하고, 수업이 진행 중이던 오전 11시에 "만세!"를 외치며 학교를 박차고 나왔다. 서울에서는 학생들이 1919년 연말까지도 졸업시험, 입학시험을 거부하는 등의 방법으로 시위를 벌였다.

학생들은 졸업식장에서도 만세를 외쳤다. 다음은 영국에서 온 한 기자가 보통학교 졸업식장에서 청소년이 연설하는 것을 목격하고 기록한 이야기다.

수석한 소년인 열두세 살 난 꼬마가 단상으로 올라가서 학교 선생님들과 당국에 감사를 표하는 연설을 하였다. (중략) 그런데 갑자기 엄숙한 식장의 분위기는 끝장이 나고 말았다. "이제 이것만은 말씀드려야겠습니다."고 그 아이는 말의 끝을 맺었다. 그의 목소리가 달라졌다. 그는 몸을 바로 폈다. 그의 눈에는 결의가 보였다. 지금 그가 외치려는 소리가 지난 며칠 동안 수많은 사람의 목숨을 앗아갔다는 것을 그는 똑똑히 알고 있었다. "우리는 한 가지를 더 여러분께 부탁드리겠습니다." 그는 품속에 손을 넣더니, 태극기를—그것을 가지고만 있어도 죄가 되는 것을—꺼내었다. 그 기를 흔들면서 그는 소리쳤다. "우리나라를 돌려주시오. 대한만세! 만세!"
소년들이 모두 자리를 박차고 일어섰다. 저마다 웃옷 속에서 태극기를 꺼내어 흔들면서 외쳤다. "만세! 만세! 만세!" 그들은 이제 겁에 질린 내빈들 면전에서 소중한 졸업장을 찢어 땅바닥에 던지고는 몰려나갔다.[10]

졸업식장을 가득 채운 청소년들의 만세 소리, 그리고 그에 당황한 어른들의 모습이 떠오른다.

전동보통학교에 다니던 11~12세의 학생 네 명은 '보통학교는 아이들을 모아 노예로 삼으려는 장소'라고 외치며 교실 유리창을 깨뜨리는 시위를 했다. 마산의 한 12세 학생은 시위를 하다가 일본 경찰의 총에 맞았지만 "왜놈의 치료는 받지 않겠다."라며 일본인 의사의 치료를 거부했다.[11]

시위 참여 외에도 학생들, 청소년들이 3·1운동 과정에서 한 역할은 컸다. 앞서 유관순이 서울에서 3·1운동에 참여한 뒤 자기 동네로 돌아가 독립선언문이나 태극기 등을 마련하며 시위 준비에 큰 역할을 했음을 보았는데, 다른 여러 학생들도 이와 비슷했다. 인터넷은커녕 전화기조차 집집마다 보급되어 있지 않았던 당시라 이런저런 소식은 주로 사람들의 입에서 입을 타고 소문으로 전해졌다. 서울에서 발표된 독립선언문도 여러 사람들에게 전해지기 위해서는 누군가가 직접 종이에 쓴 것을 가지고 와야 했다. 학생들은 신문과 홍보물 등을 만들어 사람들에게 독립운동 소식을 전국에 알리는 역할을 많이 맡았고, 교사나 종교지도자 들을 통해 독립운동에 대한 지도를 받거나 독립선언문과 태극기를 전달받았다. 또한 자기 동네에 가서 자신이 보고 참여했던 독립운동의 소식과 경험을 전하고 만세운동을 하자고 사람들을 설득했다.

이렇게 학생들은 초기에 서울에서 3·1운동이 일어나는 데 큰 역할을 했고, 그 이후에도 만세운동이 서울을 넘어 전국적으로 계속해서 일어날 수 있도록 전파하는 역할도 했던 것이다. 〈여성독립운동자료집〉에는 독립운동에 관련해서 처벌받은 사람들의 판결문이 실려 있는데, 그 중에는 10대가 27명으로 가장 많은 수를 차지해 10대들의 활발한 독립 운동 참여를 짐작하게 해준다.[12]

뿐만 아니라 이때부터 이미 청소년들은 단체의 이름으로 독립을 요 구하는 입장을 발표했다. '한국남녀소년단'이라는 청소년 단체는 3월 10일, 독립을 도와달라는 내용의 '한국아동읍혈진정서' 같은 글을 써 미국 대통령과 국제회의에 보냈다. 이 청원서는 "여러 어른들이여. 소 년남녀 저희들은 일국(一掬, 한 움큼, 얼마 안 되는)의 적성(赤誠, 마음으로부 터 우러나는 정성)을 다해 여사히 간원하오니 우리의 독립선언을 들으시 고 온 세계에 널리 전해주사이다."라는 문장으로 끝난다. 독립을 원한 청소년들의 간절한 마음이 느껴진다.[13]

물론 나이가 적은 청소년들의 참여에 대해 어른들이 색안경을 끼고 편견을 가지는 일은 그때도 있었다. 경찰은 학생을 체포한 뒤 누가 시 킨 거냐고 질문하곤 했다. 다음은 3월 1일에 경찰에 잡힌 학생이 증언 한 것을 가지고 만든 보고서의 일부다.

### 감옥에서 풀려난 여학생의 이야기

3월 5일, 우리는 학교를 나와 독립운동 시위에 참여할 생각으로 전차를 타 고 남대문으로 향했다. 가는 길에 차장이 '이 차는 서대문으로 가는 전차'라 고 해서 우리는 내렸다. 전차에서 내려 다른 차를 기다리는데 일본인 순사 가 나에게로 와서 나를 붙들고 몸을 조사했다. 그러더니 그는 무거운 구둣 발로 나를 걷어차고 뺨을 때리며 종로 경찰서로 같이 가자고 명령했다. (중략) 반대 심문이 있던 첫날에, 일본인은 나에게 20여 명이 넘는 사람들이 어디에 있었느냐고 물었다. 나는 이 방 저 방으로 끌려 다니며 조롱을 당하다가 어디론가 끌려 내려가 작은 방에 수감되었다. 거기서 두 명의 관리가 문을 밀고 들어와, 나를 가운데에 세워놓고 그의 가죽 구두로 차고 뺨을 때리면서 물었다.

**관리** 이제 진실이노 말을 하라. 그렇지 않으면 이번에는 정말로 죽인다.

**여학생** 무슨 말을요?

**관리** 독립이노 만세를 부르자는 생각은 어디서 났소까? 누가 이런 생각을 너의 머리노 속에 집어넣어주었느냐 말이야?

**여학생** 오늘 같은 이런 날에 나도 역시 한국 사람인데, 그런 마음이 안 생기겠어요? 내가 어린애예요? 누군가 다른 사람이 나를 부추겨서 이런 일을 하게요.

**관리** 너의 선생이란 자가 학교에서 네 머리노 속에 이런 생각을 심어 주지 않았소까? 그가 누군지 말이노 하라!

**여학생** 아무도 그런 사람은 없어요. 여기서 죽는 한이 있어도 어떤 다른 사람이 책임이 있는 건 아니예요.

**관리** 너가 거짓말이노 하는 거 나는 다 알고 있다.

그리고서는 관리는 다시 나를 때렸다. 나는 대답하기를,

**여학생** 정말이에요. 그러지도 않았는데 내가 고통이 무서워서 어느 누가 그랬다고 거짓말할 수는 없잖아요?

**관리** 그럼 너희 학생들이노 중에 한 사람이 너를 부추긴 거 아니오까? 너희 학생들은 다 거기에 있었지 않았느냐 말이야?

★ 〈서울신문〉 2008년 5월 14일.

**여학생** 그렇지 않아요. 나는 다른 학생들에 대해서는 잘 알지도 못해요. 독립 만세를 혼자서는 외칠 수 없나요? 그건 말도 되지 않아요.

**관리** 사실이노 말을 하라!

그는 다시 나를 때렸다. 내가 진실을 말하면 그는 더 때리기만 했다. (후략)[14]


경찰의 말을 보면 학생들이 스스로 나서서 참여할 수는 없을 것이고 교사나 누군가가 만세운동에 대한 마음을 심어주고 이를 행동으로 시켰을 거라는 생각을 읽을 수 있다. 마치 지금도 청소년들이 정치적 활동을 하고 목소리를 내면 '어린애들은 뭘 알 리가 없으니 누군가 뒤에서 시킨 사람이 있을 것'이라고 생각하는 것과 비슷하다. 청소년들은 이런 편견의 장벽이 있었음에도 자신들의 의지로 독립만세를 외쳤던 것이다.

어른들의 편견에 맞서 청소년들은 자신들이 스스로 나왔다고 주체성을 강변했다. 목포 정명여학교 학생이었던 열네 살 김정애는 경찰에 잡혀가면서 "왜 우리들이 선생님 조종을 받지 않고는 못 나온단 말이에요? 일본 사람들은 어른만 애국심이 있고 아이들은 애국심이 없는 식충이들만 산다는 이야긴가요? 조선 사람은 삼척동자도 나라를 사랑할 줄 알아요. 우리는 벌써 14, 15세의 장성한 처녀들이에요."라고 말했고, 호수돈여자고등보통학교 학생 어윤희는 경찰에게 "새벽이 되면 누가 시켜서 닭이 웁디까? 우리는 독립할 때가 왔으니까 궐기를 하는 것이지요." 라고 했다.[15]

3·1운동 이후에도 나라의 독립을 요구하는 학생들의 운동은 계속 번져나갔다. 1919년 10월 22일 경성고등보통학교를 시작으로 보성, 양정, 배제, 휘문 등 고등보통학교들과 인천공립상업학교 등에서 동맹휴교가 연달아 일어났고, 학생들은 교과목 개정, 일본어 수업 폐지 등을 요구했다.

3·1운동 1주년을 맞은 1920년 3월, 많은 학교에서 학생들은 다시 한번 만세를 외쳤다. 서울과 평양의 여러 학교들에서는 전교생이 동맹휴학을 하거나 학교 교정에 모여 독립만세를 제창했다. 이수희, 김경화 등 배화여고 학생 스물네 명은 3·1운동 1주년에 투쟁을 벌이다 서대문형무소에 수감되었고 황해도, 평안북도에서는 보통학교 학생들이 1주년

만세시위에 참여했다. 3월 7일, 함경남도 영흥에서는 열여섯 살 김정렬이 "작년 이맘 때 우리나라가 독립을 선언하였고 금년에도 운동을 계속해야 한다. 우리 보통학교 학생도 나이가 15세 이상이면 성인이라 말할 수 있는 만큼 어찌 가만히 있으랴."라고 말하며 다른 학생들과 상의해 태극기를 만들고 사람들에게 시위에 참여할 것을 권하는 '격문'을 만들어 돌리며 독립만세를 외쳤다. 독립을 요구하는 염원은 1919년의 3·1운동 이후에도 꺼지지 않았던 것이다.[16]

한편 1919년 전국적인 만세시위로도 독립을 이루지 못하자, 학생들은 독립을 위해 더욱 실력을 기르고 힘을 모아야 한다는 데 생각이 미쳤다. 그래서 1920년대에는 학생들이 모여서 책을 읽고 토론 및 문화 활동을 하며 독립운동을 하는 학생단, 청년회 등의 조직들이 많이 만들어졌다. 이는 1920년대에 학생들이 대대적으로 행동에 나서는 배경이 되었는데, 이때 학생들은 독립뿐 아니라 교육문제의 개선도 요구하며 여러 차례 동맹휴학을 벌였다.

3·1운동을 경험했던 청소년들은 그 경험을 바탕으로 이후에도 각계각층에서 독립운동의 구심점으로 활동했다. 앞서 이야기한 목천보통학교에서 만세시위를 준비했던 이규태는 이후 상해임시정부로 가서 목천에서의 만세시위를 알리고 임시정부의 일원으로 활동했다. 열아홉 살 때 3·1운동에 참여했던 박헌영은 3·1운동 당시 사람들에게 나눠줄 전단지를 쓰고 돌리는 일을 맡았고, 이후에는 많은 사람들이 마음을 모아 만들어낼 수 있는 힘을 믿게 되면서 공산주의를 공부하고 본격적으로 독립운동을 하게 되었다. 어린이날을 만든 것으로 유명한 소파 방

정환도 비슷한 경우다.

# 청소년들이
# 주인 되어 만들어낸
# 대한민국

이처럼 나라가 주권을 잃었던 때나 3·1운동 때, 10대 청소년들은 어른들처럼 스스럼없이 저항운동에 참여하고 때로는 어른들과 함께 계획을 세우며 주도하는 등 중요한 역할을 담당했다. 이것이 가능했던 이유는 청소년이 어른과 크게 구별되지 않았던 당시의 사회 상황과도 관련이 있을 것이다. 그때는 학교에 다니던 사람들이 아주 적었을 뿐 아니라 10대와 20대가 함께 학교에 다니며 나이나 학년에 따른 엄격한 구분을 두지도 않았다. 때문에 나이에 따른 차별이나 위계는 있었으나, 10대 청소년들이 지역 사회나 마을에서 따로 분리당하지 않고 참여하는 모습을 흔히 볼 수 있었다. 그렇지만 청소년을 운동의 독립된 주체로 보지 않는 태도 또한 존재했다. 유관순과 이화학교 학생들의 앞을 막아섰던 프라이 교장, 또 체포한 학생에게 배후세력의 존재를 캐묻는 경찰의 모습에서 이를 확인할 수 있다. 이러한 굴레를 벗어던지며 수많은 청소년들이 독립을 외치는 활동에 참여했고, 더 나아가 만세운동의 적극적 조직자로 나선 데 3·1운동의 또 다른 의의가 있다.

지금은 많은 청소년들이 학교에 다니면서 교육권을 보장받는다. 하지만 학교 수업시간이 너무 길고 공부를 하느라, 또는 나이가 적다는 이유로 지역사회나 정치에서 배제당하며 그에 제대로 참여하지 못하고 있는 것이 현실이다. 학교제도가 자리 잡아가고, 일정한 나이대의 청소년들 모두가 어떤 학교의 학생으로서만 존재하며, 미성년자와 어른을 나누는 사회의 기준이 강해지는 과정에서 청소년들은 '보호'를 받는 대신 사회에 함께 참여할 기회를 잃어온 것일지도 모른다.

3·1운동은 우리 민족이 일본제국으로부터 독립해 우리의 나라를 만들겠다고 선언한 중요한 사건이었다. 3·1운동은 다양한 분야의 사람들이 독립운동에 참여하는 계기가 되었으며 일제의 통치방식을 덜 강압적이고 덜 폭력적인 '문화통치'로 전환하도록 만들었다. 또한 다른 식민지 민족들의 독립운동에 큰 영향을 끼치기도 했다. 그래서 대한민국 헌법 전문에는 "우리 대한국민은 3·1운동으로 건립된 대한민국임시정부의 법통과 불의에 항거한 4·19 민주이념을 계승"한다고 적고 있다. 즉, 우리나라가 만들어진 뿌리가 3·1운동에 있다는 뜻이다.

나라를 만들고 독립을 요구하는 것은 우리가 '정치'에 참여하기 위한 첫걸음이자 출발점이다. 청소년들은 이 나라가 만들어졌던 때의 뿌리가 되는 사건에서부터 함께 참여하고 희생하고 자신들의 의견을 당당히 밝혔다. 대한민국은 청소년들이 주인이 되어 함께 만든 나라인 것이다.

# 2

| 어린이날과 소년단체들 |

어린이·청소년에 대해 생각하다

"어린이는 결코 부모의 물건이 되려고 생겨나오는 것도 아니고 어느 기성 사회의 주문품이 되려고 나오는 것도 아닙니다. 그네는 훌륭한 한 사람으로 태어나오는 것이고 저는 저대로 독특한 사람이 되어갈 것입니다."

# 장가와
## 시집 보낼 생각
### 마시고

1922년 5월 1일, 앳돼 보이는 여러 청소년들이 서울 시내를 행진하고 있었다. 그들은 종로 탑골공원에서 광화문을 향해 걸어가면서 주변 사람들에게 전단지를 나누어주고, 노래를 부르며 큰 소리로 무언가를 외쳤다. 행진하는 사람들 속에서 누군가 "어린 사람에게 경어를 써주십시오!"라고 말하는 소리가 들렸다. 그들 곁으로 '어린이의 날' '소년보호' 등의 문구를 써 붙인 자동차 몇 대가 보였다. 사람들이 나눠준 홍보물에는 '10년 후의 조선을 생각하라.' '어린이의 날' 등의 제목이 달려 있었고, '어린 사람을 헛말로 속이지 말아 주십시오.' '장가와 시집 보낼 생각 마시고 사람답게만 해주십시오.' '어린 사람에게 경어를 써주십시오.' 등이 적혀 있었다. 이것이 바로 첫 번째 어린이날 행사였다.[17]

그로부터 1년 뒤인 1923년, 또다시 '제1회 어린이날 행사'가 열리게 되었다. 1922년의 행사는 '천도교소년회'가 마련한 것이었는데, 1923년의 행사는 40여 개의 단체들이 함께 '조선소년운동협회'를 만들어 더 큰 규모로 연 것이었기에 향후 본격적으로 매년 어린이날을 기념하고

행사를 열겠다는 의미에서 다시 한 번 제1회 행사로 명명한 것이었다.
어린이날을 앞두고 4월 말에는 '소년 문제 강연회'가 열렸고, 5월 1일
서울 도심에는 '어린이 해방'이라고 적힌 깃발이 나부꼈다. 1,000여 명
의 청소년들과 소년단체 사람들이 모인 이 행사에 참가한 이들은 20만
장의 선전문을 전국에서 나누어 주었다.

이처럼 어린이날은 일제시대 때부터 만들어진 매우 역사 깊은 기념
일이다. 그런데 당시 열렸던 최초의 어린이날 행사는 오늘날과 사뭇 달

★ 어린이날 행사는 식민지 시기인 1922년 5월 1일에 처음 열렸다.

라 보인다. 요즘에는 어린이날이라고 해서 청소년들이 직접 거리를 행진한다거나 청소년의 권리를 주장하는 홍보물을 배포하진 않으니 말이다. 그렇다면 '어린이날'은 누가, 왜, 어떻게 만든 것일까?

# 3·1운동 이후
## 늘어나는
## 소년단체들

1919년의 3·1운동은 많은 사람에게 영향을 끼쳤다. 독립을 바라며 거리로 나서서 일본제국주의에 맞서 싸우는 많은 이들의 모습은 여러 사람들에게 희망을 주었다. 그와 동시에 한편으로는 독립만세를 외치는 이들을 짓밟는 일제의 모습을 보며, 사람들은 '제대로 독립운동을 하려면 많은 준비가 필요하겠다'는 생각을 하게 되었다. 그래서 한쪽에서는 일제에 저항하고 맞서 싸우는 운동이 일어났고, 또 다른 쪽에서는 교육과 경제적 활동을 통해 사람들을 똑똑하게 만들고 민족의 힘을 기르겠다는 '민족 실력 양성' 운동도 활발해졌다.

3·1운동의 영향은 청소년들에게도 미쳐서, 이 운동 이후 여러 청소년들이 모여서 단체를 만들고 독립운동을 하는 사건이 연이어 일어났다. 1920년 경남 하동에서는 열일곱 살 변민홍이 향후 조선의 독립을 위한 목적이라고 밝히고 소년단을 만들려다 경찰에게 중지당하는 사건이 있었다. 경남 진주에서 청소년들이 자발적으로 조직한 진주소년회는 1921년 3월, '조선독립 만세 시위 계획'을 세우고 직접 만든 독립선언서와 태

극기를 준비했다. 그러나 미리 정보를 입수한 경찰은 진주소년회 회원 16세 강민호를 비롯한 여덟 명을 체포했다. 이 진주소년회 사건은 단체를 만들어서 조직적으로 활동하는 청소년들이 있음을 세상에 알리는 사건이었고, 이후에도 '소년회' 운동이 일어나는 계기가 되었다.[18]

1920년대에 들어서는 전국 여러 지역에서 '소년회' '어린이회' 같은 단체들이 만들어지고 청소년들이 참여하는 사회활동이 늘어났다. '소년단체'라고 불린 이런 단체들은 1920년대 중반 당시 300여 개 또는 500여 개가 있다고 기록되어 있을 정도로 그 수가 많았다. 이렇게 단체들이 많이 늘어난 이유는 첫째, 청소년들도 사회의 주인으로서 참여하기를 원해서였고, 둘째, 3·1운동 이후 '청소년들을 잘 교육해 민족의 힘을 기르자'는 인식이 널리 퍼졌기 때문이었다. 또한 3·1운동을 경험한 청소년 본인들이 직접 운동에 뛰어든 것도 한 가지 이유가 되었다.

소년단체에는 여러 종류가 있었다. 일례로 '독서회'는 청소년들이 함께 책을 읽고 당시의 사회 문제, 식민지의 현실에 대해 이야기를 하는 모임이었다. 이런 독서회들은 주로 고등보통학교에서 활발히 운영되었고 보통학교로 퍼져나가거나 각 지역에서 만들어지기도 했는데 대부분은 비밀리에 활동했다. 여러 독립운동 혹은 사회단체들과 연결된 데다 일제가 금지한 '비합법'적인 책을 읽는다는 이유로 경찰의 감시 대상이 되었기 때문이다. 실제로 여러 독서회들은 청소년들이 민족주의나 사회주의 등 여러 이념을 공부하고, 자기만의 생각과 사상을 가지고 사회에 참여하도록 돕는 역할을 했다.

중국의 상하이, 미국 등 외국에서도 소년회가 만들어졌다. 예컨대 '상해소년회'는 한국인 학교였던 인성학교 학생들을 포함한 청소년들로 구성되었는데 '나라를 찾는 데 필요한 것은 돈이냐 피냐', 즉 '경제적 힘을 길러야 하느냐 아니면 폭력을 이용해 싸워야 하느냐'라는 주제로 독립운동 방법에 대한 토론회를 여는 등의 활동을 했다. 이 상해소년회는 상하이 임시정부의 지원을 받아 활동했다.

이 시기에 만들어진 소년단체들의 대부분은 청소년들에게 새로운 문물이나 지식을 가르치고 '덕성 수양, 지식 계발'을 내세우는 등 10대 청소년들을 계몽하고 잘 교육하겠다는 목적을 갖고 있었다. 지금으로 치자면 YMCA나 청소년수련관처럼 청소년들이 건강하고 바람직하게 자랄 수 있게 하는 단체들과 성격이 비슷했다 할 수 있다. 이런 소년단체들은 초기에는 주로 청년들 혹은 사회운동가들이 조직하거나, 천도교나 기독교 등 종교 교단의 도움을 받아 만들어졌다.

소년단체들은 청소년들이 모여 함께 책을 읽고 사회에 대한 생각, 정치적 의식을 가지며 현실에 대해 고민하고 참여하는 공간으로서의 역할을 담당했다. 소년단체 활동을 하면서 다른 언론이나 사회단체 운동에 적극적으로 참여하게 된 청소년들도 있었는데, 일례로 김제소년독서회를 주도한 곽복산은 독서회 외의 각종 소년단체에서 활동하는가 하면 동화대회를 스스로 개최하기도 했고, 또한 16세에 〈동아일보〉 기자로도 일하는 등 지역에서 사회적으로 활발히 활동했다. 곽복산처럼 소년단체들을 통해 다방면으로 사회운동에 참여하는 청소년들은 당시에 적지 않았다.

천도교는 '동학'에서 유래한 종교다. 1860년에 민족주의 신앙을 내세우며 새로운 종교로 만들어진 동학은 '사람이 곧 하늘'이라는 '인내천(人乃天)', 사람을 하늘처럼 섬기라는 '사인여천(事人如天)' 등의 교리를 가지고 있는 인간 존중의 종교였다.

이런 사상에 따라 천도교는 모든 사람을 평등하게 존중하자는 주장을 펼쳤다. 여기에는 양반과 상민, 노예로 나누는 신분제에 대한 반대뿐 아니라 여성이나 아이에 대해서도 존중해야 한다는 생각까지 포함되었다. 그래서 동학의 최시형은 1867년, "경솔히 아이를 때리지 말라. 아이를 때리는 것은 곧 한울님(하느님)을 때리는 것"이라고 이야기했다. 최해월은 천도교 교리를 담은 '내수도문(內修道文)'이라는 기도문을 썼는데, 이 안에는 아이들과 여성이 인간답게 존중받고 살아야 한다는 내용이 포함되어 있었다. 이런 사상 때문에 천도교에서는 소년운동에 큰 관심을 두었

★ 〈어린이〉는 방정환이 활동한 '천도교소년회'에서 펴낸 우리나라 최초의 어린이 잡지다.

다. 나이가 적은 아이라는 이유로 무시당하고 존중받지 못해서는 안 된다는 평등사상이 깔려 있었기 때문에 소년운동에 적극적으로 나설 수 있었던 것이다.[19]

천도교가 소년운동에 가장 적극적이긴 했으나, 그밖에도 기독교와 불교 등 여러 종교계들이 소년운동에 나섰다. 기독교 소년운동 단체의 대표적인 예로는 '소년척후대' 또는 '소년척후단'(현 '보이스카우트'의 뿌리)이 있었다. 종교단체들은 청소년들을 가르치고 선도한다는 교육적 목적 아래 소년운동을 전개하는 경우가 많았다. 즉, 당시 많은 종교단체들이 민족주의적 의식을 가지고 있었기에 청소년들을 잘 길러내자는 운동이 더 활발하게 일어났던 것이다.

# 방정환
# 김태오
# 김기전

"어린이날 하면 누가 제일 먼저 떠오르나요?"라는 질문에 사람들은 십중팔구 "소파 방정환"이라고 대답할 것이다. 방정환은 '어린이'라는 말과 어린이날을 만든 사람이라고 알려져 있다. 어린이날과 방정환에 대해 소개하는 책들에서는 방정환을 '선생님'으로 많이 지칭하는데, 그는 '선생님'이기 이전에 본인이 10대, 아니 만으로 아홉 살이었을 때부터 사회운동을 한 사람이었다. 아홉 살 때 그는 친구들을 모아서 '소년입지회'라는 모임을 만들어 토론회, 강연회를 열었고, 열여덟 살 때는 '청년구락부(靑年俱樂部)'라는 단체에 참여했다. 청년구락부(구락부란 영어 단어 '클럽(club)'을 한자로 옮긴 것이다)는 17~18세 무렵의 청소년 200여 명이 몰래 모여 독립운동을 하는 단체였다. 이처럼 청소년이었을 때부터 사회운동에 참여했던 방정환은 스무 살이 되던 1919년엔 3·1운동에도 참가해 당시 발행이 금지된 〈독립신문〉과 독립선언문을 인쇄한 뒤 학생들과 함께 배포하다가 경찰에게 체포되었다.

청소년 시기에 사회운동에 참여했던 경험은 그가 청소년들의 운동에 관심을 두는 데 많은 영향을 미쳤을 것이다. 청소년이고 나이가 적다고 해서 생각이 없거나 사회에 참여할 수 없는 게 아님을 스스로 잘 알았을 테니 말이다. 어쩌면 방정환은 자신을 함께 활동하는 10대 청소년들의 친구 같은 존재로 생각했을지도 모르겠다.

1920년대 이후 방정환은 소년운동에 적극적으로 참여한다. 그는 "어린이는 결코 부모의 물건이 되려고 생겨나오는 것도 아니고 어느 기성 사회의 주문품이 되려고 나오는 것도 아닙니다. 그네는 훌륭한 한 사람으로 태어나오는 것이고 저는 저대로 독특한 사람이 되어갈 것입니다."[20]라고 말하며 아이를 존중해야 한다고 주장했다. 10대 시절부터 천도교 신자였던 방정환은 1918년에 천도교 교주의 딸이었던 손용화와 결혼하기도 했으니, 그의 이런 주장에는 어린이 역시 어른과 평등하게 존중해야 한다는 천도교 사상의 영향도 있었을 것이다.

방정환 외에도 김태오, 김기전 등 소년운동에 힘쓴 사람들은 많이 있었다. 김태오 역시 방정환처럼 청소년 때부터 독립운동에 참여하다가 이후에도 소년운동을 이어간 경우다. 3·1운동이 일어날 당시 광주에서

16세의 나이로 학생 대표가 된 그는 독립선언서를 복사해 배포했고 만세시위에 참여했으며, 19세에 '한국독립단'을 조직해 활동했다. 또한 20대가 된 뒤에도 광주에서 계속 소년단체 운동을 했고 아동문학 창작 작업에도 힘썼다. 1928년에는 전라남도소년연맹을 만들려다가 체포되어 감옥에 갇히기도 했다.

김기전은 진주소년회의 청소년들이 독립운동을 벌였던 사건을 보고 자극을 받아 소년운동을 하게 됐다. 김기전은 전통사회의 '장유유서(長幼有序, 나이가 많고 적은 사람 사이에는 서열이 있다)' 사상이 '아이는 어른 마음대로 해도 되는 소유물'이라는 생각으로 변질되었다고 지적하고, 나이가 적다는 이유로 '이놈' '저놈'으로 부르거나 하대하지 말고 일제히 경어를 사용해야 함과 더불어 청소년들 사이의 남녀 차별을 없애야 한다고 주장했다. 또한 소년운동의 목표는 '소년보호'나 '소년수양'이 아닌 '소년해방'이 되어야 한다고 설파함으로써 당시의 소년운동이 어린이에 대한 존중과 어린이의 권리 보장을 요구하는 운동이 되는 데 크게 기여했다.

# 어린이도 사람으로 대우하자고 떠드는 날

최초의 어린이날을 만든 것은 천도교소년회였다. 1921년에 설립된 소년운동 단체인 천도교소년회에는 전국 각지의 시군이나 읍면을 단위로 해 만 7~16세의 청소년들이 회원으로 가입했는데, 앞서 소개한 방정환이나 김기전도 설립에 참여했다. 천도교소년회는 청소년을 대상으로 하는 교육활동 및 '소년대중의 단결'을 통해 천도교의 사회운동에 동참하는 것을 목적으로 했고, 잡지 〈어린이〉를 출간함은 물론 동요와 동화 창작에도 힘썼다. 또한 창립 1주년을 맞은 1922년 5월 1일에 '어린이의 날' 행사를 개최해 청소년들을 위한 문화행사를 열면서 동시에 청소년들을 존중하라는 목소리를 냈다.

1922년의 첫 번째 '어린이의 날' 행사는 사실 천도교소년회 창립 1주년 행사로서의 성격이 강했다. 하지만 이듬해인 1923년의 행사에서는 본격적으로 '어린이날'을 선언하고 어린이날 행사를 계획하게 되었으며, 행사 주체 역시 천도교소년회 외에 조선소년군, 조선소년단, 불교소년회 등 40여 개 단체가 연합해서 만든 '조선소년운동협회'로 확대되었다.[21] 또한 4월부터 '소년 문제 강연회' 등 여러 관련 행사를 열었고, 5월 1일에는 기념식을 가진 뒤 소년회의 청소년들이 붉은 글씨로 '어린이날'이라 쓴 멜빵을 걸고 12만 장의 홍보물을 서울 시내에서 배포했다. 당시 일제 경찰은 붉은 색의 '어린이날' 글씨가 불온하다는 이유로 멜빵을 압수하거나 홍보물 배포자들을 체포하겠다고 위협하기도 했다. 이날 발표한 선언문과 당시 어린이날 지정 소식을 전한 〈동아일보〉 기사를 함께 살펴보자.

## 소년운동의 기초 조항

본 소년운동협회는 이 어린이날의 첫 기념되는 5월 1일인 오늘에 있어 고요히 생각하고 굳이 결심한 나머지 감히 아래와 같은 세 조건의 표방을 소리쳐 전하며 이에 대한 천하 형제의 심심한 주의와 공명과 또는 협동 실행이 있기를 바라는 바이라.

❶ 어린이를 재래의 윤리적 압박으로부터 해방하여 그들에게 대한 완전한 인격적 예우를 허(許)하게 하라.

❷ 어린이를 재래의 경제적 압박으로부터 해방하여 만 14세 이하의 그들에게 대한 무상 또는 유상의 노동을 폐하게 하라.

❸ 어린이들이 고요히 배우고 즐거이 놀기에 족할 각양의 가정 또는 사회적 시설을 행하게 하라.

계해(癸亥, 1923년) 5월 1일, 소년운동가협회[22]


압박에 지지 눌리어(짓눌려) 말 한 마디, 소리 한 번 자유로 해 보지 못하던 어린이(少年)도 이제는 무서운 철사를 벗어날 때가 왔다. 종래 우리 사회는 모든 일에 어른을 위주하는(중심으로 하는) 동시에 가정에서도 자녀 되는 사람은 절대의 구속을 받아왔고, 좀 더 심하게 말하면 "어른은 아이를 압박하지 않으면 어른의 도리가 아니라"는 듯이 지내왔지마는 이제 문화가 날로 발달됨에 따라서 사회의 장래 주인이 될 어린이를 위해 어른의 모든 것을 희생까지라도 하지 않으면 아니 되게 되었다. (중략) 최근에 이르러 경성 시내에 있는 각 소년단체의 관계자 간에는 어떠한 방법으로든지 좀 더 소년문제를 세상에 널리 선전하는 동시에 이 문제를 성심으로 연구해보자는 의사가 있어서 수차 협의한 결과 지난 17일(1923년 4월) 오후 4시에 천도교 소년회 안에 각 관계자가 모여 소년운동협회라는 것을 조직하였더라.

'소년운동의 신기치', 〈동아일보〉 1923년 4월 20일자[13]

오월 일일이 왔다. 조선에서 처음으로 어린이에게도 사람의 권리를 주는 동시에 사람의 대우를 하자고 떠드는 날이 돌아왔다. 몇몇 대 조상 적부터 아해(아이)나 어른이나 사람의 허물을 쓰고 사람으로 살지 못한 것은 우리 의 골수에 박힌 원한이다. 지금에 우리 조선 사람은 어른이나 아해(아이)가 누가 사람의 대우를 받는가 생각하면 절로 기막히는 일이다.

'오늘 어린이날', 〈동아일보〉 1923년 5월 1일자

이처럼 어린이날은 처음 만들어질 당시에는 어른들이 어린이와 청 소년을 위해 준비한 날임과 동시에 청소년들이 스스로 나서서 행진을 하며 목소리를 내고 자신들의 권리를 주장하는 날이었다.

어린이날 행사는 이후에도 매해 열려 1924년부터는 서울뿐 아니라 전국 각 지역에서 개최되었다. 개성에서는 5월 1일, 약 600명의 청소년 들이 '어린이날' 깃발을 들고 시내를 행진했고 어린이날을 맞아 열린 동화회에는 2,000여 명의 청소년들이 모였다. '어린이날의 의의와 요 구' '소년을 해방하라' 같은 제목의 강연도 함께 진행됐다.

그러나 이런 행사를 여는 것은 결코 만만치 않았다. 어린이날이 '불온' 하다는 이유로 일본 경찰이 행사 금지에 나서곤 했기 때문이다. 1925년 조선총독부 경기도 경찰부에서는 '배후의 주의자들이 붉은 빛을 띠고

있으므로(사회주의적, 좌파적 성격이 있으므로) 치안에 방해가 된다'며 어린이날 관련 모든 행사를 금지하려고 했으나, 다행히 소년단체 관계자들이 경찰을 설득해 겨우 넘어갈 수 있었다. 하지만 그 이후에도 전국 각지에서 어린이날 행사를 방해하려는 경찰의 움직임은 전국 각지에서 자주 발생했다.

# 일제가
## 가져간
### 어린이날

천도교소년회가 처음 행사를 열어 어린이날이 만들어졌지만, 1920년대 당시의 소년운동을 천도교소년회만 전개했던 것은 아니다. 1923년부터 다양한 단체들이 함께 어린이날 행사를 연 것만 봐도 알 수 있다. 특히 1924~1925년 이후에는 사회주의 성격의 소년단체들이 많이 등장했는데 이런 상황은 어린이날 행사를 비롯한 소년운동에도 변화를 가져왔다.

사회주의란 자본주의에 반대하며 가난한 사람들과 노동자들의 해방을 주장하는 이념이다. 1900년대 초는 제국주의의 식민 지배를 비판하며 국제적인 사회주의 운동도 이루어지고 있던 때였기에, 일본제국에게 식민 지배를 당하던 한국 사람들에게도 사회주의는 매력적인 사상으로 다가왔다. 특히 사회주의 운동은 일본제국주의와 타협하지 않으면서 가난한 사람과 노동자, 농민들의 어려운 생활을 해결하기 위해 이루어졌기 때문에 반일 독립운동에서 커다란 세력을 갖출 수 있었다. 보통학교나 고등보통학교 학생들 중에서도 사회주의 사상을 가지고 활동하는 이들이 적지 않았다.

사회주의 성격의 소년운동 단체들은 '무산계급(땅이나 공장 등 자본이나 큰 재산을 가지지 못한 사람들) 소년'의 삶을 바꾸자는 주장을 펼쳤다. 사회주의 운동가들은 노동야학교를 통해 일하는 청소년들을 모아 '무산소년회'를 만드는 등의 활동을 시작했다. 이런 단체로는 무산계급 소년운동을 표방한 '반도소년회'와 더불어 1924년에 대구에서 일하는 청소년들이 만든 '대구노동소년회', 열네 살의 윤석중 외 여러 청소년들이 1925년에 설립한 '서울무산소년회'처럼 청소년들이 주도하는 단체들이 있었다. 〈동아일보〉는 대구노동소년회의 소식을 전하며 '빈곤한 가정에서 태어나 학교에 다니지 못하고 공장의 기계 앞에서 짓밟히고 여관집 모퉁이에서 애처롭게 살아가며, 제 옷을 제가 찾지 아니하면 안 될 운명을 덮어쓴 대구의 소년들이 서로의 처지를 위로하고 배움의 길을 나아가기' 위해 만들어진 단체라고 설명했다.[24]

1925년 5월, 이러한 단체들은 조선소년운동협회 대신 다른 연합단체를 만들기로 하고 '오월회'를 창립했다. 오월회는 전국의 소년단체에 공문을 보내 소년단체들의 힘을 모으려 했고, 다른 사회운동과도 협력해 여러 활동을 전개했다. 1926년 미국 선교사가 자기 집 사과를 따먹은 열두 살 청소년의 뺨에 '도적'이라는 문신을 새기는 끔찍한 사건이 세간에 알려지자 오월회는 이를 비판하는 강연회를 계획하고 조사위원을 보내 사건에 대응했다. 또한 오월회는 여러 소년단체들을 모아 '조선소년연합회'를 만들었는데, 이 단체에서는 18세까지를 소년으로 규정하고 회원 자격을 가지도록 했다.

이처럼 소년운동이 여러 성격을 띠며 다양해지자 갈등도 생겨났다. 1926년에는 서로 다른 단체들이 제각기 다른 곳에서 어린이날 행사를 여는 바람에 어떤 곳에 참여해야 하는지 혼란스러워진 사람들의 비판을 받기도 했다. 이런 비판 때문에 소년운동 단체들은 가능하면 힘을 합쳐 어린이날 행사나 토론회 및 강연회를 함께 열곤 했지만 시간이 지나면서 갈등은 더 커져갔다. 천도교소년회와 오월회, 조선소년운동협회와 조선소년연합회만이 갈등을 빚은 것은 아니었다. 한 단체 안에서도 서울과 그 외 지역 사이에 이견이 발생하거나, 소년운동의 목표나 방식을 놓고 서로 다른 의견을 보이는 경우도 많았다. 이런 갈등은 각 단체들이 자존심을 내세우며 일어난 것이었다. 또한 이는 사상의 차이에서 비롯된 것이기도 했으며, 몇 년 동안 성장한 소년운동이 추구해야 할 방향을 정하는 과정에서 생겨난 다툼이기도 했다.

일제가 이간질하고 훼방 놓으며 소년운동단체들을 해산시킨 것도 소년운동에 큰 영향을 끼쳤다. 1930년대 들어 일제는 소년운동가들을 체포하고 감옥에 가두는 등 탄압을 강화했고, 소년단체 활동을 하는 학생들은 학교에서 징계를 받기 일쑤였다. 친일 성향의 인사들이 어린이날 행사에 개입했고, 조선총독부에서는 5월 5일을 '아동애호데이'로 정해 정부가 바라는 대로 운영하려 들었다. 1937년 일제는 천도교소년회의 잡지 〈어린이〉의 발간을 금지시키고 소년단체들도 없애기 시작하는 한편 어린이날 행사 대신 아동애호행사를 열었다. 서울무산소년회 활동을 했던 윤석중은 "이 해부터 어린이날 집회가 금지되고 소년운동 단체들도 해산당한 것이나 다름 없었"다고 회고했다.[25]

특히 일본제국은 소년운동이 외친 것 중 하나인 '어린이 보호'를 오히려 적극 활용했다. 어린이날 즈음에 맞춰서 아동보호사업을 하겠다고 나서는가 하면 유아 보호, 육아 사업, 아동이 학교에 갈 수 있도록 보호하자는 정책 등을 시행했다. 일제가 이처럼 아동보호 정책을 적극적으로 편 까닭은 한편으로는 한국인들의 불만을 달래야 했기 때문이고, 다른 한편으로는 청소년들을 성장시키고 교육시키는 것이 자신들에게도 이익이 되기 때문이었다. 전쟁과 점령을 이어가는 일제의 입장에서는 일꾼이나 군인으로 이용하기 위해 건강한 사람은 물론 교육받은 사람들도 더 늘릴 필요가 있었다. 그렇기에 영양상태 점검이나 신체검사, '우량아 선발대회' 행사를 통해 청소년들의 건강을 통제함은 물론 학교에서의 '황국신민교육'을 통해 그들의 정신과 마음을 일본 국민의 것으로 만드는 교육제도를 실시했다. 민족주의 독립운동가들에게 청소년은 장래 한민족의 독립과 번영에 기여해야 하기 때문에 잘 보호하고 길러내야 하는 존재였다면, 일제 입장에서 청소년은 일본제국의 침략전쟁과 번영을 위해 잘 보호하고 길러내야 할 존재였던 셈이다.

이처럼 닮은 점이 있는 덕분에 일제는 소년운동의 주장을 쉽게 가져다 썼고, 친일 소년단체나 정부가 운영하는 관변단체 등을 만들어 어린이날 운동을 대신하며 소년운동을 밀어낼 수 있었다. 소년운동이나 민족주의 독립운동을 하던 사람들 중에는 일제의 이런 정책에 참여한 이들도 있었다. "'민족'과 일제라는 '국가'가 동일시되자 '민족 전사'를 부

★ 김기전(1894~1948). 방정환과 함께 천도교소년회에서 활동하며 어린이날을 만들었다.
그는 "소년 소녀를 재래의 윤리적·경제적 압박으로부터 해방시켜야 하는 본의를 살리지 못하고
단지 어린이날의 기념 기분으로만 충만된다면 (중략) 소년운동이 모독될 염려가 있다."라고 말했다.

르짖었던 목소리들은 꽤나 자연스럽게 '제국의 군인'을 찬양"하는 것으로 바뀌었던 것이다.[26]

어린이날은 일제시대 청소년 운동의 상징이자 현재까지 이어지고 있는 유산이라 할 수 있다. 천도교소년회에서 활동하며 최초로 어린이날 행사에 함께했던 김기전은 훗날 어린이날 행사를 두고 "소년 소녀를 재래의 윤리적·경제적 압박으로부터 해방시켜야 하는 본의를 살리지 못하고 단지 어린이날의 기념 기분으로만 충만된다면 이는 일시의 호기심이나 유희감의 조장은 될지언정 소년운동이 모독될 염려가 있다."라고 말했다.[27] 어린이날 하루만을 기념하고 즐기는 데 그치는 것은 억압된 청소년을 해방시키고 더 잘 살 수 있도록 변화를 만들어내는 이 운

동에 대한 모독이라는 이야기다.

그렇다면 오늘날의 어린이날은 과연 처음 만들어졌을 당시의 뜻과 모습을 살리고 있을까? 청소년들이 '압박에서 해방'되고 사회의 주인으로 참여하는 계기가 아닌, 그저 '노는 날'로만 기념되고 있는 것은 아닐까?

# 어린이·청소년을 바라보는 여러 관점

어린이날이 이처럼 3·1운동과 이어지는 역사의 흐름 속에서 만들어졌다는 것은 흥미롭다. 청소년의 권리와 해방의 문제가 우리 사회의 역사와 뗄 수 없는 문제라는 점을 보여주기 때문이다. 더불어 당시는 한국에서 '아동' '청소년'이라는 개념이 만들어진 시기였다. 그 이전까지 아이들이라 하면 어른보다 좀 나이가 적은 사람, 좀 철이 없는 사람 정도로 여겼고 어른들과 잘 구별하지도 않았다. 그런데 근대화가 되고 학교가 생기는 등 사회적 변화가 일어나자 특정 연령대의 사람들을 어른들과는 다른 별도의 존재로 생각하기 시작했다. 신문 같은 미디어에서는 '소년'을 새로운 시대의 주인공이자 미래의 가능성을 품고 있으며 민족과 국가를 위해 열심히 공부하고 노력해야 할 특별한 사람으로 그려냈는가 하면, 다른 한편으로는 아직 거칠고 미성숙하기에 자연스러운 욕망이 통제되고, 보호 및 교육을 받아야 하는 존재로 그려지기도 했다.[28]

1919년 3·1운동 당시 청소년들은 지역 각지에서 벌어지는 만세시위에 참여하거나 시위를 직접 준비했다. 이때 청소년들은 학교 안에서 따로 만세를 부르기도 했지만, 모든 사람들이 하는 시위에 함께 참여하는 경우도 많았다. 그러나 1920년대에 이르러서는 본격적으로 청소년들로 구성된 '소년단체'들이 만들어졌다. 청소년들이 주체가 되는, 또는 청소년들을 대상으로 하는 새로운 운동이 시작된 것이다. 이는 아동·청소년이라는 개념이 만들어지던 시대적 배경과도 깊은 관련이 있다. 이때부터 청소년들은 자신들이 어른들과 구별되는 '어린이' '소년'이라는 생각을 가짐은 물론 어린이, 소년으로서 각종 운동에 참여했다.

청소년을 바라보는 이 시대의 관점으로는 크게 네 가지가 있었다. 하나는 김기전 등이 비판했던 '기존 전통사회의 관점'으로, 장유유서의 사고방식과 청소년을 특별하게 보지 않으면서도 그들의 인격을 존중하지 않는 시각이다.

두 번째는 '실력양성과 육성의 관점'으로, 청소년들이 민족이나 공동체를 위해 공부하며 실력을 길러야 하고, 그렇게 하려면 어른들이 올바른 교육을 해야 한다는 생각이었다. 독립운동을 하던 많은 민족주의자나 사회주의자들도 이와 비슷한 시각에서 미래의 운동가를 만들기 위해 소년운동에 관심을 보였고, 소년운동을 했던 많은 청소년들도 이런 생각에서 운동에 참여하며 공동체, 우리나라에 대한 책임감을 가졌다.

세 번째는 식민지 시대였던 당시 상황에서 사실상 가장 큰 힘을 가졌던 '황국신민화의 관점'이다. 이는 당연히 청소년들을 일본제국주의에 복종하고 일본제국을 위해 몸과 마음을 바치는 국민으로 길러내고 교육해야 한다는 것이었다.

마지막 네 번째는 '소년해방의 관점'으로, 청소년들이 당하는 억압과 차별을 없애고 청소년들을 존중해야 한다는 시각이다. 이는 민족주의나 사회주의 소년운동 모두에 조금씩 존재했다. 천도교소년회의 김기전은 소년해방을 외치며 이를 위해서는 '지배자(일제)'가 기르는 대로 따라가서는 안 된다고 주장했고, 사회주의 소년운동에서는 일하는 청소년들, 가난한 청소년들의 비참한 현실을 바꾸기 위해 청소년들이 '무산소년들의 해방'을 위한 모임을 꾸리고 활동했다. 그러나 이 관점은 일제의 황국신민화와 절박한 민족의 현실에 밀려나면서 주류가 될 수 없었다.

1920년대의 소년단체들은 청소년을 보호하고 올바르게 길러내자는 주장과 청소년들의 권리를 보장하고 청소년들이 해방되어야 한다는 주장을 함께 펼쳤고, 교육·선도기관과 참여·운동단체의 역할을 같이 했다. 소년운동의 대상임과 동시에 주인이라는 복잡한 위치에 있었던 청소년들은 소년단체에서 여러 '지도'를 받고 공부를 했고, 소년단체를 통해 우리나라의 독립 문제를 비롯한 여러 사회문제에 대해 목소리를 냄과 동시에 청소년 자신들의 권익을 주장하는 활동을 펼쳤다. 당시의 청소년들은 그 시대를 살아가는 한 사람 한 사람으로서 각자 다른 상황에서 목소리를 냈던 것이다.

만약 일본제국주의에 의해 꺾이고 비틀어지지 않았다면 1920년대의 소년운동은 어떤 길로 나아갔을까? 청소년을 바라보는 여러 생각들과 관점들이 섞여 있던 소년운동은 어쩌면 광복 이후에도 내부에서 더 많이 토론하고 다퉈가며 길을 찾았어야 했을지도 모른다. 하지만 식민지가 된 절박한 상황, 그리고 전쟁의 그늘은 소년운동을 삼켜버렸다.

그래도 1920년대에 꾸려졌던 소년회나 독서회 들은 세상에 적지 않은 영향을 끼쳤다. 지금도 남아 있는 어린이날이 그 대표적인 예다. 1929년, 광주에서부터 일어난 학생들의 항일운동을 이야기하는 데 있어 소년회나 독서회를 빼놓을 수는 없다. 이후에도 소년운동 출신의 많은 사람들은 사회 변화에 한몫을 하게 된다.

# 3

| 광주학생항일운동과 동맹휴학 |

**새로운 교육과 세상을 향한 집단행동**

무엇보다 학생들이 자신이 원하는 교육과 세상을 만들기 위해 적극적으로 뜻을 모으고 행동에 나섰다는 점

을 기억해야 하고, 더 나아가 '학생의 자치권과 학교운영에 참여를 보장하라'고 했던 당시의 요구가 21세기

인 지금 얼마나 실현되었는지, 또 학교의 현실은 얼마나 바뀌었는지 역시 곰곰이 생각해볼 필요가 있다.

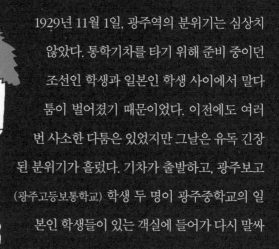

## 시위로 이어진
## 학생들의
## 분노

1929년 11월 1일, 광주역의 분위기는 심상치
않았다. 통학기차를 타기 위해 준비 중이던
조선인 학생과 일본인 학생 사이에서 말다
툼이 벌어졌기 때문이었다. 이전에도 여러
번 사소한 다툼은 있었지만 그날은 유독 긴장
된 분위기가 흘렀다. 기차가 출발하고, 광주보고
(광주고등보통학교) 학생 두 명이 광주중학교의 일
본인 학생들이 있는 객실에 들어가 다시 말싸

움을 일으켰다. 말로 해결될 기미가 보이지 않자 조선 학생들은 일본 학생들에게 '나가서 싸우자'는 말을 던졌다. 일본 학생들이 기차에서 내렸고 조선 학생들 역시 "오늘 싸움을 하려면 하자."라며 따라 내렸다. 양국 학생들은 기찻길을 사이에 둔 채 폭풍전야의 분위기 속에서 주먹을 움켜쥐며 서로를 노려보았다.

　험악한 분위기는 이틀 전 나주역에서 일어난 소동에서 시작되었다. 10월 30일, 나주와 광주 사이를 오가던 통학기차가 나주역에 도착한 오후, 개찰구에서 일본 중학생들이 박기옥 등의 조선 여학생들을 밀치며 내려오자 박기옥의 사촌동생인 광주고보 학생 박준채가 이를 보고 일본인 학생들에게 실례가 아니냐며 따졌다. 그러자 "조선인 주제에."라는 대답이 돌아왔고, 박준채의 주먹이 일본인 학생의 얼굴로 날아들며 몸싸움이 일어났다. 역에 있던 일본인 순사가 싸움을 말렸지만 박준채가 일본인 학생에게 "내일은 학교를 쉬지 마라(내일 꼭 보자)."라고 말하며 도발을

하자 순사는 박준채의 뺨을 때렸다.

싸움은 그다음 날에도 이어졌다. 오후 통학기차를 탄 박준채와 그 친구들이 다시 그 일본 학생을 찾아가 "어제의 잘못이 잘못인 줄 모르냐?"라며 따졌고 주먹질이 오갔다. 사과를 듣지 못한 박준채는 오히려 차장에게 끌려가 기차표를 빼앗기고 일본인 승객들로부터 꾸중을 듣기도 했다. 그러자 광주의 조선 학생들은 불만을 품게 되었고, 결국 이 사건은 11월 1일 기찻길에서 조선 학생들과 일본 학생들이 단체로 모여 서로 노려보며 대립하는 사태로 번진 것이다. 다행히 그날 교사들과 경찰들이 발 빠르게 출동해서 충돌 없이 흩어졌지만, 조선 학생들의 불만은 전혀 사라지지 않았다.

이틀 뒤인 11월 3일은 일요일이었으나 일본 천황의 생일을 축하하기 위해 학생들은 등교를 해야 했고, 이 때문에 학생들의 불만은 더욱 커져 결국 사달이 나고 말았다. 한 우편소 앞길에서 광주고보 학생들과 일본 학생들의 어깨가 부딪쳤고, 말싸움은 이내 몸싸움이 되었다. 싸움에 밀린 일본 학생들이 도망치기 시작했고 조선 학생들은 이를 쫓아가는 추격전 끝에 광주역 앞에서는 수십 명이 뒤엉키는 큰 싸움이 벌어졌다. 흙다리 쪽에서도 학생 수백 명이 몰려드는 싸움이 일어날 뻔했지만 경찰과 소방대가 출동해 학생들을 겨우 말릴 수 있었다.

학교로 돌아온 광주고보 학생들은 곧장 회의를 가졌고 그동안 끓어올랐던 분노를 시위로 보여주기로 결정했다. 죽도, 야구방방이 등 싸움에 쓸 도구들을 챙긴 그들은 광주 시내로 달려 나갔다. 광주고보 학생들의 행진에 광주농업학교 학생들과 광주여고보 학생들까지 참여함에 따라

거리로 나간 학생들의 수는 300여 명에 이르렀다. 시위대는 싸움의 당사자였던 일본 학생들이 있던 광주중학교를 찾아가려다 이내 도립광주병원 쪽으로 진로를 바꾼 뒤 교가 등을 부르며 거리 시위를 계속했다.

## 동맹휴학으로 일제에 저항하다

1919년, 수많은 조선인들이 독립을 바라는 마음을 행동으로 표현한 3·1운동이 일어난 뒤 일제는 조선인들의 불만을 달래고 저항을 줄이기 위해 이른바 문화통치로의 전환을 시도한다. 겉보기에는 조선인들을 위하는 듯한 정책들을 내놓기 시작한 것이다. 조선의 교육을 개혁하고 일본의 학교제도와 동일하게 만드는 융화정책을 담아 발표한 '제2차 조선교육령'도 그중 하나였다. 하지만 그 안에는 일본어 수업 확대 등 일본식 교육을 강화하는 내용이 담겼다. 조선 학생들을 일본의 신민(신하와 백성)으로 길러내려는 시도였던 것이다. 조선 학생들이 일본인 교사들로부터 불합리하고 불평등한 대우를 받는 것은 일상이었고, 교육을 위한 예산 역시 조선 학생들은 일본 학생들보다 적게 배정받았기 때문에 상대적으로 더 안 좋은 시설의 학교에 다녀야만 했다.

조선 학생들은 1920년대에 여러 차례의 동맹휴학을 통해 이러한 불만을 드러냈다. '함께 약속해 공부를 쉰다'는 뜻의 동맹휴학은 자신들의 요구사항을 받아달라고 촉구하면서 집단적으로 수업에 참가하거나 공

| 표 1 | 1920년대 발생한 동맹휴학 건수

| 연도 | 1920 | 1921 | 1922 | 1923 | 1924 | 1925 | 1926 | 1927 | 1928 | 1929 |
|------|------|------|------|------|------|------|------|------|------|------|
| 건수 | 20 | 33 | 52 | 57 | 24 | 48 | 55 | 72 | 83 | 78 |

출처 김토일, 《한국 근대 학생운동사》, 선인, 2005, p.180.

부하는 것을 거부하는 행위로, 학생들의 파업이라고 할 수 있다. [표 1]
에서 나타나듯이 1920년대부터 학생들의 동맹휴학은 지속적으로 늘
어났다.

1920년대 동맹휴학의 흐름은 크게 1926년을 기점으로 나누어 살펴
볼 수 있다. 1920년대 초중반에 학생들은 주로 동맹휴학을 통해 교사
들의 불합리한 차별과 폭언, 구타에 항의했다. 그리고 더 나아가 질 낮
은 학교시설과 교사 및 수업의 개선, 조선인을 위한 교육의 시행을 요
구했다. 다음은 1922년 9월 14일, 전라남도 영암군 영암공립보통학교
의 5학년생 전원이 동맹휴학을 하면서 발표했던 불만 사항들이다.

❶ 생도를 소년단에 가입 못 하게 하는 일

❶ 조선인을 무시하는 일

❶ 생도를 구타하는 일

❶ 교장에 대한 사회 악평은 아이도 숙지하는 바인데 해당 교장에게
  수업받는 것은 수치가 되는 일

❶ 조선어 창가를 교수치(가르치지) 아니하는 일

❶ 조선 역사를 교수치 아니하는 일

❶ 생도에 대한 여러 선생의 언어 태도가 친절하였는데 현 교장의 감
   독을 받은 이래 불친절하게 된 일

❶ 교수상(수업을 할 때)의 설명이 이해키 어려운 일

(후략)


　그러다가 1926년을 기점으로 학생들의 요구는 식민지배의 문제를
보다 직접으로 제기하는 방향을 향해 나아갔다. 당시 학생들은 불편한
교육의 현실을 단지 학교만의 문제라고 생각하지 않았다. 학교를 운영
하는 사람들, 나아가 교육 전반을 책임지는 사람들은 바로 일본인, 일
본제국이므로 문제의 뿌리는 일제의 지배를 받는 식민지 현실이라고
봤기 때문이다. 학생들이 6·10독립운동을 위해 제작했던 전단에 담긴
"조선인 교육은 조선인 본위로!" "보통교육은 의무교육으로!" "보통학
교 용어는 조선어로!" 등의 구호에서도 나타났던 학생들의 이러한 생
각은 1926년 이후 갑자기 늘어난 동맹휴학들에서 본격적으로 등장하
기 시작했다.

　대표적인 사례는 함흥 지역의 동맹휴학이었다. 1927~1928년, 함경
남도 함흥에서는 함흥고등보통학교, 함흥공립상업학교, 함흥공립농업
학교 등이 중심이 되어 오랫동안 동맹휴학을 전개했다. 이때 학생들은
"학교를 식민지 정치의 한 기관으로 삼고 있는 것에서 해방해 자유로운
학문 선도의 장소를 만들"라며 식민지의 차별적 교육과 군사교육을 반
대했고, 조선인 중심의 교육을 하라고 외쳤다. 또한 보다 구체적인 요

# 6·10 만세운동

1926년 4월 26일, 대한제국의 마지막 황제였던 순종이 서거했다. 일제 때문에 왕권을 상실한 그의 죽음을 두고 식민지 현실에 고통받던 많은 사람들이 무척 슬퍼했고, 일제가 순종을 독살했다는 소문이 돌기도 했다. 6월 10일이 순종의 장례일로 정해지자, 독립을 꿈꾸던 사람들은 1919년의 3·1운동을 기억하며 그날에 맞춰 독립 요구 시위를 준비하기 시작했다. 운동은 크게 세 개의 단체들이 개별적으로 준비했는데 그중 권오설 등 사회주의자들의 시위 준비는 사전에 경찰에게 들켜서 무산되었다. 결국 나머지 두 단체, 즉 연희전문학교 등 전문학교 학생들의 모임과 중앙고보 등 중등학교 학생들의 모임이 시위를 준비했다. 미리 태극기 등을 마련한 그들은 6월 10일, 순종의 장례식에 참여하기 위해 올라온 사람들 속에서 "조선독립만세"를 외치며 격문을 뿌리기 시작했다. 사람들도 만세를 외치기 시작했으나, 제2의 3·1운동을 우려한 일제가 이미 어마어마한 경찰은 물론 군대를 동원하며 삼엄한 경계를 펼치고 있었기 때문에 시위는 크게 확산되지 못했다. 그럼에도 학생들의 이런 시도는 침체되어 있었던 독립운동에 활기를 불어넣었다.

★ 6·10만세시위를 진압하고 있는 일본 경찰들.

구사항으로 '구두는 검은 색이면 어떤 형태의 것이라도 신게 해달라'는 것에서부터 '졸업생까지 포함한 학생자치 조직인 교우회의 전권을 학생들에게 돌려달라' 등을 제시했다.

이처럼 학생들이 자치와 학교운영에의 참여를 요구하며 동맹휴학을 하는 사례가 점차 늘어나기 시작했다. 1927년 6월 29일 보성고등보통학교 전교생은 '교우회의 학생자치' 등을 요구로 내세우고 학교 교장을 인력거에 태워 교문 밖으로 추방시키며 무려 4개월간의 동맹휴학을 전개했다. 그다음 해에는 휘문고등보통학교 학생들이 동맹휴학에 들어가며 '제반 교정(학교 행정)에 학생 공선(학생들이 함께 뽑은)의 학생 대표 참가'를 요구하기도 했다. 교장을 쫓아내거나 학교운영에의 참여 요구는 잘못된 식민지 교육 대신 학생들 스스로 제대로 된 학교교육을 만들겠다는 의지를 강하게 드러낸 행동이었다.

1920년대 동맹휴학이 나날이 일어났던 것은 너무나 형편없는 교육 환경에 대한 학생들의 끓어오르는 불만 때문이었다. 동시에 식민지 현실을 극복하기 위해 새로운 세상을 모색하는 학생들의 모임 활동 역시 한몫을 했다. 학교별로 세상의 문제점과 변화의 방법을 함께 공부하는 '독서회' 등 소모임이 꾸려졌던 것이다. 3·1운동 이후 한반도에서는 조선의 해방을 어떻게 이룰지를 고민하며 '조선 민족이 공부를 하고 실력을 길러야 한다'는 공감대가 형성되었다. 같은 시기에 사회주의 사상도 사람들에게 널리 알려지기 시작했다. 1920년대에는 이러한 사회의 변화 속에서, 세상과 시대를 공부하고 실천을 하기 위해 학교별 및 전국 차원에서 독서회 등 학생들의 비밀모임이 만들어지기 시작했다. 또 이를 지원·지도하기 위한 사회주의 단체들의 노력도 끊임없이 이루어졌다.[29] 이런 모임들은 학생들이 힘을 모아 동맹휴학을 이루어내고 여러 학생들, 여러 학교들, 여러 지역들이 함께 참여하게 하는 밑바탕이 되어주었다.

# 광주를
# 넘어
# 전국으로

1929년 광주학생운동 역시 이러한 학생들의 저항의 물결 속에서 나타난 사건이었다. 11월 3일의 시위는 언뜻 보면 학교 간 혹은 조선인과 일본인 학생들 사이의 다툼이나 우발적인 주먹다짐으로 생각될 수도 있다. 그러나 그 시위는 단순히 몇 명의 감정적인 충돌이나 싸움이 아니라 제대로 된 시설도 갖춰져 있지 않고 차별로 얼룩진 식민지 교육에 대한 조선 학생들의 불만, 그리고 새로운 교육과 조선 독립을 염원한 의지의 폭발에서 비롯된 것이었다.

광주는 일찍부터 서울, 함흥 등의 지역과 함께 동맹휴학이 활발하게 일어났던 곳이다. 특히 1923년부터 1928년까지 광주고보 한 학교에서만 총 네 차례나 있었을 뿐 아니라 1928년에는 5개 학교 차원에서의 동맹휴학이 조직적으로 이루어지기도 했다. 형편없는 교육여건, 상급학교 입학시험에서의 차별 등은 강력한 저항이 일어나게 된 원인이었고, 예전부터 식민지 현실에 대해 함께 토론하고 사회주의 등 사회과학을 공부하기 위해 구성된 '독서회' 같은 학생들의 비밀모임은 광주 학생들의 분노를 대규모 시위로 키우는 데 큰 역할을 했다.

11월 3일의 시위 이후 학생들의 기세를 보고 놀란 일제는 임시휴교령을 내린 뒤 눈에 불을 켜고 시위 주동자를 잡아들이려 했다. 그럼에도 일찍이 학생들의 시위에 함께했던 독서회 회원들과 그들을 도왔던 청년들은 11월 12일에 다시 시위를 열기로 결정하고 시위가 확산될 수 있도록 역할을 나누어 요구사항이 담긴 격문을 제작했다. 특히 학생들을 대상으로 한 격문에는 차별적인 식민지 교육에 대한 반대의 목소리와 더불어 학생들의 학교 참여와 자치, 그리고 사상의 자유를 요구하는 내용이 담겨 있었다. 이런 것들을 이루기 위해 학생들의 단결과 행동을 호소하는 내용도 함께 쓰여 있었다는 점이 특징이다.

### 학생 대중아 궐기하자!

- 검거자를 즉시 우리들이 탈환하자!
- 검거자를 즉시 석방하라!
- 교내에 경찰권 침입을 절대 반대하자!
- 교우회 자치권을 획득하자!
- 직원회에 생도 대표자를 참석시켜라!
- 조선인 본위의 교육제도를 확립시켜라!
- 민족문화와 사회과학 연구의 자유를 획득하자!
- 전국학생대표자회의를 개최하라!

11월 12일, 광주고보와 농업학교의 학생들은 첫 수업시간을 알리는 종을 신호로 교실 문을 박차고 나가 미리 준비한 격문을 뿌리면서 가두시위를 벌였다. 시위 주동자를 체포한 일제는 광주고보와 농업학교를 무기한 휴교 조치했다. 그러나 시위가 일어난 당일에는 경비가 삼엄해 동참하지 못했던 광주여고보와 사범학교가 독립가와 만세를 외치며 사감실에 돌을 던지거나 구속학생 석방을 요구하며 학교 안에서 시위를 이어갔다.

뒤이어 광주 외의 다른 지역으로도 시위가 확산되기 시작했다. 목포의 상업학교에는 독서회가 만들어져 있었는데 이들은 광주의 소식을 듣자마자 조사단을 파견하고 곧바로 시위를 준비했다. 11월 19일 목포 학생들은 학교의 전화선을 끊고 "싸우자 2,000만 동포여! 광주학생을 탈환하라! 우리는 정의를 위해 싸운다!"라는 구호를 외치며 독립가를 부르고 시위를 펼쳤다. 이어 27일에는 나주에서도 학생들의 시위가 일어났다.

학생들의 거센 저항에 부딪힌 일제는 서둘러 시위에 참가한 학생들 그리고 독서회와 이를 지원하던 청년들을 잡아들였다. 또 시위를 다루는 언론 보도를 통제했기 때문에 사람들 사이에서는 일본군이 학생들을 살해했다는 풍문까지 나돌았다. 신간회 등 사회단체들은 사건의 진상을 파악하기 위해 광주에 내려와 학생들의 독립운동을 지원할 방안과 더불어 시위가 확산될 수 있도록 뜻을 모아 계획을 짰다.

이들 중에는 서울에서 각 학교별로 독서회 등을 꾸린 학생단체들도 포함되어 있었다. 이로 인해 12월 2일 저녁부터 서울 각 학교에는 "광주학생사건을 지지하고 성원하자." "식민지 노예교육의 철폐" 등의 내용이 담긴 격문이 뿌려졌고, 12월 5~8일에는 몇몇 학교에서 산발적으로 시위가 일어났다. 9일에는 경신학교, 보성고보 등 1,000여 명이 넘는 학생들이 연합해 경찰의 제지를 뚫고 거리로 나와 만세를 외치며 시위에 나섰다. 일제는 2,000여 명의 경찰과 자동차를 동원하여 학생들의 시위를 진압했지만, 다음 날부터 서울의 각 학교 학생들은 거리시위 대신 교내에서 만세시위를 하거나 동맹휴학을 하며 저항했다.

광주의 소식은 서울 외에도 전국 곳곳으로 퍼져나가 12월 한 달 동안 개성, 동래, 원산 등에서도 시위가 일어났다. 일례로 12월 16일 함평남도 함흥고보에서는 "조선학생 만세" "약소민족 만세"를 외치며 강당 유리를 부수는 시위가 있었고, 이 지역의 여러 학교에서 동조 시위가 일어났다.

많은 지역의 학생들이 동맹휴학 등의 저항에 참여했고 그 수가 많았다는 것은 한편으론 그만큼 학교가 많아졌다는 현실을 보여주기도 한다. 학교의 증가는 학생들이 한데 모이는 기회가 많아졌다는 의미이기도 했던 것이다. 물론 일제가 학교라는 교육제도를 확대한 이유는 식민지 운영에 필요한, 순종적이면서도 기본적인 노동력이 있는 사람들을 양성해내기 위한 목적 때문이었다. 그러나 순종을 강요하고 차별을 익숙하게 하려 했던 학교란 공간은 거꾸로 학생들의 저항이 터져 나오는 거점이 되었다. 또 학생들은 독립된 세상에 대한 고민과 저항을 위한 네트워크를 개별 학교를 넘어 구축해나갔으며, 이는 수많은 학생들이 참여하는 일제에 맞서는 저항의 연쇄고리가 되었다.

★ 광주학생항일운동 당시 시위에 나선 광주북중 학생들. '학생의 힘으로 일본의 야욕을 분쇄하자'라는 글귀가 선명하다.

해를 넘겨 1930년이 되어도 학생들의 시위와 저항은 줄지 않고 오히려 이전보다 확대되었다. 특히 중등학교를 넘어 보통학교와 전문학교 학생들도 대거 독립운동에 참여해 일제를 당황하게 했다. 1월 9일, 그 해 처음으로 경기도 개성 지역의 송도고보, 호수돈여고보 등에서 연합 시위가 일어났으며, 1월 15일에는 여학교 학생들을 중심으로 서울의 15개 중등학교 학생들 약 3,000여 명이 동시다발적으로 시위와 학교 밖 거리로의 진출을 시도했다. 이 외에도 각 지역에서 장날에 맞춰 만세시위운동을 시도하거나(전북지역 중등학교), 학교 내에서 집단적으로 통곡하는 시위(평안북도 영변 숭덕여학교)가 일어나기도 했다.

한편, 1929년 11월 이후로 광주 지역 학교들에는 경찰이 상주하며 삼엄한 감시를 펼치고 있었기 때문에 이곳의 학생들은 기존과 다른 새로운 형태의 시위를 펼쳤다. 광주고보 학생들은 개학을 하자마자 치러진 시험에서 답안지를 백지로 제출하는 '백지동맹'에 나섰다. 동맹휴학과 비슷한 거부행위를 시험 때 실행에 옮긴 것이었다. 광주여고보 학생들 역시 '감옥에 수감된 학생들이 풀려나가기 전까지는 학기시험을 치르지 말자'고 다짐하며 일찍부터 백지동맹을 준비했지만 교사들의 회유 등 난관에 부딪혔다. 그러자 이광춘이란 학생은 교단에 뛰어올라 "모든 책임은 나 한 사람에게 있으니 아무렇게나 처벌하라."라며 학생들에게 최후까지 싸울 것을 울면서 호소했고, 이에 3학년 학생 전부가 호응하며 시험에서 백지답안을 냈다. 이외에도 광주여고보의 몇몇 조선 여학생들은 '시비를 물론하고 조선인 학생들이 많이 잡혀가서 고생하는 것을 보고 양심에 가책을 느끼기에 공부를 할 수 없다'며 퇴학원을 냄으로써 항의의 뜻을 표현했다.

## 식민지배에 대한 해방과 학생자치를 요구하다

1930년 3월까지 진행된 광주학생운동은 일제에 따르면 총 5만 4,000여 명이 참여한 커다란 움직임이었다. 운동에 참여한 학교 수는 250여 개나 되었는데, 일제는 이렇게 곳곳에서 일어나는 저항을 막기 위해 부단히 노력했다. 1월 15일 서울에서 연합시위가 일어나자 일제는 긴급회의를 열어 체포한 학생들에 대한 학교 측의 석방 요구를 거절할 것과 수업을 계속할 수 없는 학교에 대해 휴교 조치를 재촉할 것 등을 결정했다. 또 시위를 하다 경찰에 붙잡힌 학생들을 '소요죄'로 강력히 처벌하겠다는 방침을 정하기도 했다.

일제는 저항에 참여한 학생들 중 총 2,905명에게 퇴학, 정학의 징계를 내렸고 그중 1,069명은 학교를 떠나야만 했다. 이러한 학교 차원에서의 처벌뿐 아니라 구속이나 형사처분도 이어졌다. 저항한 학생들을 정치적 반대 행위를 하는 정치범으로 간주하고 탄압하겠다는 의지를 보인 것이다. 이 때문에 1929~1930년에는 4,500여 명이 넘는 학생들이 일제 경찰에 붙잡혔다. 수감된 학생들은 감옥에서도 일제에 대한 저항을 의연하게 계속했다. 3·1절을 맞아서는 감옥 안에서도 '대한독립만세'를 외치기도 하고, 단식투쟁을 한 일도 있었다.

비록 1930년 3월 이후에 광주학생운동은 일제 측의 탄압 때문에 점차 사그라졌지만, 3·1운동 이후 한반도를 식민지배하던 일제의 간담을 서늘하게 만든 또 한 번의 전국적인 운동이었다. 특히 학생들은 당시 처해 있던 차별적이고 열악한 식민지 교육현실에 맞서 자신들의 참여와 자치 등이 이루어지는 새로운 교육을 요구했고 나아가 이를 위해 일제의 통치에 적극적으로 반대했다. 그런 뜻을 표현하는 행동으로 수업과 시험 거부는 물론 거리시위도 마다않는 적극적인 투쟁을 펼쳤던 것이다.

광주학생운동 이후 일제는 전쟁을 일으키기 시작하며 폭압적인 통치로 나아가기 시작했다. 이런 상황에서 이전만큼 많은 사람들이 대규모 독립운동에 참여하지는 못했지만, 학생들의 저항적 움직임은 계속 이어졌다. 학생들은 농촌으로 들어가 농민들에게 글자 등을 가르치는 계몽운동을 하는가 하면, 당시 세계적인 경제대공황으로 바닥까지 내려앉은 어두운 경제 상황 속에서 부담스런 수업료의 폐지를 요구하는 동맹휴학을 벌이기도 했다. 학생들은 일제의 눈을 피해 비밀결사 조직을 꾸려 여러 사상을 공부하고 근로동원 및 학병소집 거부 운동, 전쟁 반대 운동을 펼치며 광주학생운동의 저항 정신을 계속 이어나갔다.

1929년 11월부터 일어났던 이 커다란 독립운동 사건을 기리기 위해 정부는 현재 11월 3일을 '학생독립운동기념일'로 지정하고 운동의 명칭도 '광주학생독립운동' 혹은 '광주학생항일운동'으로 정했다. 11월 3일을 처음 기념일로 지정한 1950년대에는 이날을 '학생의 날'이라 이름 붙였다. 이후 학생의 날은 오랜 세월 동안 학생들이 자신들의 권리를 요구하거나 사회의 민주화를 요구하는 행동을 하는 날이 되어주곤 했다. 유신독재 시기에는 학생들의 시위를 막기 위해 이 기념일이 폐지되었던 적도 있었다. 우여곡절 끝에 1980년대에 다시 부활한 학생의 날은 2006년에 '학생독립운동기념일'로 그 명칭이 바뀌었고 지금까지 해마다 학생들의 독립운동을 기념하는 행사가 열리고 있다.

당시 학생들의 운동을 항일독립운동으로 기념하는 것은 중요한 일이지만 그것만이 운동이 가지는 의의라 하기에는 충분하지 않은 것 같다. 무엇보다 학생들이 자신이 원하는 교육과 세상을 만들기 위해 적극적으로 뜻을 모으고 행동에 나섰다는 점을 기억해야 하고, 더 나아가 '학생의 자치권과 학교운영에 참여를 보장하라'고 했던 당시의 요구가 21세기인 지금 얼마나 실현되었는지, 또 학교의 현실은 얼마나 바뀌었는지 역시 곰곰이 생각해볼 필요가 있다.

# 4

| **4·19혁명** |

## 민주주의의 시작에 앞장서다

저는 생명을 바쳐 싸우려 합니다. 데모하다 죽어도 원이 없습니다. 어머님, 저를 사랑하시는 마음으로 무

척 비통하게 생각하시겠지만 온 겨레의 앞날과 민족의 해방을 위해 기뻐해주세요. 부디 몸 건강히 계세요.

거듭 말씀드리지만 저의 목숨은 이미 바치려고 결심하였습니다.

# 수영은
# 그날을
# 잊을 수 없었다

1960년 4월 중순, 마산의 거리에도 봄의 느낌이 완연했다. 그러나 거리에 감도는 기운까지 포근하지는 않았다. 곳곳에 배치된 경찰들 때문일까, 긴장감마저 감돌고 있었다. 시장의 아주머니 아저씨들도, 그리고 수영의 학교에 다니는 학생들도 모두 만나기만 하면 이 이야기뿐이었다. "김주열 학생 시체가 발견됐다 카더라!"

수영도 김주열이란 이름을 들어본 적이 있었다. 아니, 마산에서 그 이름을 모르는 사람은 찾기 어려울 것이다. 김주열 학생의 어머니가 지난 몇 주 동안 마산 거리를 헤매며 보는 사람마다 김주열을 본 적이 없는지 묻고 다녔기 때문이다. 더군다나 김주열은 수영이 다니고 있는 마산상업고등학교에 입학하기 위해 마산에 왔다가 실종됐다고 하니, 수영으로서는 관심을 갖지 않을 수 없었다.

김주열이 실종된 것은 3월 15일이었다. 그날은 바로 대통령 선거일이었고, 마산 시민들이 들고 일어난 날이기도 했다. 자유당(이승만 대통령이 속해 있던 정당)은 선거 당일에 정말 기가 막힌 짓을 대놓고 저질렀

다. 투표를 감시하며 자유당을 찍으라고 위협했고, 투표하러 온 사람들에게는 투표용지를 내주지 않으면서 자유당 사람들이 혼자 자기 당을 찍은 여러 장의 용지를 내기까지 했으니 말이다. 결국 마산의 민주당 정치인들이 '이런 선거는 도저히 못하겠다'며 선거 포기 선언을 하자 마산 시민들은 이들과 함께 부정선거 무효를 외쳤다.

그날 수영도 학교 친구들과 함께 손을 잡고 거리를 행진했다. 그러나 경찰은 행진 참여자들에게 무시무시한 폭력으로 답했다. 수영은 한 고등학생이 사람들을 가로막은 경찰의 확성기를 빼앗아서 "자유"라고 외치다가 경찰의 곤봉에 맞고 쓰러지는 모습을 보며 눈물이 났다. 화가 난 사람들이 흩어지지 않고 계속 부정선거 무효를 외치자 어느 순간 콰쾅! 탕! 하고 천둥소리 같은 것이 울리더니 사람들이 비명을 질렀다. 경찰이 총을 쏜 것이었다.

수영은 그날을 잊을 수 없었다. 거리를 메운 수천 명의 사람들이 한 뜻으로 부정선거 무효를 외치던 것을 떠올리면 가슴이 뜨거워졌고, 경찰의 무서운 곤봉과 총을 생각하면 손이 떨릴 정도로 무서웠다. 그러나 그 두려움의 한편에는 분노도 있었다. 부끄러운 줄 모르고 부정을 저지른 것으로 모자라 시민들의 평화적인 시위를 총으로 막은 이승만 정권에게 화가 났다. 우리나라는 북한과 다른 '민주주의 공화국'이라고 귀에 못이 박히게 들었는데, 선거도 공정하게 하지 못하는 이런 게 무슨 민주주의냐는 생각도 들었다. 그날 마산상고 학생인 김영호와 김영준, 그리고 마산고 학생, 마산동중 학생도 경찰에 목숨을 잃었다. 친구들의 죽음을 생각할 때마다 수영은 가슴이 답답해지고 울분이 점점 커졌다.

경찰이 3월 15일 이후로 거리에서 눈을 부릅뜨고 조금 수상해 보이기만 해도 사람들을 잡아갔기 때문에 아무것도 할 수 없어 더욱 답답한 심정이었다.

그러던 와중에 김주열의 실종 소식이 들려왔다. 수영도 김주열 학생의 어머니께서 아들을 애타게 찾아다닌다는 이야기를 듣고 안타까워했다. 경찰이 죽여서 저수지에 가라앉혔다는 등 무서운 소문도 있었지만 수영은 그래도 김주열이 무사히 돌아오기만을 빌었다. 마산의 많은 시민들이 같은 마음이었을 것이다. 그런 바람이 있었음에도 4월 11일, 끝내 김주열이 죽어서 발견됐다는 이야기가 전해졌다. 심지어 눈에 최루탄이 박힌 끔찍한 모습으로 바다에 떠올랐다고 했다.

4월 11일 오후, 학교에 나와 있던 수영은 학교 후배가 될 예정이었던 이의 참혹한 소식이 남의 일 같지 않았다. 처참하게 죽은 채 바다에 던져진 김주열의 모습이, 총에 맞아 죽은 친구들의 모습이 바로 자신의 모습이 될 수도 있었다는 생각에 가슴 한켠이 서늘해졌다. 그러나 그 서늘함과 함께 쌓여왔던 울분이 폭발하고, 피가 끓듯이 심장과 머리가 뜨거워지는 것을 느꼈다. "아니, 사람이 어떻게 그럴 수 있단 말인가!"

그때, 거리에서 큰 소리가 들려왔다. "이승만 정권 물러가라!" "죽은 자식을 살려내라!" "차라리 나도 죽여라!" 김주열의 소식에 병원 앞에 모여 있던 3만여 명의 시민들이 그의 끔찍한 시신을 확인한 후 화를 참지 못해 다시 거리로 나섰던 것이다. 사람들의 소리가 들려오자 교실에 있던 한 친구가 교단 위로 올라가 외쳤다. "우리도 나가자! 영호와 주열이의 원수를 갚자!" 순식간에 마산상고 학생들 거의 모두가 교문으로 몰려나왔다. 수영도 함께 뛰어나갔다. 마산상고 학생들이 거리로 나가 행진을 시작하고 얼마 지나지 않아 친구를 잃은 다른 학교 학생들도 합류하기 시작했다. 오후 늦게 시작된 시위는 점점 커졌고 저녁 7시 무렵에는 거리를 가득 채워 그 끝이 보이지 않을 정도였다.[30]

# 일요일 등교에
## 분노한
### 학생들

마산에서 김주열이 실종되고 여러 시민들이 죽음을 당한 3월 15일로부터 대략 보름 전인 2월의 마지막 주, 대구의 고등학생들은 화가 많이 나있었다. 일요일인 2월 28일에도 학교에 등교하라는 통보를 갑자기 받았기 때문이었다. 각 학교들이 제시한 이유는 다양했다. 시험일정을 당겨야 하기 때문이라거나 졸업생 송별회나 영화 관람, 심지어 토끼 사냥을 할 계획이라고 한 학교들도 있었다. 이처럼 특별히 공식적인 학사일정이 있는 것도 아닌데 학교들이 단체로 학생들에게 갑작스레 일요일 등교를 지시한 이유는 어이없게도 바로 선거운동 때문이었다.

2월 28일은 대통령 선거를 위한 민주당의 장면 부통령 후보의 선거 유세가 대구에서 있던 날이었다. 이승만 대통령과 자유당은 민주당의 유세에 사람들이 많이 모일 것을 걱정했다. 부통령 선거에서는 자유당이 불리한 상황이었기 때문이다. 그래서 고등학생들이 유세에 가지 못하도록 교육위원회를 통해 일요일에 등교 지시를 내렸고, 공무원과 노제2차 세계대전에서 일본이 패배하면서 일제의 식민지배가 끝나고 1945년 8월 15일, 마침내 한국 사람들은 독립을 얻게 되었다. 그러나 기쁨도 잠시, 전쟁에서 이긴 미국과 소련의 군대가 한반도를 점령했고 북쪽은 소련군이, 남쪽은 미국군이 지배하는 군정(軍政)이 시작됐다. 독립을 하자마자 나라가 분단되어버린 것이다. 분단과 통일을 둘러싼 외국의 개입과 많은 갈등 끝에 1948년 한반도 남측에서는 따로 선거를 실시해 헌법을 만들고 나라를 세웠다. 남북으로 나뉜 한반도에서는 끝내 1950년, 북한의 침공으로 한국전쟁이 시작되었다. 한반도 전체를 전쟁터 삼아 외국의 여러 군대들까지 참가한 큰 전쟁이었던 한국전쟁은 많은 목숨을 빼앗아가고 나라와 사람들에게 큰 상처를 남긴 채 1953년에야 끝나게 되었다.

독립운동가 출신이었던 이승만은 1948년 대한민국 초대 대통령으로 당선되었다. 그때는 국회에서 대통령을 뽑았다. 이어서 제2대 대통령 선거 당시 이승만 정권은 국회에서 이승만이 당선될 가능성이 낮다고 판단되자 국회의원들을 강제로 체포해가면서 헌법을 바꿔 시민들의 직접 선거로 대통령을 뽑게 했다. 이어서 1956년에는 한 번만 대통령직을 연임할 수 있다고 명시되어 있던 헌법을 이승만 본인만 여러 번 할 수 있도록 바꾸려 했다. 이때 원칙대로라면 국회에서 찬성 136표 이상이 되어야 헌법 개정이 가능했지만 135표밖에 얻지 못한 탓에 제안된 개정안은 부결되었음이 선포되었다. 그러나 당시 집권당이었던 자유당은 반올림 원칙을 적용해 헌법 개정안이 통과된 것으로 봐야 한다는 억지를 부렸다(사사오입 개헌).

이처럼 이승만 정권은 이승만이 계속 대통령을 할 수 있게끔 헌법을 여러 번 고쳤는가 하면 정부 권력을 악용해 부당하게 선거운동을 하거나 투표 결과를 조작하기까지 했다. 이런 식이었으니 당연히 이승만 정권은 국민들의 삶을 먼저 생각하는 정치를 하지 않았음은 물론 장기간 권력을 쥐면서 각종 부정부패를 일삼았다. 당시는 전쟁 직후였고 먹고살기도 힘든 때였기에 시민들의 불만은 한층 더 커져갔다.

당시에는 대통령 밑에 부통령이라는 직위가 있었고, 대통령 선거와 부통령 선거는 같은 날에 치러졌다. 1956년 제3대 대통령 및 부통령 선거 때는 자유당의 경쟁 상대인 민주당에서 출마한 신익희(대통령 후보), 장면(부통령 후보), 그리고 진보당의 조봉암(대통령 후보)이 큰 인기를 끌었다. 그러나 불행히도 신익희 후보가 선거 열흘 전에 병으로 갑자기 세상을 뜨는 바람에 이승만은 쉽게 세 번째로 대통령에 당선된다. 하지만 자유당이 투표 및 개표 과정에서 여러 반칙까지 저질렀음에도 부통령 선거에서는 민주당의 장면이 당선되었다.

4년 뒤인 1960년의 대통령·부통령 선거는 이처럼 이승만 정권이 사람

★ 1956년 선거에 나온 진보당 조봉암, 무소속 이범석(부통령 후보) 선전물. 이때 민주당은 '못살겠다! 갈아보자'라는 구호를 내세웠고, 진보당도 '갈지 못하면 살 수 없다'라고 하며 정권 교체를 주장했다.

들의 지지를 잃은 가운데 치러졌다. 이승만 정권은 이미 이전 선거에서 많은 표를 얻었던 진보당의 조봉암에게 간첩이라는 누명을 씌워 그를 사형시켜버렸다. 자신들의 권력을 위협할 만한 경쟁력 있는 정치인을 제거한 것이다. 1960년 선거 당시 민주당에서는 대통령 후보로 조병옥, 부통령 후보로 장면이 나왔다. 그러나 조병옥이 선거 한 달 전, 병에 걸려 미국으로 치료를 하러 갔다가 세상을 뜨는 사건이 일어났다. 또다시 이승만의 당선 가능성이 높아진 것이다. 그러나 당시 이승만은 86세의 고령이었기 때문에 혹시 그가 세상을 뜰 경우 대통령직을 대신하는 부통령이 누가 될 것인지는 굉장히 중요한 문제였다. 또한 이승만 본인 역시 '만약 부통령에 자유당의 이기붕 후보가 당선되지 않으면 내가 대통령에 당선되더라도 물러나겠다'는 입장까지 발표했으므로 부통령 선거는 대통령 선거만큼이나 중요한 사안으로 떠오르고 있었다.

동자들 역시 일요일에 출근해서 일하게 했다. 반면에 자유당이 대구에서 유세를 한 27일 토요일에는 학교를 일찍 마치게 했다. 정권을 가진 쪽에서 권력을 남용해 선거에서 자신들이 유리한 위치를 점하기 위해 공공연히 부정을 저질렀던 것이다.

고등학생들은 두 가지 이유에서 분노했다. 하나는 학기말의 일요일에 갑작스레 어이없는 이유들로 학교에 나오게 한 것이었고, 다른 한 가지는 자유당의 노골적인 부정선거 그 자체였다.

1960년에는 '장기 집권한 이승만 대신 다른 사람을 대통령으로 만들고, 그럼으로써 국민들의 삶도 바꿔보자'는 목소리가 힘을 얻는 등 이승만 정권에 대한 사람들의 불만이 커져 있는 상태였다. 민주당이 내걸었던 '못 살겠다! 갈아보자!'라는 선거 구호가 사람들의 큰 호응을 받으면서 불만의 목소리는 점점 더 커져갔다. 하지만 그런 분위기였음에도 민주당의 대통령 후보인 조병옥이 병으로 사망하면서 대통령 교체는 물거품이 되고 말았다.

2월 16일, 대구 사대부고 학생이었던 오석수, 이영길, 유효길은 '유정천리'라는 유행가의 가사를 바꿔서 "세상을 원망하랴, 자유당을 원망하랴, 춘삼월 15일에 조기선거 웬 말이냐? 천리만리 타국 땅 병사 죽음 웬 말이냐? 설움 어린 신문들과 백성들이 울고 있네."라는 노래를 만들어 칠판에 적었다. 조병옥 후보의 죽음을 안타까워하는 내용을 담은 이 가사는 신문에 소개되는 등 널리 퍼져나갔다. 이는 청소년들 역시 당시의 정치 상황과 선거에 대해 높은 관심을 가지고 있음을 보여주는 사건이었다. 이처럼 현실 정치에 대해 잘 알고 있었기에 학생들은 이승만 정권이 대놓고 부정을 일삼는 모습에 더욱 분노를 느꼈다.

학생 대표들 중에는 학교 측에 일요일 등교를 철회해달라고 건의한 사람도 있었다. 그러나 일요일 등교는 정부와 교육위원회가 내린 지시였기에 학교 차원에서 취소를 할 수가 없었고, 학생들의 요청은 당연히 묵살되었다. 많은 학생들은 일요일 등교에 불만을 품고 그냥 학교에 가지 말자는 이야기까지 나누고 있었다. 그러나 각 학교 학도호국단(당시 정부가 만들었던 학생 군사 조직으로, 평소에는 지금의 학생회와 비슷하게 전교생을 대표하는 역할을 담당했다) 간부였던 30여 명은 미리 모여 대책을 논의한 뒤 학생들에게 전원 등교하라고 알렸다. 학교에 모여서 다 같이 일요일 등교에 반대하는 행동에 나설 계획을 가지고 있었던 것이다.

2월 28일 오후 1시, 경북고등학교의 학생 대표들은 전교생을 운동장으로 모았다. 교사들의 만류를 뿌리치고 경북고 학도호국단 부위원장인 이대우가 단상에 올라 결의문을 읽었다. "인류 역사 이래 이런 강압적이고 횡포한 처사가 있었던고. 근세 우리나라 역사상 이런 야만적이고 폭압적인 일이 그 어디 그 어느 역사책 속에 끼어 있을까?"로 시작하는 결의문은 "우리는 일주일 동안 하루의 휴일을 쉴 권리가 있다. 그러나 우리가 살기 위해 만든 휴일을 빼앗아가니, 우리는 피로에 쓰러져 죽어야만 하나? 우리는 이번 처사에 대한 명확한 대답을 받을 때까지 싸우겠다."라는 내용을 담고 있었다. 이어 경북고 학생 800여 명은 거리로 나와 일요일 등교에 항의하는 뜻을 전하러 도청으로 향했다. 다른 학교 학생들도 거리로 나와 도청 앞으로 모여들었고, 어느 학교에서는 학생들이 학교 측에 의해 강당에 갇혀 있다가 저녁이 되어서야 시위를 하러 나왔다. 대구 고등학생들의 시위는 오후까지 계속 이어졌다.

## 강제 동원과
# 부정선거로
## 끓어오르는 분노

그동안 이승만 정권은 학생들을 계속해서 정부의 행사에 동원해왔다. 예컨대 1956년에는 이승만 대통령을 다시 당선시키기 위해서 정부 기관들의 권력을 동원해서 그를 지지하는 시위를 대대적으로 열었다. 이

때 중고등학생들은 강압적으로 자신의 뜻과 상관없이 시위에 끌려나왔고, 비가 오는 날에도 거리에 나와 이승만을 찬양해야 했다.

학교에서도 이승만 대통령 찬양에 학생들을 노골적으로 동원했다. 매년 3월 26일에는 이승만 대통령의 생일이라는 이유로 학교별로 작문대회를 개최해 대통령을 찬양하는 글을 짓게 했다. 1959년, 한 중학교에서는 이에 불만을 품은 학생이 작문대회 때 "대통령 머리는 된서리를 맞아서 하얗다."라고 한 줄을 적어서 냈다가 교감에게 뺨을 수없이 맞고 기합을 받았으며 반성문 작성을 강요받고 정학 조치를 당하는 사건도 있었다. 이때 교감은 그 학생에게 "이게 무슨 짓이냐! 폐교당하는 꼴을 보려고 이러냐!"라고 했다. 이 말에서 알 수 있듯 당시의 학교들은 정부와 대통령의 눈치를 봐야만 했다.[31] 1960년 2월 28일 시위에 나왔던 대구 경북여고 학생 신구자 역시 1년 전 이승만 대통령 생일 축하 웅변을 하라고 다그치는 교사에 맞서서 이를 거부한 일이 있었다.[32] 이처럼 정권의 이익을 위해 학생들을 강제로 동원하는 학교에 대해 학생들 사이에서는 보이지 않는 불만이 점점 쌓이고 있었다. 1960년에 여기저기에서 학생들의 저항이 일어난 것은 이런 강요에 대한 반감이 그만큼 커져 있었기 때문이었다.

서울에는 20여 개 학교의 학도호국단 간부 학생들이 모인 '협심회'라는 모임이 있었다. 지금도 지역 학생회 연합 같은 데서는 학생들이 함께 봉사활동이나 수련회를 가곤 하는데, 협심회도 그와 비슷하게 농촌 봉사활동을 가면서 시작된 모임이었다. 이 협심회 학생들은 상호 교류하면서 점점 학교 안에서 겪는 여러 문제들에 대한 이야기를 하기 시작했다. 학도호국단을 해체하고 자율적인 학생회로 만들어야 한다거나, 학교에서 학생들을 관제 행사에 강제로 동원하는 일을 줄이게 해야 한다는 등의 이야기를 나누던 협심회 구성원들은 2월 들어 자유당의 부정선거 행위들이 눈에 띄게 심해지자 '우리 고등학생들도 뭔가 해야 하지 않겠느냐'는 데 뜻을 모은 뒤 시위를 계획했다. 그리고 서울에서 2월 18일 무렵 야간 횃불시위를 열었다. 비록 50명 정도의 소규모였던 탓에 경찰에게 금방 해산당해 잘 알려지지는 않았으나, 이는 정치 상황에 대한 당시 고등학생들의 불만이 컸을 뿐 아니라 각지에서 그에 저항하는 작은 움직임들이 형성되고 있었음을 보여주는 사례이다. 대구 2·28 시위 역시 이러한 분위기를 폭발시킨 하나의 불씨였다. 대구의 시위는 이승만 정권에 저항하며 고등학생들 다수가 자발적으로 거리로 나온 최초의 대규모 시위였고, 이 소식이 다른 지역들에 전해지면서 불만을 품고 있던 여러 청소년들에게도 자극이 됐다.

3월 초, 전국 각지에서 고등학생들의 저항이 일어났다. 서울에서는 협심회의 홍충식과 홍승만 등이 정부의 부정부패 비판, 정부의 관제 행진에 학생 동원 자제, 부정선거 내용 폭로 등을 담은 전단지를 만들어 건물 아래로 뿌렸다가 경찰에 잡혀갔다. 대전에서는 3월 8일에 민주당의 선거유세가 있었는데, 이날도 경찰과 학교에서는 고등학생들의 유세 참여를 금지하려 했다. 대전고등학교 학생들은 이에 분노해 기습적으로 거리에 나가 민주당 연설 장소였던 공설운동장으로 향했다. 경찰은 이들을 막으려 했지만 학생들은 "〈서울신문〉 강제 구독 반대" "학원의 자유를 보장하라!" "학원을 정치도구화하지 마라!" "자유로운 학생의 동태를 감시하지 마라!"라고 외치며 시위를 벌였다. 〈서울신문〉은 당시 정부의 간섭을 받으면서 이승만 정권에 유리한 기사를 쓰던 대표적인 언론이었다. 정부에서 특정 신문을 학생들에게 구독시키고 생각을 강요하는 것에 대해 반대한다는 뜻을 밝힌 것이다. '학교를 정치도구화하지 말라'고 외친 것은 곧 '학생들 스스로 생각하고 행동할 수 있는 자유를 보장하라'는 뜻이었다.

대구에서의 2·28 시위에 이어 대전 학생들도 3월 8일에 시위에 나섰다는 소식이 신문을 통해 전해졌다. 어쩌면 당시 청소년들은 대구와 대전 등에서 연이어 들려오는 소식에 '우리가 뭔가 바꿀 수 있을지 모른다.' '우리도 할 수 있다.'라고 생각하며 가슴이 두근거렸을지도 모르겠다. 이틀 뒤인 3월 10일에는 대전상업고등학교 학생들이 시위를 벌였고, 누가 시킨 것도 아닌데 시위는 전국으로 도미노처럼 이어졌다. 선거일 바로 전날인 3월 14일에는 서울, 부산, 인천, 경기, 강원 등 전국에서 동시다발적으로 청소년들이 거리로 나섰다. 규모도 점점 커져서 서울에서 약 1,000명, 부산에서는 약 700~800명의 학생들이 거리에서 민주주의를 요구하는 목소리를 냈다.

3월 8일 대전고 학생들의 시위 때부터, 아니 2월 28일 대구 고등학생들의 시위부터도 학생들이 거리로 나서는 것은 결코 순탄치 않았다. 언론에서는 학생들을 조종하는 배후세력이 있다는 음모론을 제기하기도 했고, 고등학생 수십 명이 경찰들에게 체포됐는가 하면 2·28시위에 참여했던 고등학생들 중 100여 명은 도청 강당에 무릎 꿇린 채 공무원들로부터 협박과 모욕을 당하는 수모를 겪기도 했다. 학교에서도 학생들이 시위에 나서지 못하게 하려고 강압적인 수단을 동원했다. 그러나 정부가 학교의 권력을 동원해서 학생들의 정치적 자유를 무시하고 생각과 의견을 강요하는 모습, 그리고 학생들의 휴일까지 빼앗는 조치는 청소년들이 분개해 탄압에 굴하지 않고 행동에 나서게 했다. 또한 같은 고등학생들이 거리로 나오는 모습은 다른 고등학생들에게 '우리도 할 수 있다.'는 자신감을 심어주었다. 한국전쟁이 끝난 후 새롭게 자라난 세대였던 청소년들은 당시에 한국에서 가장 민주주의를 바랐던 집단 중 하나였다.

그러나 이승만 정권은 이런 사건들 속에서도 선거에서의 부정을 멈추지 않았다. 공무원이나 학교를 동원해 자신들에게 유리하게 선거운동을 해온 것도 모자라 선거 당일에도 자유당 사람들이 투표소에 들어가 국민들이 누구에게 투표하는지 감시했을 뿐 아니라 민주당의 선거 참관인들을 내쫓았다. 게다가 자유당 사람 한 명이 투표용지를 여러 장씩 가져가 한꺼번에 자유당을 찍고 투표함에 넣는 등 표를 조작하는 짓까지 저질렀는데, 그 정도가 얼마나 심했는지 나중에는 투표한 사람의 수보다 표의 수가 더 많아져서 남는 표를 불태워버리기도 했다. 비유하자면 대놓고 커닝을 한 것으로 모자라 채점 결과까지 조작한 셈이었다. 선거일에 이런 일이 공공연하게 벌어지자 사람들은 분노했다.

광주에서는 시민들이 "민주주의의 사망을 애도한다."라며 상복을 입고 장례식을 치르는 시위를 하다가 경찰에게 폭력적으로 해산당했다. 이승만 정권의 자유당과 부통령 자리를 놓고 경쟁하던 민주당 쪽에서도 나섰다. 경남 마산의 민주당 간부들은 3월 15일 부정선거를 확인한 뒤 "너무나 불공정하고 반칙이 난무하기 때문에 선거를 포기하겠다."
고 선언한 뒤 곧바로 거리 시위에 나서서 부정선거에 항의했고 수천 명
의 시민들이 시위에 함께했다. 이것이 '3·15 마산 시위'다.

마산에서의 시위가 커지자 경찰은 시위를 막기 위해 민주당 간부들
을 체포하고 폭력을 휘두르기 시작했다. 하지만 분노한 시위대의 규모
는 오히려 더 커져 밤이 되자 1만 명에 이르렀다. 시위대와 서로 대치하
던 경찰은 시위대를 향해 총을 발사했고, 이 총격으로 일곱 명의 시민
이 죽고 870명이 부상을 당했다. 정부가 이렇게 시민들을 폭력과 총으
로 짓밟은 사건은 이후 4월에 더 큰 저항이 일어나는 원인으로 작용했
다. 심지어 이승만 대통령은 마산 시위의 배후에 공산당이 있다는 음모
론을 폈고, 부정선거로 부통령에 당선된 이기붕은 "총은 쏘라고 준 것
이지 가지고 놀라고 준 것이 아니다."라며 경찰의 총격을 변호하기까지
했다.

## 고등학생
# 김주열의 죽음
## 그리고

3월 15일 이후 시민들의 불만은 사그라지지 않았다. 학생들의 저항 역
시 지속되어서 3월 17일에는 서울 성남고 학생들과 경남 진해고 학생
들이, 3월 24일에는 부산의 900여 명이 전단지를 배포하며 시위를 했
다. 성동공고 학생들도 깜짝 시위를 벌였다. 하지만 거리로 나서는 사

람의 수는 많지 않았다. 이미 선거가 끝난 뒤였고 경찰의 감시와 방해가 심했기 때문이었다. 당시 시민들은 3월 15일 시위 참여자들을 향해 경찰이 총을 쏜 사건에 대해 조사단을 파견한 국회, 내무부 장관을 바꾼 이승만 정권 등 사건을 수습하려는 움직임을 지켜보고 있던 상황이기 때문이기도 했다.

그러나 너무나 뚜렷한 잘못을 저질렀음에도 이승만 정권에서는 4월이 되도록 사건에 대한 책임을 지는 사람이 나타나기는커녕 제대로 된 사과도 없이 일을 마무리하려는 태도를 보였다. 이에 사람들의 실망과 분노는 더욱 강해졌다. 부정선거에 항의하며 4월 6일에 민주당이 이끈 시위는 시민들의 많은 지지와 호응을 받았고, 놀란 이승만 정권은 학생들의 등교를 중지시키고 경찰이 시위대를 에워싸는 등의 조치를 취했다.

이러한 긴장감 속에 4월 11일, 사람들을 충격에 빠뜨리는 소식이 전해졌다. 마산 앞바다에서 고등학생 김주열의 시체가 발견된 것이다. 김주열은 마산상업고등학교에 입학하기 위해 남원에서 형과 함께 마산에 와있던 중 3월 15일의 시위에 참여했다가 실종된 상태였다. 김주열의 어머니를 비롯한 가족들이 김주열을 찾아다녔지만 그는 결국 약 한달 만에 경찰이 발사한 최루탄 조각이 눈에 박힌 채 시체로 발견되고 말았다.

김주열의 참담한 모습이 알려지자 마산의 고등학생들은 다시 거리로 뛰쳐나왔다. 김주열이 입학한 마산상고의 학생들이 행진을 시작했고, 마산고등학교 학생들도 이에 합류했다. 3월 15일, 경찰의 총에 맞아 죽은 김용실이라는 마산고 학생이 있었기 때문이다. 마산여고에서는 교사들이 학생들의 시위 참여를 막기 위해 신발을 모두 감춰버렸다. 하지만 밖에서 다른 학교 학생들이 시위에 참여하라고 계속 외치자 결국 교장이 직접 학생들을 시위에 참여할 수 있도록 인솔해서 내보내는 진풍경도 벌어졌다. 그만큼 사람들의 열기가 뜨거웠던 것이다. 고등학생들의 시위에 다른 시민들도 박수를 보내며 함께했다. 2~3만 명의 시위자들은 마산경찰서를 부수며 격렬한 분노를 내보였고, 경찰이 다시 총을 쏴 두 명의 시민이 목숨을 잃었지만 계속되는 경찰의 폭력과 사람들의 희생은 시위의 열기를 더욱 뜨겁게 했다.

경찰이 고등학생을 잔인하게 죽였고 심지어 그 시신을 바다에 빠뜨림으로써 사건을 은폐하려 했다는 소식이 끔찍한 시신의 사진을 담은 신문과 함께 알려지자 큰 파문이 일어났다. 특히 3월에 한 번 전국 각지에서 민주주의를 외쳤던 고등학생들은 자신들과 같은 고등학생의 사망 사건을 한층 더 크게 받아들일 수밖에 없었다. 이대로 가만히 있어서는 안 되겠다는 사람들이 각지에서 나타났고, 서울의 대학생들은 4월 21일에 시위할 계획을 세우는 등 이승만 정권의 책임을 묻고 민주주의를 이루기 위해 행동하려는 준비가 이루어졌다.

4월 18일, 고려대학교 대학생들 3,000여 명이 부정선거를 비판하고 재선거를 요구하며 거리로 나왔다. 그런데 이들이 국회의사당 앞에서 시위를 마치고 돌아가다가 이승만 정권과 친밀한 관계에 있던 반공청년단 및 폭력배들에게 습격을 받아 많은 사람들이 다치는 사건이 일어났다. 시위대 중에는 시위 중반부터 참여했던 중고등학생들과 학생이 아닌 사람들도 포함되어 있었는데, 커져가던 시민들의 분노는 이 사건을 계기로 마침내 폭발하기에 이르렀다. 이승만 정권이 시민들의 저항을 계속해서 폭력으로 억누른 결과였다.

다음 날인 4월 19일 아침 8시 30분, 플래카드를 든 대광고등학교 학생들이 서울 동대문 거리를 가득 채웠다. 전날 고려대생들의 시위 모습을 보며 환호했다가 저녁에 이루어진 습격 소식을 듣고 화가 난 그들은 밤을 새워 결의문을 작성하고, 밀가루 포대를 이어 붙여 만든 현수막에 '민주주의 사수하자'라고 쓰며 시위를 준비했다. 대광고 학생들은 "정부는 마산 사건을 책임져라!" "학원의 자유를 보장하라!" "3·15 협잡선거를 물리치고 다시 선거하자!"라는 구호를 외치며 거리를 행진하다가 경찰과 반공청년단에게 폭행을 당하고 체포되었다.


### 대광고등학교 결의문

우리는 제2세 국민으로서 아래와 같은 결의를 선포한다.

어디까지나 오늘의 정사를 내일에 물려받을 주인공으로서, 붉게 피 발리고 정사를 계승받기는 싫다. 그리고 3·15의 불법과 불의의 강제적 선거로 조작된 소위 지도자들은 한시바삐 물러나야 한다.

부러워하던 형제들이여!

대한의 학도여 일어나라!

피 묻은 국사를 보고 그냥 있을 수 있단 말이냐!

정의에 불타는 학도이거든, 진정한 일꾼이 되려거든 일어나라!

3·1정신은 결코 죽지 않았다.

우리 조국은 어디까지나 민주공화국이요, 결코 독재국가, 경찰국가가 아니다.

법에서 이탈하고, 만행으로 탄압하는 정부를 보고만 있을 수 없어 대광학생들은 평화적인 행위로 시정을 요구하는 바이다.

단기 4293년 4월 19일 대광고등학교 학생 일동

❶ 정부는 마산 사건을 책임지라.

❷ 학원의 자유를 보장하라.

❸ 3·15 협잡선거를 물리치고 정부통령 다시 선거하자! [33]


4·19의 아침을 연 대광고 학생들의 목소리는 근처에 있던 대학들에까지 들렸고, 대학생들이 대거 거리로 나오게 만들었다. 고등학생들은 4월 19일 이전부터 대학에 있는 자신의 학교 선배들을 찾아가 시위를 하자고 설득하기도 했다. 서울 중심부에 있던 대다수의 고등학교 학생들과 대학생들, 일부 중학생들이 시위에 나서며 4월 19일은 점점 뜨겁게 달아올랐다. 몇몇 청소년들은 유서를 남겨놓고 죽음을 각오한 채 거리로 나섰고, 3·1운동의 정신과 민주주의를 외쳤다.


### 한성여자중학교 학생 진영숙(16세)의 마지막 편지

어머님께

시간이 없는 관계로 어머님 뵙지 못하고 떠납니다. 어머님, 데모에 나간 저를 책하지 마십시오. 우리들이 아니면 누가 데모를 하겠습니까. 저는 아직 철없는 줄 압니다. 그러나 조국과 민족을 위하는 길이 어떻다는 걸 알고 있

★ 동성중·고 학생들이 '민주주의 사수하자'라고 쓴 현수막을 들고 4·19의 아침을 열고 있다.

습니다. 저는 생명을 바쳐 싸우려 합니다. 데모하다 죽어도 원이 없습니다. 어머님, 저를 사랑하시는 마음으로 무척 비통하게 생각하시겠지만 온 겨레의 앞날과 민족의 해방을 위해 기뻐해주세요. 부디 몸 건강히 계세요. 거듭 말씀드리지만 저의 목숨은 이미 바치려고 결심하였습니다.[34]

휴대전화 같은 것도 없던 시절이라 바로 연락이 된 것도 아니었다. 하지만 4월 19일에는 서울뿐 아니라 광주, 경남, 대구, 부산, 인천, 청주, 그리고 바다 건너 제주도까지 전국 각 지역의 많은 사람들이 한마음으로 거리로 나오기 시작했다. 이제는 더 이상 못 참겠다는, 인내심의 한계를 넘은 다수 시민들의 마음이 모두 같았기 때문에 가능했던 일일 것이다. 중고등학생과 대학생들뿐 아니라 여러 시민들도 참여해 서울만 해도 10만 명이 넘는 사람들이 거리를 가득 채웠고, 이승만 정권에게 부정선거로 당선된 정권에서 물러나고 마산에서 사람들을 죽인 것을 책임지라고 요구했다.

시위대는 대통령이 있는 경무대(지금의 청와대) 앞까지 행진했다. 경찰은 시위대를 막기 위해 마구 총을 쏘기 시작했고, 시위대에서는 죽고 다치는 사람들이 속출했다. 그럼에도 시위가 멈출 기미를 보이지 않자 이승만 정권은 오후 3시에 계엄령을 선포했다. 계엄령이란 비상 상황에서 군대를 동원해 강제로 질서를 유지시키게 하는 조치다. 이제 경찰들은 총을 쏘고, 계엄군은 전차와 탱크까지 몰고 시위를 막아섰다. 그나마 다행인 것은 계엄군은 시위대에게 섣불리 총을 쏘지 않았고 무리하게 진압하지 않아서 죽거나 다치는 사람이 덜 발생했다는 것이었다.

경찰의 총격과 폭력적인 진압으로 수십 명이 목숨을 잃었던 4월 19일은 '피의 화요일'이라고도 불린다. 국민학생(지금의 초등학생)들과 중고등학생들 역시 시위에 참여했다가 약 30명이 사망하고 100여 명이 다쳤다. 그중 수송국민학교 6학년생이던 전한승은 시위대가 지나가자 박수를 치고 응원하며 시위대 대열 앞으로 나가다가 경찰에게 총을 맞고 숨졌다. 같은 학교에 다니던 학생이 죽은 이 사건에 분노한 수송국민학교 학생들은 4월 26일 거리로 나와 "총부리를 대지 말라! 우리는 민주정의를 위해 싸운다!"라고 외치며 시위를 벌였다.

계엄령이 선포되면서 시위의 기세는 잠시 주춤했으나 사람들의 분노와 요구는 쉽게 사라지지 않았다. 각지의 대학생들이 연이어 선언문을 낭독하며 거리로 나섰고, 4월 25일에 대학 교수들이 연합해 이승만 대통령의 퇴임을 요구하는 성명을 발표하자 이를 계기로 다시 한 번 큰 시위가 일어났다. 결국 4월 26일, 이승만 대통령과의 면담에 나선 시민 대표 다섯 명은 대통령직에서 물러나라고 요구했고, 이승만은 이를 받아들이며 퇴임을 발표했다. 4월 19일로부터 1주일 뒤 4·19가 '혁명'이 된 날이었다.

4·19혁명 이후 부통령이었던 이기붕은 자신의 아들에게 죽임을 당했으며 이승만은 하와이로 망명했다. 주목해야 할 것은 4월 26일에 대통령과 면담한 시민대표 중에는 시위에 적극적으로 참여했고 협심회에서 활동했던 고등학생인 설송웅도 포함되어 있었다는 점이다. 혁명의 주도 세력 중 하나로서 고등학생 대표자가 대통령을 면담했던 것이다.

이승만이 대통령을 그만둔 이후 국회는 사건 정리를 위해 헌법 개정과 국회의원 총선거 실시 등을 결정했다. 바뀐 헌법은 특히 시민들의 인권 보장에 많은 노력을 기울였으며, 법원의 대법원장과 대법관도 선거를 통해 뽑고 그 공정성이 지켜지게 하기 위한 내용이 포함되어 있었다. 또한 당시의 대통령제가 가진 독재적 성격을 극복하기 위해 '의원내각제'라는 제도가 도입되었다. 이 제도는 대통령 대신 국회에서 다수를 차지한 정당이 뽑은 총리가 정부의 실권을 가지고, 정부는 좀 더 국회에 의해 민주적인 견제를 받게 되는 것이 특징이었다.

# 한국
## 민주주의의
### 시작

4·19혁명은 대한민국에 민주주의가 뿌리내리게 된 사건으로, 헌법에서도 3·1운동과 함께 헌법 정신의 밑바탕이라 적혀 있다. 3·1운동이 대한민국 건국의 뿌리였다면 4·19혁명은 대한민국을 민주주의 국가로 만든 뿌리다. 그리고 청소년들은 이 두 사건 모두에 중요한 주인공으로 참여했다.

4·19혁명은 대다수 시민이 참여했던 시민혁명이었음과 동시에 그 시작을 고등학생들이 연 역사적 사건이기도 했다. 1960년 당시의 고등학교 취학률은 약 20%였을 정도로 고등학생들은 비교적 많이 공부한 사람들에 속했고, 학교에서 새롭게 민주주의에 대해 배운 세대이기도 했다. 특히 이승만 정권에 의해 가장 자주 여러 행사에 강제 동원되곤 했던 중고등학생들은 그만큼 이승만 정권이 저지른 반칙과 잘못들에 대해 문제의식을 가지고 있었다. 그랬기에 4·19혁명은 고등학생들이 먼저 나서서 시작될 수 있었던 것이다. 또한, 비록 기록조차 제대로 남아 있지 않지만 학생이 아니었던 수많은 청소년들도 4·19혁명을 함께 만들어내고 독재에 맞서 싸워 민주주의를 얻어낸 주인공이었다. 당시 고등학생 신분으로 4·19혁명에 참여했던 홍충식(동북고등학교 야간부 학생회장, 협심회 회원)은 다음과 같이 평가한다. "4·19는 3단계로 나누어 평가해야 한다. (중략) 1단계는 고교생들이 주역이었고, 2단계는 대학생들

이 주역이었고, 3단계는 참여한 국민들이 주역이었다." 그는 4월 19일 이후 서울의 경우는 학생이 아닌 노동자 청소년층이 시위대에 더 많았다고 말한다.[35]

그러나 4·19혁명 이후의 과정에서도 청소년들은 억울한 일을 많이 당해야 했다. 대학생들에 비해 자신들의 이야기를 더 많이 남기지 못했고, 사건 수습 과정에서 여러 활동을 했음에도 제 목소리를 내지 못했다. 게다가 당시 시위에 나섰다가 부상을 입거나 목숨을 잃은 많은 중고등학생들 중 그 참여와 희생을 제대로 인정받지 못한 경우들도 많다. 정부에서 각 학교에 "4·19혁명 참여자에게 상을 줄 테니 조사해 보고하라"고 해도 학교 측은 불이익을 염려해서 관련 자료를 없애거나 아예 관심을 보이지 않았던 탓에 제대로 된 조사가 이루어지지 않았다. 그 결과 서울만 해도 수십 개 중고등학교의 학생들이 4·19혁명에 참여했지만, 처음에 정부로부터 그 공로를 인정받은 학교는 4개 학교뿐이었다. 중고등학생들, 청소년들의 역할과 활동에 대해 조사하고 평가하는 과정도 부족했고, 또 실제 참여했던 사람들에게 그 노력을 치하하고 보상하는 제도도 미비했던 것이다. 심지어 어떤 참여자들은 이후에도 취업 등에서 불이익을 받고 경찰의 감시를 당해야 했다.

4·19혁명 이후 새로 개정된 법에서는 국민들의 선거권을 제한하는 나이를 만 20세로 바꿨다. 이전에는 만 21세 미만이었는데 혁명 이후 그 규제를 완화한 것이다. 이런 변화는 어쩌면 4·19혁명이 10대와 20대, 청소년과 청년 들에 의해 시작되었다는 사실 때문에 가능했던 일일 것이다. 그러나 이를 바꿔 말하면 결국 만 20세 미만의 청소년들은

여전히 선거권을 빼앗긴 채로 있어야 한다는 의미이기도 했다. 이 법은 이후 2006년까지 무려 46년 동안 달라지지 않았고, 2006년에 이르러서야 만 19세를 기준으로 바뀌긴 했지만 사실상 10대거나 그보다 어린 청소년들은 참정권에서 여전히 따돌림을 당하고 있다.

4·19혁명에 대해 이야기할 때면 "학생들은 그만큼 순수했기 때문에 부정선거에 분노해 나섰다."는 말을 자주 듣게 된다. 하지만 때로는 그 '순수함'이란 말이 당시 청소년들의 주체적인 생각과 활동의 가치를 깎아내리는 표현은 아닌가 하는 생각이 들기도 한다. 4·19혁명에 참여했던 청소년들은 정당이나 선거 등 정치 상황에 대해 관심을 가지고 있었고, 여러 토론과 마음의 준비를 거쳐 거리로 뛰쳐나오고 행동에 나섰다. 그들은 누구의 조종을 받거나 하지 않았다는 의미에서 '순수'했을지는 몰라도, 세상과 정치에 대해 잘 모르지는 않았다. 4·19혁명 당시 발표한 선언 등에서 청소년들이 스스로를 '2세 국민'이라고 지칭하거나 정치로부터 거리가 먼 존재처럼 말하는 것은 그래서 더더욱 안타까운 일이다. 이 사회에 민주주의의 초석을 닦았던 사람들조차도 자신들을 그 민주주의 정치에서 한 발 떨어져 있는, 오늘이 아닌 미래에야 민주주의의 주인이 될 사람으로 묘사하고 있었던 것이니 말이다. 청소년들이 앞장서서 만든 한국의 민주주의를 자신들이 제대로 누릴 수 있는 날이 오기를 꿈꾸어본다.

# 5

| 박정희 시대 |

반공과 유신에 짓눌린 교육

대통령은 나라가 큰 영향을 받거나 받을 염려가 있을 때 긴급조치권을 써서 국민의 자유와 권리를 일부

제한할 수도 있다. 그러나 이와 같은 조치는 국가의 안정과 국민의 행복을 더욱 보호하기 위해 임시로 취

하는 것이므로 나라의 위험한 사태가 없어지면 즉시 해제하는 것이다.

# 격렬한 봄에
# 선포된
# 긴급조치 9호

1975년 4월은 유난히도 '격렬한' 봄이었다. 당시는 쿠데타로 권력을 잡은 박정희 정권이 초헌법적인 유신독재 체제를 만들어가며 권력을 굳건히 하려던 때였다. 많은 시민들과 학생들은 유신에 반대하고 민주주의를 요구하며 시위를 벌였다. 서울대 농대 학생이었던 김상진은 시위 도중 스스로 할복해 목숨을 잃을 정도였다. 민주주의에 대한 사람들의 요구를 묵살한 박정희 정권은 시위 참여자를 구속하고 또 시위가 일어난 대학에 강제로 휴교 조치를 내리며 독재를 멈출 마음이 없음을 분명히 했다. 시민들의 저항과 이에 대한 탄압이 뜨겁게 대치하던 와중에 4월 12일 오후 12시 즈음, 서울 시내 중심가이자 정부청사 바로 코앞인 광화문의 세종로 지하도 옆에서 한 무리의 사람들이 구호를 외치기 시작했다. 그들은 서울 신일고등학교 학생들이었다.

"박정희 물러가라!"

"유신 철폐!"

당시 신일고 학생들은 서울 명동 근처에 있던 교회에서 3일간의 전

교생 수양회에 참석한 뒤 곧바로 시위를 감행했다. 시위 계획을 세운 것은 신일고 학생회장을 비롯한 학생회 간부 및 몇몇 학생들이었다. 약 120여 명의 학생들은 서로의 팔짱을 낀 채 '박정희 물러가라'와 '유신 철폐'를 크게 소리치며 종로를 거쳐 세종로에 도착했다. 학생들은 미리 준비해온 '진리는 어디에 있으며 정의는 죽었는가'라는 내용의 글을 읽고 거리에 앉아 연좌시위(서로 팔짱을 끼고 나란히 붙어 앉아서 시위를 하는 방식)를 시도했다. 서울 한복판에서 벌어진 유신반대 시위에 깜짝 놀란 경찰은 서둘러 이들 전원을 체포했고, 주동자 아홉 명은 3~5일간 붙잡혀 있었다. 학교 측은 이 아홉 명을 제적시키고 100여 명이 넘는 학생들에게 유기정학 또는 무기정학의 징계를 내렸으며 학생회를 해체했다.

사흘 뒤인 4월 15일, 다른 지역에서도 고등학생들의 유신 반대 시위가 일어났다. 시위의 주인공은 광주제일고등학교 학생들이었다. 정치적인 의식을 갖고 있던 학교 내 소모임 구성원들을 중심으로 운동장에서 시작된 이날 시위에는 500여 명의 학생들이 참가했다. 독재에 항거하며 자신의 목숨을 끊었던 서울대생 김상진을 추모하며 유신 철폐를 외친 학생들은 교문을 박차고 도심 거리로 나가 시위를 하려 했다. 이후 학생들은 4월 30일에도 2차 시위를 준비했으나 사전에 정보가 새어 시위가 무산됐으며, 학교 측은 시위를 준비한 16명의 학생들을 제적 처분했다. 심지어 주모자 3명은 광주교도소에 갇히기도 했다. 유신독재에 대한 고등학생들과 대학생들의 저항으로 뒤덮인 격렬한 4월을 겪은 정부는 다음달 13일, 마침내 유신헌법에 대해 일체의 반대 행위를 금하는 '긴급조치 9호'를 선포했다.

# 군대인 듯
## 군대 아닌
### 군대 같은 학교

청소년들을 비롯한 많은 이들이 저항했음에도 박정희 정권은 쿠데타를 통해 권력을 잡고 유신체제를 강화하며 독재로 치달았다. 학교 역시 이러한 정치·사회적 분위기로부터 자유로울 수 없었다. 특히 박정희 정권은 윗사람의 명령에 따라 움직이는 위계적이고 수직적인 군대체제를 모든 국민과 온 사회에 적용시키려 했다. 이를 통해 국민들의 일방적인 복종과 충성을 받아내려 했던 것이다. 때문에 학교 역시 과거보다 더 군대처럼 운영되었고 학생들은 군인처럼 생활할 것을 요구받았다.

'교련' 수업이 그 대표적인 사례였다. 이 수업시간은 장교 출신의 교사가 담당했는데 남학생들은 군복 같은 교련복을 입고 나무로 만든 가짜 총으로 제식 훈련과 총검술 등을, 여학생들은 간호 등 응급처치를 배워야만 했다. 사실상의 군사 훈련을 학교 교과수업에 넣었던 것이다. 1주일에 두 시간씩 교련 수업에 참여해야 했던 학생들은 조회시간이면 수업시간에 배운 대로 군대식으로 열을 맞춰 교장이 있는 조회대 앞을 행진했다. 나아가 교련수업에서 배운 기술을 군인이 심사하고 평가가 우수한 학교를 표창하는 교련 실기대회도 열렸다. 검열과 실기대회가 다가올 때마다 학교는 높은 평가를 받기 위해 땡볕 아래 먼지가 풀풀 날리는 운동장에서 학생들에게 고된 훈련을 시켰다.

당시에는 학교의 일상 그 자체가 학생들에게 '군인'이 될 것을 요구하는 과정이었다. 학생들은 교사와 상급 학생에게 "충성" "멸공"을 외치며 거수경례를 해야 했고, 등굣길에는 교문 지도를 하는 교사에게 하나하나 거수경례를 한 뒤 교문으로 들어서는 풍경이 펼쳐졌다. 학생들 개개인에 대한 통제와 감시 역시 강화되었다. 교문 앞 선도부 학생들과 교사들은 학생들의 교복과 머리카락 길이와 모양이 규정에 어긋나지 않고 '단정'한지를 검사했다. 짧은 스포츠형 두발 규정을 기준으로 해단 1cm라도 차이를 보이는 학생들은 얼차려 기합을 받아야 했고, 그 자리에서 머리카락이 잘리는 일도 있었다. 수시로 급작스럽게 진행되는 소지품 검사에 학생들은 가방을 열어 자신이 갖고 있는 물건들을 보여줘야 했다. 체벌과 기합 역시 일상적인 일이었고, 교사의 지시에 불응한 학생들에게는 주먹질과 몽둥이질 같은 폭력이 가해졌다.

지금의 학교에서도 군대와 비슷한 점을 여러 가지 발견할 수 있다. 하지만 1970년대 유신독재하의 학교는 교육기관이라기보다 아예 군대에 더 가까워 보일 정도였다. 어쩌면 요즘 극기 훈련이나 군대 체험 캠프의 분위기보다 더 군대에 가까웠을지도 모른다. 이처럼 학교가 군대처럼 운영되고 학생들을 '병사'처럼 길러내고자 했던 것에는 권력자들의 의도가 담겨 있었다. 박정희 정권은 자신들의 권력을 계속 유지하기 위해 청소년들이 잘못된 권력 행사와 정의롭지 못한 정부에 저항하는 '시민'이 아닌, 묵묵히 권력의 요구에 침묵하고 복종하는 '국민'이 되기를 바랐다.

한편 학교를 군대처럼 만들고 국가에 대한 충성을 강요하기 위해서는 외부에 있는 '적'의 존재를 강조할 필요가 있었다. 위험한 적을 핑계로 삼아야 '독재를 해서라도 온 나라가 하나로 뭉쳐야 한다'고, 또 '학교에서도 군대처럼 전쟁을 준비해야 한다'고 강요하기가 쉬웠기 때문이다. 그 '적'은 바로 실제로 전쟁을 치르기도 했고, 계속 위협을 가해오기도 했던 북한이었다. 북한과 공산주의를 무서운 적으로 규정하고 무찔러야 한다고 가르치는 '반공교육'은 이승만 정부 때부터 이루어져왔는데, 박정희 정권은 이를 한층 더 강화했다. 반공교육은 청소년들이 독재에 대해 의문을 품지 않고 순종하게 만드는 중요한 장치였다.

## 반공교육, 민주주의를 퇴보시키다

학교가 군대처럼 운영되는 것은 박정희 정권 이전부터 나타난 모습이었다. 학교라는 조직은 국가가 청소년들을 집단적으로 관리하고 동원할 수 있는 좋은 수단이었다. 일제는 학생들에게 일본제국에 대한 충성심을 가르치려 했고, 학생들을 '학도병'으로 군대에 동원했다. 이승만 정부 역시 학교를 통제와 군대식 훈육의 장으로 만들려고 했는데, 이는 제2차 세계대전과 광복 이후에도 이어진 한국전쟁과 분단의 현실이 낳은 결과였다.

1945년에 광복을 맞이한 한반도는 이후 냉전 갈등 속에서 남과 북으로 분단되었다. 남북의 긴장감이 높아짐에 따라 양쪽 정부는 자기 체제의 정당성과 우월성을 대외적으로 선전하고 상대를 부정하거나 비난

했으며, 내부에서는 상대 체제와 비슷한 사상을 가진 사람들을 탄압했다. 남한에서는 1948년 10월, 여수와 순천 지역에서 일어난 군인 반란에 위협을 느낀 이승만 정부가 사회주의나 공산주의를 주장하는 사람들을 처벌하기 시작했다. 교육 현장 역시 그러한 분위기에서 자유로울 수 없었다. 이승만 정부는 여수·순천 반란에 가담한 교사 혹은 학생들의 행적을 확인했고, 공산주의자나 좌경 혹은 자유민주주의에 신념이 없는 교사들을 쫓아내야 한다는 문교부 장관의 주장에 따라 1949년 3월 15일 전국적으로 대대적인 해당 교사에 대한 파면·숙청 조치가 이루어졌다.

그 무렵 정부는 각 학교마다 '학도호국단'이란 군사조직을 설치했다. 학교에 군사조직을 만들어서 군사훈련을 시키고 전쟁이 나면 학생들을 동원하려 한 것이다. 이승만 정부는 체육교사 일부를 육군사관학교에 보내 군사훈련을 받게 한 뒤 교련 교사로 근무하게 했으며, 중고등학교의 학생들 중 간부를 선발해 중앙학도훈련소에서 군사훈련을 받도록 했다. 1949년에는 전국의 중고등학교와 대학교에 차례차례 학도호국단이 설치되었는데 중앙학도호국단 총재는 대통령이, 중앙학도호국단장은 문교부 장관이 맡았다. 교육행정조직과 군사조직 사이에 아무 구분이 없었던 것이다.

학도호국단은 민족의식과 국가발전에 헌신하는 정신과 실천력 등을 기르는 조직임을 표방했다. 하지만 그 실상은 '좌파사상'이 학교 안에 퍼지지 않도록 감시하고, 당시 활발히 이루어지던 학생운동을 통제하며, 정부에 충성하고 또 쉽게 동원할 수 있는 학생 조직을 만드는 것이었다. 기존 학생들의 자치단체는 그 성격이 무엇이든 간에 해산당했고, 학생들은 모두 학도호국단으로 가입하라는 요구를 받았다. 학도호국단 간부도 학생들이 선거를 통해 민주적으로 뽑는 것이 아니었다. 중앙학도훈련소에 간 학생 간부들은 모두 학교장의 추천을 받은 학생들이었고, 우파적 사상이 검증된 이들만 뽑힐 수 있던 곳이었다. 또 학도호국단 내에 있었던 '감찰부'는 선도부처럼 학생들의 생활과 용의복장 단속은 물론 사상에 대한 감시와 선도까지 수행했다.

이러한 학도호국단에 반발하는 사람들은 당연히 있었다. 군사훈련을 시키는 장교들이 "일제 때 교육을 연상시키는 강제적 방법 혹은 폭력을 써가며 지나친 훈련에만 주력하는 경향이 보여 학부형은 물론 교육계에 새로운 과제를 던져주고 있다"[36]라는 기사가 보도되었는가 하면, 학도호국단을 통해 정부의 관제시위에 동원되는 일이 잦은 등 정부가 학생들을 도구로 이용하고 있다는 내용의 비판적인 신문 사설이 나오기도 했다.[37] 앞서 살펴본 4·19혁명은 이와 같은 정부의 강제 동원에 대해 학생들의 분노가 폭발한 사례였다.

이러한 통제와 관리를 통해 국가가 학생들의 머릿속에 심으려 했던 것은 '반공교육'이었다. 1950년 6월 25일, 북한이 남한을 침공하면서 한국전쟁이 일어났고 한반도 전역은 전쟁터가 되었다. 전쟁 속에서도 문교부는 1951년 5월, '멸공필승(공산주의를 사라지게 하고 반드시 승리한다)'의 신념이 자라나게 하겠다는 '전시하 교육특별조치요강'을 발표했다. 당시 문교부 장관은 이렇게 말했다. "싸우는 국가의 교육은 싸우는 교육이어야 하고 싸우는 교육은 싸우는 교사에 의해 추진되는 것이며

| 표 2 | 한국전쟁 당시 발행된 교과서의 제목

|  | 1집 | 2집 | 3집 |
|---|---|---|---|
| 전시생활 ❶ | 비행기 | 탱크 | 군함 |
| 전시생활 ❷ | 싸우는 우리나라 | 우리는 반드시 이긴다 | 씩씩한 우리겨레 |
| 전시생활 ❸ | 우리나라와 국제연합 | 국군과 유엔군은 어떻게 싸우나 | 우리도 싸운다 |
| 전시독본 | 침략자는 누구냐 | 자유와 투쟁 | 겨레를 구원하는 정신 |

**출처** 한국교육문제연구소, 《문교사》, 1974, p.231.

정치와 경제의 밑받침이 되는 사상통일교육이 그 내용이어야 한다."[38] 다시 말해 교육을 전쟁의 도구로 삼겠다고 선언한 것이었다.

전쟁 중 정부는 국민학교(지금의 초등학교)와 중학교를 대상으로 《전시생활》과 《전시독본》이라는 교과서를 발행해 전쟁 시 학생들이 해야 할 일을 가르치게 했다. 학도호국단의 운영과 중학교 이상의 학생들에 대한 군사훈련이 계속 이뤄졌음은 물론 이전에도 억압되었던 학생들의 정치 및 사회 운동의 참가는 더욱 철저히 금지되었다. 그리고 이를 어길 시에는 엄벌에 처해질 것이란 정부의 성명이 발표되기도 했다. 1953년 7월 27일에 마침내 휴전협정이 체결되었지만 전쟁의 공포는 남아 있었고, 전쟁을 일으킨 북한에 대한 적개심과 분노 속에 반공의식은 더욱 높아졌다. 1954년 문교부의 문교행정이 지향하는 3대 원칙 중 첫 번째는 '반공민주교육'이었다. 문교부는 학교에서는 매 학년 매주 1시간 이상 공산주의·북한과 일본을 반대하는 반공반일교육의 실시를 지시하고 《반공독본》《반공교본》《애국독본》등의 반공 교재를 만들었다.

남한과 북한이 서로 적대하던 상황, 더구나 북한의 침공으로 전쟁까지 일어났던 상황 속에서 '반공'이 사회의 규범이 된 것은 어쩔 수 없는 일이었을지도 모른다. 하지만 분단된 나라에서 상대방을 전쟁으로 제거할 대상이자 악한 존재로만 그렸다는 점에서, 그리고 특정 사상에 대한 무조건적인 공포심과 탄압을 조장했다는 점에서 반공교육은 한국 사회와 교육의 민주주의를 퇴보시킨 원인이었다. 게다가 반공교육은 북한이나 공산주의를 비난하는 데 그치지 않고 남한의 권력자에 대한 찬양을 은근슬쩍 담고 있었다. 《반공독본》5의 마지막 장에는 1954년 미국을 방문한 이승만이 미국 국회에서 연설한 뒤의 모습을 다음과 같이 묘사했다.

(의원들이 일어나서 기립 박수를 하며) 이때 누군가가 "리승만 대통령 만세!" 하는 소리가 나자, 이에 따라서 사방에서 "대한민국 만세!" "자유의 여러 나라 만세!" "세계의 반공의 위대한 지도자 만세!" 하며 고함치는 것이었습니다.[39]

이처럼 "현실로는 있을 수 없는 광경을 연출"[40]해 창작해서 넣었던 건 곧 반공교육 밑에 깔려 있던 정부의 의도, 다시 말해 '위험한 적 앞에서는 권력자를 비판하지 않고 그에 충성해야 한다'는 메시지를 주는 것이었다. 이승만 대통령은 다른 책에서도 '반공의 위대한 지도자'라는 이름으로 찬양 대상이 되는 등 교과서는 정권을 잡은 정치인을 홍보하

★ 1956년 이문당에서 발행한 《반공독본》4. 주요 차례를 살펴보면 ❶ 6·25 ❷ 국군은 막았으나
❸ 탱크 없는 국군의 슬픔 ❹ 뒷날을 약속한 국군 ❺ 분했던 일기 ❻ 빨갱이는 사람을 파리로 아나?
❼ 죄 없이 끌려가신 아버지 ❽ 빼앗아 가는 빨갱이 ❾ 백암산의 방패' 등이다.

는 장으로 쓰이곤 했다. 교육과 학교가 권력 유지와 청소년 동원의 도
구로 사용되었던 것이다.

# 학교에
## 다시 찾아온
## 반공과 독재의 겨울

한 번 잡은 권력을 놓지 않으려는 욕망과 그에 따른 부정선거 시도는 결국 이승만 자신과 그 정권의 몰락을 재촉했다. 청소년들을 시작으로 4·19혁명이 일어났고, 헌법이 바뀌었으며, 총리로 민주당의 장면이 취임해 제2공화국 시대가 열렸다. 이렇게 혁명으로 민주주의를 쟁취한 승리의 분위기 속에서 그동안 독재로 억압되었던 다양한 요구들이 분출되기 시작했다. 사람들은 자신들이 원하는 새로운 사회의 모습을 이야기했다.

독재를 지탱하는 축이었던 교육 면에서도 변화의 조짐이 나타났다. 4·19혁명 직후, 교사들은 교육이 정치권력에 좌지우지되지 않도록 교육의 자주성 보장과 교육 민주화를 요구하며 대구와 서울 곳곳에서 교원노동조합을 만들려고 했다. 4·19혁명의 주역이었던 학생들 역시 사회 문제들에 대해 자신들의 목소리를 내는 것을 주저하지 않았다. 교사들이 노조를 만들 수 없도록 법을 개정하려는 정부에 맞서 항의하자, 학생들도 교사들의 노동조합 설립을 지지하며 함께 행동했다. 1960년 9월 28일, 대구 지역의 교원들을 지지하기 위해 경북고, 경북여고 학생들이 교사들의 농성에 참여했고 이러한 움직임은 중학교 및 초등학교 학생들에게까지 확산되었다. 특히 그다음 날에는 대구 시내 중고등학생 1,400여 명이 "스승 없는 학원 없다!"라는 구호를 외치며 시위를 펼쳤는데 이

는 4·19혁명 이후 일어난 최대의 학생 데모로 평가받기도 했다.[41]

만일 이런 움직임이 그 후에도 지속적으로 이어졌더라면 군대를 닮았던 학교의 모습은 많이 바뀔 수 있었을지 모른다. 그러나 민주주의와 새로운 사회, 새로운 교육을 만들려던 시도들은 박정희를 필두로 한 군부세력의 5·16 쿠데타로 좌절되었다. 무력을 앞세워 통치 권력을 빼앗은 쿠데타 세력은 교육 현장도 가만두지 않았다. 박정희 정권을 위협할 수 있는 학생들의 저항을 침묵시키고, 정권에 순종하는 사람을 만들기 위해 학교에도 적극적으로 개입했던 것이다.

이전 이승만 시기처럼 박정희 정권에게도 '반공'은 교육을 통제하는 가장 중요한 수단이었다. 권력을 잡은 박정희 정권은 〈반공교육 강화를 위한 교사용 지침서〉를 내리고, 도덕교과서를 개편해서 반공교육 내용을 대폭 늘렸다. 교과서에서는 한국전쟁의 기억을 되새기며 북한군의 악행 및 북한의 비참한 생활을 그려냈고, 〈교사용 지침서〉에서도 북한 공산주의에 대항하는 사람을 만들어내는 것이 교육목표로 강조되었다. 1963년에 발표된 제2차 교육과정에서도 반공도덕 교육의 강화가 주 원칙이 되었으며, 초중등학교 교육과정에는 반공도덕이 새로운 과목으로 개설되었다. 이어 입시에까지 포함된 반공 과목은 1970년 이후 고교 입시에서 차지하는 반영 비율이 높아졌다. 이 시대의 '도덕'은 사람이 사람답게 살기 위한 가치와 사상이 아니라 '반공' 그 자체였고, 입시에도 반영되는 중요한 과목이었다.

교과서뿐 아니라 학교에서 이루어지는 교육 활동 모두가 반공으로 채워졌다. 학생들은 북한 간첩을 신고하는 법을 배우고 이를 위한 훈련을 받기도 했다. 매해 6월이 되면 반공 표어나 반공 글짓기, 반공 포스터 대회는 물론 반공 웅변대회도 열렸고 학생들은 거기에 참여해 실력을 발휘해야만 했다. '때려잡자 공산당'이란 표어 아래 그림을 그리거나 북한군과 김일성의 만행을 되새기며 이들을 무찔러야 한다는 것을 다짐하는 연설을 해야 했던 것이다. 그 내용에는 북한에 대한 증오심과 적개심, 두려움을 기르고 때로는 주변 사람들을 의심하라고 권하는 것도 포함되어 있었다. 한 반공 웅변대회의 당선 원고는 그 당시 진행된 대회의 분위기를 잘 보여준다.

> 크레믈린의 늑대 소굴에서 기른 새빨간 늑대들을 남파 (중략) 지금의 간첩은 바로 여러분의 가장 가까운 친구, 하물며 사랑하는 부인, 존경하는 남편일 수도 (중략) 찢어 죽여도 시원찮고 때려 죽여도 시원찮은 (후략)[42]

그 당시 반공 홍보용으로 제작된 '똘이장군'이라는 유명한 애니메이션이 있다. 숲속에서 평화롭게 살던 주인공 똘이가 북한으로 인해 고생하는 소녀 숙이에게 도움을 주고 땅굴을 파는 북괴 짐승과 그 지도자인 붉은 수령을 무찌른 뒤 자유 대한으로 간다는 내용이었는데, 학교에서는 학생들에게 단체관람을 독려하기도 했다. 1968년에는 울진, 삼척에 침투한 무장공비(공산당 유격대)가 9세 소년 이승복을 살해하는 사건이 일어났는데, 이 사건은 반공을 가르치기 위한 자료로 쓰였다. "나는 공산당이 싫어요!"라고 외쳤던 이승복이 끔찍하게 살해당했다는 언론 보도 이후 이승복은 어린이들이 본받아야 할 반공 영웅이 되었다. 이승복에 대한 이야기가 교과서에서 실리는 것은 물론 그 사건을 다루는 영화와 기념관이 세워졌고 국민학교마다 이승복의 동상이 세워진 것도 이 때문이다.

반공과 더불어 북한의 계속적이고 실제적인 위협을 강조하면서 박정희 정권은 국민들이 두려움 앞에 자유를 포기하고, 군말 없이 정부에 순순히 복종하기를 바랐다. 때문에 정부는 '중요한 국가안보를 지키기 위해 노력해야 하고, 특히 국가안보가 큰 위협을 받을 때에는 국민 개인의 권리와 자유가 유보될 수 있다'는 것을 끊임없이 학생들에게 주입하려 했다. 박정희 정권은 청소년들을 국가가 내세우는 목표에 충실히 따르는 군인으로 만들어내고자 했고, 이런 조치들은 북한의 실제적 위협이 계속될 때마다 또 박정희 정권이 독재를 계속 유지하려 할 때마다 한층 강화되었다.

# 유신체제가
## 스며든
### 국민교육헌장

군사 통치 이후 대통령을 연임한 박정희는 1969년 재차 헌법을 개정해 1971년의 대통령 선거에 출마했다. 그러나 여론은 심상치 않았다. 정부와 기업의 부정부패 문제가 알려져 정권에 대한 환멸이 높았고, 계속되는 독재에 불만을 가지고 민주주의를 요구하는 목소리도 커져갔으며, 경제개발에도 불구하고 정작 열악한 삶이 개선되지 않은 노동자들의 불만과 저항도 나타났다. 더군다나 대기업에게만 혜택을 주는 경제정책 역시 여러 문제를 낳기 시작했다. 1971년 대통령 선거에서도 행정조직이 동원된 고질적인 관권선거 등 불공정 논란이 일었고, 영남과 호남의 지역선거를 부추기는 흑색선전도 심했다. 하지만 그렇게 부정선거에 가까운 방법을 썼음에도 박정희는 상대 대통령 후보인 김대중을 가까스로 힘겹게 이길 수 있었다. 이에 '선거로는 더 이상 안 되겠다'고 생각하게 된 박정희는 자신의 독재 권력을 공고히 유지하기 위한 조치를 취했다. 그것이 바로 유신체제였다.

1971년 12월 6일, 박정희는 대한민국의 안전보장이 중대한 위기에 처해 있다며 '국가비상사태선언'을 발표하고 비상계엄을 선포했다. 아울러 1972년 10월 17일에는 국회를 해산하고 정당 등 정치활동을 금지시켰으며 대학에 휴교령을 내렸다. 이후 대통령 직선제 폐지 및 '통일주체국민회의'를 통한 간접선거 실시, 대통령 임기의 연장 및 횟수 제한 철폐, 국회의원의 3분의 1을 대통령이 추천해 통일주체국민회의에서 선출, 대통령에게 국회해산권과 긴급조치권한 등을 부여한다는 내용의 유신헌법을 채택했다. '유신(維新)'이란 새롭다는 뜻으로, 국가 차원에서 스스로 근본적 개혁과 혁신을 한다는 의미다. 박정희는 민주주의를 부정하고 독재체제를 만드는 일을 통일을 위한 '개혁'으로 포장했고, 유신체제를 '한국적 민주주의'라고 주장했지만 그 실상은 민주주의와 인권을 부정하는 것이었다. 이러한 유신체제에 대한 반발로 지지층이 약해지며 많은 사람들이 저항에 나서자 정부는 긴급조치로 유신체제 비판자들을 감옥에 가두거나 사형시키는 등 사람들의 입을 막으려 들었다.

1961년 5월 16일 새벽, 육군 소장 박정희와 중령 김종필 등 육군사관학교 출신의 일부 장교들이 군을 이끌고 한강을 넘어 KBS 등 서울의 주요기관을 점령했다. 군부의 부패와 진급을 둘러싼 갈등 속에 불만을 품고 권력을 잡고자 오래전부터 쿠데타를 준비한 박정희와 군인들은 '4·19혁명 이후 혼란스러운 사회 분위기를 수습하고 무엇보다 민족과 조국의 위기 속에 부패하고 무능한 정치인들에게 그 운명을 맡길 수 없기에 군이 나섰다'는 것을 쿠데타의 명분으로 내세웠다. 그러나 그들의 행위는 이승만 정권의 독재를 반대하며 4·19혁명을 통해 민주적으로 세워진 정부를 불법적으로 무너뜨림은 물론 4·19 이후 계속 터져 나오고 있던 민주주의에 대한 목소리를 억압해가면서 권력을 장악한 반민주적인 행위였다.

박정희와 그 세력들은 쿠데타 직후 ❶ 반공을 국시로 삼고 반공체제를 재정비 및 강화할 것 ❷ 국제협약 이행 및 미국 등 자유우방과의 유대 강화 ❸ 부패 및 구악 일소와 청신한 기풍 진작 ❹ 민생고 해결 및 자주

★ 〈조선일보〉 1961년 5월 16일 호외, 5·16을 쿠데타로 명명하고 있다.

경제 재건 ❺ 국토통일을 위해 공산주의와 대결할 수 있는 실력 배양 ❻ 과업 성취 후 양심적 정치인에게 정권 이양 및 군 본연의 임무 복귀라는 여섯 개의 혁명 공약을 발표했다. 쿠데타 세력은 입법·사법·행정 3권을 장악한 국가재건최고회의를 만들고 3년간 군인으로서 나라를 통치했다. 이후 박정희와 쿠데타 세력은 정권 이양과 군대 복귀라는 자신들의 공약을 어기고 민주공화당을 창당해 대통령 선거와 국회의원 선거에 출마한 뒤 권력을 계속 유지했다.

하지만 더욱 강력한 독재체제를 원하는 박정희 정권의 야망은 사실 유신 선포 이전부터 드러나 있었다.[43] 바로 국민교육헌장과 교련 과목의 실시를 통해서 말이다.

1968년, 대통령 박정희는 문교부 장관에게 '국민교육의 장기적이고 건전한 방향의 정립과 시민생활의 건전한 윤리 및 가치관의 확립'을 위해 각계각층의 의견을 수렴해 교육장전을 만들라고 지시했다. 그 결과 정부는 학자들을 모아서 393자로 된 글을 만들고 1968년 12월 5일, 박정희의 이름으로 발표했다. 국민교육헌장의 탄생이었다.

우리는 민족중흥의 역사적 사명을 띠고 이 땅에 태어났다. 조상의 빛난 얼을 오늘에 되살려 안으로 자주 독립의 자세를 확립하고, 밖으로 인류 공영에 이바지할 때다. 이에 우리의 나아갈 바를 밝혀 교육의 지표로 삼는다. 성실한 마음과 튼튼한 몸으로, 학문과 기술을 배우고 익히며, 타고난 저마

다의 소질을 계발하고, 우리의 처지를 약진의 발판으로 삼아, 창조의 힘과 개척의 정신을 기른다. 공익과 질서를 앞세우며 능률과 실질을 숭상하고, 경애와 신의에 뿌리박은 상부상조의 전통을 이어받아 명랑하고 따뜻한 협동 정신을 북돋운다. 우리의 창의와 협력을 바탕으로 나라가 발전하며 나라의 융성이 나의 발전의 근본임을 깨달아, 자유와 권리에 따르는 책임과 의무를 다해 스스로 국가 건설에 참여하고 봉사하는 국민정신을 드높인다. 반공 민주 정신에 투철한 애국 애족이 우리의 삶의 길이며, 자유세계의 이상을 실현하는 기반이다. 길이 후손에 물려줄 영광된 통일 조국의 앞날을 내다보며, 신념과 긍지를 지닌 근면한 국민으로서, 민족의 슬기를 모아 줄기찬 노력으로 새 역사를 창조하자.

이 국민교육헌장은 모든 교과서 앞에 실렸고, 학생들은 이 글을 한 글자도 빠뜨리지 않을 정도로 달달 외워야 했다. 각 학교에서는 국민교육헌장을 외운 학생들에게만 하교를 허락하거나 이를 못 외운 학생들에게는 체벌을 가하며 암기를 강요하는 일이 비일비재하게 일어났다. 국민교육헌장을 외우게 한 것도 폭력적이지만 헌장의 내용, 즉 암기를 통해 내면화할 내용이 반민주적이라는 점도 문제였다. 민족중흥을 위해 개인이 태어났다는 것, 또 나라의 발전이 개인 발전의 근본이란 것은 결국 국가가 개인보다 우선하므로 개인은 국가 발전을 위해 헌신해야 한다는 뜻을 강조하는 것이었다. 또 반공과 애국이 우리의 삶의 길이라고 하는 것은 곧 반공의 자세로 국가가 개개인보다 우선한다고 믿고, 국가 혹은 박정희 정권의 정당성을 의심하지 않으며 명령에 따라야

함을 요구하는 것이었다.

다시 말해 국민교육헌장은 국가가 시키는 대로 단결할 것을 강조했던 유신체제의 정신을 미리 보여준 것이었으며, 1890년에 일제가 공포했던 '교육칙어'와 유사[44]한 내용으로 70여 년간 발전하지 않은 반민주적 교육철학을 고스란히 담고 있었다. 한편 중국 본토에서 공산당에 패해 대만으로 이주해 장기 독재를 했던 대만 총통 장제스(蔣介石)는 이러한 국민교육헌장 선포에 대해 "기선을 빼앗겼다."라며 부러워했다는 웃지 못할 얘기도 전해져온다.

1969년, '싸우면서 건설하는 해'라는 신년사를 발표한 박정희 정권은 '학생들의 국가 방위에 자진 참여하는 기본자세 확립과 심신의 연마 및 집단행동능력 배양의 목표'를 내세우며 교련이란 군사교육을 실시하라는 지침을 내린다. 앞서 살펴봤듯 이로 인해 청소년들은 다시 남녀 가릴 것 없이 군복을 입고 학교에서 군사훈련을 받기 시작했다. 이러한 국민교육헌장과 교련 도입은 학교의 군대화에 박차를 가하는 중요한 계기로 작용했다.

# 박정희와 유신체제에 충성을

1972년 유신체제 이후부터는 한층 더 숨 막히고 어두운 분위기가 사람들의 삶을 지배했다. 정부가 국민 모두를 통제하고 감시하려 했기 때문이다. 일례로 1973년에 경찰은 당시 유행이었던 미니스커트와 장발을 '서구의 저속한 풍조'라는 이유로 단속하기 시작했다. 경찰관들이 직접 자를 들고 무릎 위에 있는 치마의 길이를 재거나 거리에서 가위를 든 채 장발을 한 사람을 잡으러 다니기도 했으며, 심지어 장발의 연예인은 방송 출연이 금지될 정도였다. 이렇게 단속이 심해지니 당시 국민학교에서도 어린이들의 머리를 짧게 깎도록 했다.

지금은 익숙한 주민등록증과 주민등록번호는 1968년 도입되었고 유신 이후 개정을 통해 더욱 강화되었다. 태어날 때부터 각 개인에게 하나의 번호를 부여해 관리하고 지문이 찍힌 신분증을 소지하게 하는 이런 제도는 외국에서도 찾아보기 어려운 것이었다. 경찰이 요구하면 언제든지 주민등록증을 제시해야 하는 법규, 주민등록증을 발급받지 않으면 처벌을 가하는 법규도 1975~1977년에 만들어졌다. 정부는 정보 인권은 아랑곳없이 국민을 효과적으로 관리하기 위해 이런 제도를 만들었고, 나아가 머리나 복장 등 사적인 부분에까지 통제를 가했다.

유신 이전부터 교련이 정식 수업과목이 되고 학교가 점차 군대처럼 바뀌고 있는 가운데, 1975년 5월 21일에는 4·19혁명의 여파로 폐지된 학도호국단이 다시 부활하게 되었다. 이로써 기존의 학생회는 해체되었고 그 대신 군대처럼 소대, 대대와 연대가 편성됐다. 특히 학도호국단 간부들은 1주일간 경주 화랑수련원에서 매일 한두 시간씩 박정희의 어록을 들으며 명상하는 시간을 보내야 했다. 학생들이 박정희를 숭배할 대상으로 받아들이게끔 만들어야 했기 때문이다.

나라의 충성을 바치는 의식 역시 강화되어 '국기에 대한 맹세'도 정부 차원에서 적극 보급되었다. "나는 자랑스런 태극기 앞에 조국과 민족의 무궁한 영광을 위해 몸과 마음을 바쳐 충성을 다할 것을 굳게 다짐합니다."라는 맹세 내용은 한 지역 교육위원회가 만든 것으로, 유신이후 문교부가 전국에 배포했다. 학생들은 국가에 '몸과 마음을 바쳐' 충성할 것을 매번 공개적으로 다짐해야 했던 것이다. 학교에서는 이와 더불어 매주 월요일 아침에 전교생이 모여 국기에 대한 맹세와 애국가를 제창하고 교장의 훈화 말씀을 듣는 애국조회가 진행되기도 했는데, 1974년 경기도 의정부여중에서는 전교생이 땡볕 아래에서 조회에 참석했다가 200여 명의 학생이 집단 실신한 사건도 일어났다.

유신시대의 교과서 역시 이전과 마찬가지로 반공을 강조하며 독재정권을 찬양하는 내용으로 짜여졌다. 과거에 비해 달라진 것이라고는 유신체제가 불가피하다는 것, 그리고 '한국적 민주주의'라는 말로 포장된 독재체제의 정당성을 강조하는 것 정도였다. 더불어 박정희 정권이 추진한 경제개발과 관련해서는 그 성과를 알리면서도 '초기에는 불평등이 발생하지만 성장 이후에는 불평등도 감소할 것이니 지금의 희생을 인내해야 한다'는 내용도 있었다. 특히 인상적인 것은 마치 과거 왕의 '어명'을 연상시키는, 민주주의와는 거리가 먼 초헌법적 긴급조치권을 옹호하는 서술도 교과서에 들어갔다는 사실이다.

대통령은 나라가 큰 영향을 받거나 받을 염려가 있을 때 긴급조치권을 써서 국민의 자유와 권리를 일부 제한할 수도 있다. 그러나 이와 같은 조치는 국가의 안정과 국민의 행복을 더욱 보호하기 위해 임시로 취하는 것이므

★ 1975년 서울 여의도광장에서 열린 중앙학도호국단 발대식에서 학생들이 총검술 시범을 보이고 있다.

로 나라의 위험한 사태가 없어지면 즉시 해제하는 것이다.[45]


'한국적 민주주의'의 정당성과 '한민족'임을 강조하려 했던 박정희 정권은 당시까지의 교육이 '국적 없는 교육'이었다며 민족 주체성 강화를 위한 한국사 교육 강화를 지시한다. 그 결과물이 국가가 교과서 한 종류만 만들어서 사용하는 '국정 교과서 발행'이었다. 국정화(國定化)는 교과서를 국가가 독점해서 만드는 것은 물론, 더 나아가 권력을 쥐고 있는 정권의 뜻에 맞는 역사 서술만을 선택하고 학생들에게 가르치겠다는 의도를 갖고 있었다. 문교부는 당시 국정제를 채택하고 있는 나라가 인도 및 동유럽 공산주의 국가, 아프리카 대륙의 국가들밖에 없다는 보고서를 제출했고 역사학자들 역시 정부가 역사 서술을 획일화하는 것에 반대했다. 그럼에도 박정희 정권이 역사 교과서의 국정화를 강행한 결과, 다른 교과서들처럼 역사 교과서에도 유신체제의 정당성과 박정희 군부독재의 성과를 찬양하는 내용이 담겼다. 이때 도입된 국사 국정 교과서는 계속 사용되다가 2000년대에 들어서야 여러 종류의 검인정체제로 바뀌었는데, 박정희의 딸이면서 2012년에 대통령이 된 박근혜는 한국사 교과서를 다시 국정 교과서로 만드는 것을 추진하려 해 많은 논란을 일으키기도 했다.

이에 그치지 않고 박정희 정권은 1977년부터 충효사상을 주장했다. 얼핏 보면 우리의 전통사상을 강조하는 것이었지만, 사실 그 안에는 가족과 국가에 대한 불만과 일탈을 통제하고 항상 충성할 것을 요구하는 의도가 담겨 있었다. 학생들은 충효와 관련된 일기를 쓰거나 그것을 주제로 학급회의를 열었고 스승, 부모, 가정, 국가에 감사하는 충효실천의 활동은 물론 웅변대회, 국립묘지 헌화 봉사 등의 행사에도 참여해야 했다. 이런 활동은 1979년 박정희가 암살당해 유신체제가 종식될 때까지 계속되었다.

# 통제와
## 저항의
## 이중주

이승만과 박정희 독재정권은 청소년 통제에 많은 노력을 기울였다. 독재
정권은 끊임없이 사람들의 저항에 부딪히곤 했는데, 많은 경우 청소년들
이 바로 그 주인공이기 때문이었다. 이승만 정권을 무너뜨린 4·19혁명
도 그랬지만 박정희 정권의 독재에 대한 저항 역시 마찬가지였다. 박정
희 정권이 추진한 1965년 한일국교 정상화를 두고 수천 명의 고등학생
들은 서울과 광주 등에서 '굴욕적인 외교'라고 비판하며 4월부터 5월까
지 지속적인 시위를 벌였다. 또한 유신 선포 이후인 1973년 12월 5일에
는 100여 명의 광주일고 학생들이 광주도청에서 시위를 벌였고, 사흘
뒤인 8일에는 서울 신일고 학생들 120여 명이 4·19 묘지 기념탑 앞에
서 언론 자유 등을 요구하는 시위를 벌였다. 경기고와 대광고에서는 학
생들의 시위가 일어날 조짐이 보이자 조기방학을 실시하기도 했다. 하
지만 고등학생들의 저항은 그치지 않고 그다음 해에도 계속되었다. 이
렇듯 청소년들은 대학생과 더불어 박정희 정권을 위협하는 저항의 잠
재력을 가진 세력이었다.

　이렇게 청소년들을 통제하려던 정부의 시도는 한편으로는 오히려
정부 스스로를 겨냥하고 무너뜨리는 효과를 가져오기도 했다. 이승만
정부가 조직한 학도호국단과 관제시위 동원은 오히려 학생들의 불만
을 키웠다. 또한 학생들은 관제시위에 자주 나가면서 학도호국단 연락

망 등을 통해 질서 있게 시위를 조직하고 참여하는 경험과 능력을 갖추었고, 정치·사회적 문제에 대한 시위에 나서는 것에 별다른 거부감도 없었다.

반공교육도 독재정권의 모순을 보여주었다. 반공교육은 북한을 반민주적인 곳이라고 가르치고, 남한과 자유민주 진영은 민주주의에 가치를 둔다는 점에서 북한보다 우월하다는 점을 강조했다. 그러나 현실에서의 이승만이나 박정희는 권력을 독점하고 그것을 부당하게 행사하며 민주주의를 후퇴시키는 독재의 모습을 보여주었고, 학생들은 이들이 북한 공산당과 다를 것이 없다고 평가하며 분노했다. 이렇듯 통제를 위한 갖가지 시도는 오히려 저항을 촉발하고 혹은 역설적으로 통제 그 자체를 위협하고 흔드는 효과로 나타났다.

학생들을 국가의 발전을 이끌어가는 주역으로 설정하고 끊임없이 그것을 내면화시킨 교육은 오히려 학생들이 나라가 잘못된 방향으로 나아가고 있다고 생각할 때 이를 바로잡는 주체로 자신을 생각하게끔 했고, 이를 위한 적극적인 행동에 나서도록 만들었다. 정부는 학생들에게 적극적으로 국가를 위해 발언하고 행동할 것, 정부를 옹호하는 정치적 활동을 할 것을 요구했다. 정부의 동원과 교육은 정부의 입맛에 맞게 이루어진 '반쪽짜리 참여'이긴 했지만, 이는 학생들이 스스로 정치적·사회적인 주체라는 의식을 가지는 계기로도 작용했다.

유신 이후에도 다시 전두환, 노태우를 필두로 한 신군부가 1979년 12·12 쿠데타를 일으키고 광주학살을 저질러가며 권력을 잡고 독재체제를 만들었다. 학교 현장에서도 반공과 독재를 위한 교육은 계속되었다. 억압적인 교육현실은 독재가 이어진 대한민국의 현대사가 낳은 결과물이었지만, 민주주의와 인권을 향한 학생들의 발걸음과 저항은 결코 멈추지 않았다.

# 6

| 경제개발과 청소년 노동 |

여성청소년노동자의 이름으로

그전까지 많은 여성노동자들은 작업복을 입기 부끄러워하며 '여대생'처럼 보이는 옷차림을 위해 노력하곤

했다. 그러나 노동자를 인간으로 대접하라고 요구하는 노동운동에 참여하면서, 또 무엇보다 사회의 주역

이 노동자라는 생각을 가지게 되면서 이들은 자신이 노동자임을 자랑스럽게 여겼다.

# 아무
## 후회도
### 없다

1977년 9월 9일 오후 1시 20분, 열일곱 살 임미경은 옷 만드는 공장들이 수없이 모여 있는 서울 청계천 평화시장 입구에 도착했다. 미경은 그중 한 공장에서 일하는 노동자였다. 시장 입구에는 함께 일하는 언니 오빠들뿐 아니라 또래 친구들도 함께 모여 있었다. 미경과 노동자들은 긴장되는 마음을 안고 발걸음을 서둘러 옮기기 시작했다. 목적지는 시장 인근 을지로 6가에 있는 유림빌딩.

   그러나 건물 입구에는 몇 명의 경찰들이 이미 자리하고 있었다. 3층으로 올라가려는 노동자들과 경찰들 사이에서 이내 몸싸움이 일어났다. 청소년 노동자들도 싸움을 피하지 않았다. 미경은 허리를 숙여 순경들이 가지고 있던 경찰봉을 빼앗아 휘둘렀다. 거친 몸싸움 속에서 노동자들이 미리 준비해간 석유를 뿌리고 라이터를 든 채 위협하자 경찰들은 겁에 질려 도망갔다. 싸움에 적극적으로 참여했던 임미경은 선두로 3층에 도착했다. 그리고 두근거리는 마음으로 '노동교실'의 문을 열었다. 마침내 노동교실을 되찾은 것이다.

유림빌딩 3층과 4층에 자리 잡고 있던 노동교실은 청계피복노조가 운영하는 곳이었다. 청계피복노조는 열악한 노동조건을 개선하기 위해 청계천 옷 공장에서 일하는 노동자들이 뭉쳐 만든 노동조합이었고, 노동교실은 청계피복노조가 노동자들에게 다양한 교육프로그램을 제공하기 위해 마련한 공간이었다. 노동교실에서는 레크리에이션과 노동 상식, 한문 강의 등의 프로그램을 운영했는데, 학교에 다니지 않고 청소년 때부터 일을 시작해야만 했던 노동자들은 이를 통해 공장에서 배울 수 없는 다양한 지식을 얻을 수 있었다. 또한 노동교실에서 동료 노동자들과 자연스레 우정을 쌓아갔고, 나아가 고된 공장일과 자신의 처지에 대해 서로 이야기하며 이를 개선하는 활동을 하기 위해 노동조합에 적극적으로 참여하기 시작했다. 이렇듯 노동교실은 청소년 노동자들은 물론 나이든 노동자들에게도 힘든 일상을 잠시나마 벗어나 쉴 수 있었던 안식처이자 자신의 힘든 삶을 바꿔보겠다는 의지와 용기를 심어준 소중하고 애틋한 공간이었다.

그러나 유신체제를 구축하며 무한한 독재권력을 구가하고 있던 박정희 정권은 일터를 바꾸기 위해 적극적인 저항을 펼치던 청계피복노조를 눈엣가시로 여겼다. 결국 정부는 노동운동 활동가 이소선을 구속하고 노동자들의 소중한 공간인 노동교실을 폐쇄해버렸다. 그러자 9월 9일, 화가 난 노동자들이 마침내 유림빌딩에 모여 빼앗긴 노동교실을 되찾기 위해 싸웠던 것이다. 경찰들이 건물 입구를 막아섰음에도, 열일곱 살 박태숙을 포함한 노동자들은 건물 뒷편 창문이나 주변 건물 옥상을 통해 노동교실로 속속 들어갔다. 진입에 성공한 53명의 노동자들은 경찰의 진압을 막기 위해 바리게이트를 쌓고 농성을 시작했다. 그들의 요구는 이소선을 즉각 석방할 것과 노동교실을 되돌려줄 것이었다. 그러나 경찰은 무자비한 진압을 시도했고 이에 민종덕, 신광용, 전순옥, 그리고 임미경 등은 자해나 투신을 시도하며 저항할 정도로 강건한 의지를 보였다.

농성을 준비한 노동자들은 정부가 자신들의 요구를 들어줄 때까지 무기한 단식을 하며 농성을 진행할 계획이었다. 그러나 경찰의 진압에 항의하다가 부상당한 동료들이 걱정되었던 탓에 결국 오후 11시경 자진 해산할 수밖에 없었다. 경찰은 농성에 참여했던 노동자 50여 명 모두를 연행했고, 경찰버스에 태우자마자 이들에게 매질을 가했다. 열다섯 살 장선애를 포함해 농성에 적극적으로 참여했던 여성청소년노동자들 역시 연행과 무자비한 폭력을 피할 수 없었다. 특히 농성 참여 노동자 중 다섯 명은 주동자로 분류되어 구속을 당했는데, 적극적으로 농성에 참여했던 임미경도 그중 한 명이었다. 경찰들의 부당한 폭력에 굴하지 않았던 임미경은 먼저 석방된 노동자들에게 "조합을 위해 싸우다 죽으려고 그런 거니깐 아무 후회가 없다."라며 끝까지 당당하게 용기 있는 모습을 보였다.[46]

# 경제발전의
## 핵심 과제는
### 공업화와 수출 확대

현재 우리 사회에서는 대다수의 청소년이 학교에 다니고 있고, 또 그것이 자연스러운 모습이라 여겨지고 있다. 반면에 학교를 다니지 않고 아르바이트나 일을 하는 청소년들을 보면 집안이 가난해서 어쩔 수 없이 돈을 벌어야 하는 불쌍한 처지의 청소년들이라고 생각하거나, 정상적인 길을 벗어난 '비행청소년'이라는 편견을 가지기도 한다. 하지만 불과 40~50년 전이었던 1960~1970년대에는 학교에 다니지 않고 일을 하는 청소년들이 아주 많았다. 앞의 이야기에서 등장했던 임미경 등 여성청소년노동자들처럼 말이다.

사실 어린이와 청소년의 노동은 오래전부터 계속되어온 일이다. 이전까지 어린이와 청소년 들은 주로 가족과 함께 집에서 일을 하곤 했지만, 근대 산업혁명 이후에는 여성들과 함께 공장에서 노동을 하기 시작했다. 아동과 청소년의 노동은 공업이 급속도로 발전함에 따라 수없이 늘어나는 공장을 운영하는 데 빠져서는 안 될 필수적이자 핵심적인 요소였다. 한 기록에 따르면 1839년에는 영국의 공장노동자 42만 명 가운데 거의 절반이 18세 이하의 노동자였고, 성인 남성 노동자는 10만 명 정도에 불과했다고 한다.[47]

일을 해도 받을 수 있는 임금이 적은 탓에 생활비가 부족했던 부모들은 자식들을 공장으로 보냈다. 자본가들은 이런 어린이·청소년들에게 최대 하루 16시간씩 장시간 노동을 시키고 돈은 적게 주면서 막대한 부를 챙겼다. 이러한 경향은 지역과 시대를 넘어 한국에서도 나타났다. 일제 식민지 시기에 한반도에도 점차 공장들이 들어섰고, 한국의 어린이·청소년들은 공장에서 일을 하기 시작했다. 물론 그들 역시 유럽과 미국의 어린이·청소년 노동자들이 그랬던 것처럼 장시간 노동과 저임금의 착취에 시달렸고, 이런 현상은 본격적인 산업화 시기에도 계속되었다.

1950~1960년대 한국의 경제 상황은 무척이나 열악했다. 일제 식민지 시절 일어난 수탈과 착취, 뒤이어 한국전쟁이 불러온 파괴와 혼란의 여파는 어마어마해서 농촌과 도시의 가난한 사람들에게는 생존조차 힘든 절박한 상황이 계속되었다. 특히 지난 가을에 수확한 곡식들이 바닥나고 올해 심은 보리는 채 여물지 않아 먹을 것이 부족해 고생하던 5~6월 무렵을 말하는 '보릿고개'가 되면 끼니를 해결하는 것이 큰 문제였다. 남한은 미국의 경제적 지원에 의존했는데 그중에는 한국의 식량 부족을 해결하기 위한 밀가루, 옥수수 등의 농산물 원조가 포함되었다.

당시의 어려운 경제 상황은 통계로도 살펴볼 수 있다. 현재 1인당 국민총생산(GNP)은 2만 달러가 넘지만 1961년 당시에는 82달러 정도로, 이는 당시 195달러를 기록한 북한보다 못한 수준이었다(국민총생산은 한 나라에서 만들어내는 물건 등의 가치를 국민 한 사람당 평균적으로 얼마가 되는지 나누어 계산한 것이다. 국민총생산이 2만 달러라는 말은 평균적으로 국민 한 사람이 1년 동안 2만 달러, 즉 약 2,200만 원의 가치를 만들고 누린다는 것과 비슷한

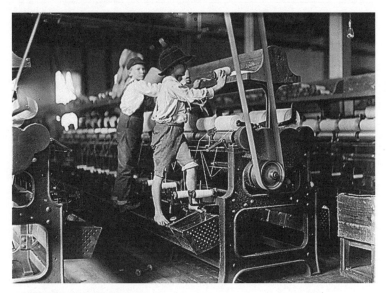

★ 산업혁명 시대 영국의 어린이 노동자들.
한 기록에 따르면 1839년에는 영국의 공장 노동자 42만 명 가운데 거의 절반이 18세 이하의 노동자였고,
성인 남성 노동자는 10만 명 정도에 불과했다고 한다.

뜻이다. 보통 GNP가 큰 나라일수록 물질적으로 더 풍족한 삶을 살 수 있다).

1961년 5월 16일 쿠데타를 일으켜 군사정부를 수립한 박정희 정권
은 이듬해 경제개발의 의지를 밝히며 1차 경제개발 5개년 계획이란 경
제정책을 발표한다. 이는 박정희 이전의 장면 정부가 추진하고 있던 정
책이었다. 박정희는 쿠데타 당시 "절망과 기아선상에서 허덕이는 민생
고를 시급히 해결하고, 국가 자주경제 재건에 총력을 경주할 것입니
다."라고 공약을 발표했다. 박정희는 쿠데타로 수립된 군사정권에 대한
사람들의 지지를 얻기 위해 경제개발의 성과를 보이려고 했다.

공업화와 수출 확대는 경제개발의 핵심 과제였다. 수출산업을 육성

하기 위해 세금 감면 등 다양한 지원 조치가 취해졌고, 구로, 울산 등 몇몇 도시에 거대한 공업단지가 만들어졌다. 베트남전 파병 및 물품 수출에 대한 미국의 도움, 그리고 계속된 수출산업화 추진 끝에 수출액은 점차 높아져서 1962년에 5,400만 달러였던 것이 1971년에는 10억 달러를 돌파했다. 1차 경제개발 5개년 계획 기간(1962~1966) 동안 국민총생산 평균 성장률은 7.9%였으며, 1966년에는 12.7%를 기록할 정도로 당시 경제는 빠르게 성장했다.

## 교실 대신
# 공장으로 간
## 여성청소년노동자들

공장이 많아지자 일을 해야 하는 노동자들의 수도 증가했다. 농촌에서 일하던 사람들이 도시로 오는 일은 1950년대에도 있었지만, 1960년대에는 더욱 늘어났다. 농촌에서는 먹고살기가 어려워지고, 도시에서는 공업 중심의 산업화가 추진되며 많은 일손이 필요해지자 일자리를 찾아 도시로 이주하는 사람들이 급증했던 것이다. 수백만 명의 사람들이 농촌을 떠나 공업 노동자가 되었다.

　늘어나는 노동자들 중에는 여성들이 눈에 띄게 많았다. 제조업에서는 1970년대에 여성노동자의 비율이 50%를 넘기도 했다. 특히 노동자가 된 여성들은 남성에 비해 10대 때부터 일찍 일을 시작하고 학교를 다닌 기간도 더 짧아서, 초등학교 졸업 정도의 학력이 전부인 여성이

제조업 분야의 전체 여성노동자 중 절반을 차지했다. 지금 같으면 한창 중학교에서 수업을 듣고 있을 여성청소년들이 교복 대신 작업복을 입고 교실 대신 공장에서 일을 시작한 셈이다.

여성들이 남성들보다 학교를 덜 다니고 공장에 일찍 들어왔던 이유는 바로 여성에 대한 차별의식 때문이었다. 많은 부모들은 아들을 앞으로 가족을 먹여 살릴 '미래의 가장'으로 여기며 미래에 대한 투자로 학교에 보낸 반면, 딸은 돈을 벌도록 학교 대신 공장으로 보냈다. 이런 현실 속에서 많은 10대 여성들은 일을 해서 가난을 탈출해 상급학교에 진학할 꿈을 꾸는 등 복합적인 이유를 가지고 공장으로 찾아왔다.

여성 청소년 노동자들이 주로 일한 공장은 섬유, 의류, 전자산업 등 수작업 비중이 높아서 많은 수의 사람들을 고용해야 했던 경공업 공장들이었다. 특히 섬유 및 의류 분야는 당시 우리나라의 주요 수출 분야 중 하나였다. 문제는—다른 분야 역시 마찬가지였지만—더 많은 물건을 싼 가격에 팔기 위해 국가와 기업이 낮은 임금과 비인간적인 노동환경을 유지했다는 것이다. 결국 여성청소년을 포함한 많은 노동자들은 너무 힘들고 비참한 조건에서 고되게 일하는 상황을 감내해야만 했다.

일을 해도 생활비는 언제나 부족했다. 기본적인 생계를 유지하는 데도 미치지 못할 정도로 임금 수준이 낮았기 때문이다. 지금은 노동자의 기본적 생활과 인권을 보장하기 위해 일정 정도 이상의 임금(비록 기본적 생활을 유지하기 어려운 적은 금액이더라도)을 법에 따라 보장하는 최저임금제가 실시되고 있지만 당시에는 이런 제도가 없었다. 임금이 부족하니 문화생활은 꿈도 꾸기 어려웠고, 먹는 것과 입는 것 등 기본적인 의식주 면에서 아낄 수밖에 없었다. 게다가 안 그래도 적은 임금이 학력과 성별에 따라 또다시 차별적으로 적용되어, 여성에게는 남성에 비해 절반 수준의 임금밖에 지급되지 않았다. 여성청소년을 포함한 여성 노동자들은 그 적은 임금의 대부분을 오빠나 동생의 학비, 생활비로 가족들에게 보내거나 자기가 계속 꿈꿔왔던 학업을 위해 쓰기도 했다.

노동시간도 너무나 길었다. 지금의 학생들이 입시를 위해 장시간 학업부담에 시달리는 것처럼, 당시 노동자들은 장시간의 노동으로 고통받았다. 1970년 제조업의 주당 평균 노동시간은 52.5시간으로 알려졌지만 실제로는 훨씬 길었다. 특히 노동력이 많이 필요한 섬유·의류 공

| 표 3 | 1970년대 한 봉제공장의 일과표

| 시간 | 일과 |
| --- | --- |
| 오전 8시 이전 | 기상, 세수, 식사, 작업장 내 출근 완료 |
| 오전 8시~오후 12시 30분 | 오전 근무, 쉬는 시간 없음 |
| 오후 12시 30분~1시 30분 | 점심식사, 식사 후 휴식, 수면, 수다 |
| 오후 1시 30분~오후 5시 30분 | 오후 일 종료 |
| 오후 5시 30분~오후 6시 | 휴식, 저녁식사 |
| 오후 7시~오후 10시 | 잔업 |
| 오후 10시~이튿날 오전 4, 5시 | 야간 특근 |

출처 김귀옥, 〈1960, 1970년대 의류봉제업 노동자 형성과정〉,
이종구 외, 《1960-1970년대 한국의 산업화와 노동자 정체성》, 한울아카데미, 2004, p.239.

장에서는 이보다 노동시간이 길었으며, 주문 날짜에 맞추기 위해서 정해진 시간 이상의 노동이 요구되었다. 지금 우리는 노동자들이 하루 8시간 일하는 것을 당연하게 받아들이고, 비록 그보다 더 오래 일하는 사람들이 많긴 해도 그런 경우에는 노동시간이 너무 길다고 여긴다. 하지만 당시에는 12시간 노동이 기본적으로 요구되었으며 추가시간도 강요되어 16시간 동안 일을 하는 경우도 있었다. 휴일 역시 제대로 지켜지지 않았고 쉬는 날 없이 몇 달간 계속 일해야 해서 장시간 노동을 하기 위해 '타이밍'이라는 각성제를 먹는 일도 다반사였다.

아침부터 밤까지 밤잠을 줄여가며 공부해본 청소년은 얼마나 몸이 힘든지 알겠지만, 휴일도 없이 매일 밤늦도록 일했던 청소년들은 그보다 더한 고통을 겪었다. 기계처럼 쉬지도 못하고 오랜 시간 일을 한 노동자들의 몸은 망가질 수밖에 없었다. 돈을 아낀다고 밥을 굶는 경우역시 허다했다. 몇몇 큰 공장의 기숙사는 양호한 편이었지만, 산비탈에 위치한 달동네의 판잣집이나 벌집촌에서 살아가는 대부분의 노동자들은 방이 너무 좁거나 화장실이 부족해 제대로 쉬지도 못했다.

더 큰 문제는 공장의 환경이 무척 열악해서 몸이 다치거나 병이 들위험이 크다는 점이었다. 작업장 안에 햇빛이 들지 않아 어두운 조명에 의존해야 해서 시력이 나빠지는가 하면, 시끄러운 기계 소리 때문에 귀가 나빠지는 경우도 있었다. 특히 여성노동자들이 많이 일하던 의류공장의 경우에는 좁은 작업장에 오랜 시간 앉아 미싱(재봉틀)을 돌리느라 허리가 안 좋아지거나, 먼지가 많이 나는데도 환기가 잘 되지 않아 결핵 등 폐에 문제가 생기는 일도 많았다. 당시 청계천에 있던 평화시장

노동자들이 조사한 자료에 대해 〈경향신문〉이 보도한 기사는 노동자들이 처한 열악한 실태를 드러내주고 있다.

평화시장 내의 피복가공 공장은 400여 개나 되는데, 이들 대부분의 작업장은 건평 2평 정도에 재봉틀 등 기계와 함께 15명씩을 한데 넣고 작업을 해 움직일 틈이 없을 정도로 작업장은 비좁다. 더구나 작업장은 1층을 아래위 둘로 나눠 천장의 높이가 겨우 1.6m 정도밖에 안 돼 허리를 펼 수 없을 정도인데 이와 같이 좁고 낮은 방에 작업을 위해 너무 밝은 조명을 해 이들 대부분(평화시장 내 노동자)은 밝은 햇빛 아래서는 눈을 똑바로 뜰 수 없다고 노동청에 진정까지 해왔다.

이들에 의하면 이런 환경 속에 하루 13시간~16시간의 고된 근무를 하고 있으며 첫째, 셋째 일요일을 제외하고는 휴일에도 작업장에 나와 일을 하고, 여성들이 받을 수 있는 생리휴가 등 특별휴가는 생각조차 못할 형편이라는 것이다.

특히 13세 정도의 어린 소녀들이 대부분인 조수의 경우 이미 4~5년 전부터 받는 3천 원의 월급을 현재까지 그대로 받고 있다. 이밖에도 이들은 옷감에서 나는 먼지가 가득 찬 방 안에서 하루 종일 일해 폐결핵, 신경성 위장병까지 앓고 있어 성장기에 있는 소녀들의 건강을 크게 위협하고 있는 실정이다.[48]

# 기계가
## 아닌
### 인간으로

이렇게 낮은 임금과 열악한 노동환경 속에서 일하는 노동자들에게 회사 측은 오히려 엄격한 규율을 강요하며 권위주의적인 태도를 취했다. 노동자가 인격을 지닌 사람이 아닌, 묵묵히 일만 하는 기계가 되길 희망했던 것이다. 욕설과 성추행, 음식 차별 등 비인간적인 처우가 일상적으로 일어났고, 노동자들의 권리인 노동3권은 무시되기 일쑤였다. 하지만 노동자들의 편을 들어야 하는 노동조합과 한국노동조합총연맹은 현장 노동자들의 요구를 듣고 그들의 삶을 개선하려 하기보다는 기업의 편을 들곤 했다. 정부 역시 노동시간 등을 정한 근로기준법이 현장에서 지켜지는지 감시해야 하는 책임이 있음에도 사실상 기업 편에 서서 불법을 방관하거나 노동자들이 그저 순응하기를 요구하곤 했다.

때문에 경제가 발전하고 수출액이 늘어갔음에도 노동자들의 삶은 나아지지 않았다. 박정희 정권은 "잘살아보세."라는 구호를 외쳤지만 정작 노동자들은 노동의 고통 속에서 하루하루를 버텨나가야만 했다. 경제개발은 그렇게 열심히 일한 노동자들 덕분에 이루어졌지만 그에 따른 부는 일부 기업가와 정치인, 고위 공무원 등 소수의 사람들만 누렸다. 그에 반해 노동자들은 오히려 '공돌이' 공순이'라는 비하적인 호칭으로 불리며 가난과 차별, 폭력에 시달리던 끝에 군부독재라는 희망없는 상황 속에서도 분노를 터뜨리기 시작했다. 그들은 기계가 아닌 인

# 노동3권

자본주의 사회에서 회사에 고용되어 사용자(고용주)의 지시를 통해 자신의 노동력을 제공하고, 그 대가로 임금을 받는 사람들을 노동자라고 한다. 앞서도 살펴봤듯이 근대 자본주의 발전 초기, 노동자들은 장시간의 노동을 강요받고 생계를 꾸려나가기 어려울 정도로 낮은 임금을 받아왔다. 열악한 삶을 버틸 수 없었던 노동자들은 목소리를 내고 비참한 현실을 바꾸기 위해 저항하기 시작했는데, 각 개인이 돈이나 권력이 많은 자본가를 개별적으로 상대하는 것은 불리했기에 여러 노동자들이 단결해 행동하곤 했다. 그러나 자본가들과 국가들은 노동자들의 단결과 저항을 묵살하고 탄압하려 했으며 아예 법을 만들어 노동자의 단결을 막기도 했다.

그러나 노동자들의 단결과 저항이 거세지고 또 노동자들의 권리를 보장하란 목소리가 높아지면서 국가를 뒤엎자는 혁명의 목소리까지 나오자, 결국 국가들은 노동자들이 자신의 노동조건을 개선하기 위해 행동

★ 10대들이 상당수였던 평화시장 여공들이 생존권 사수와 관련해 결의를 하고 있다.

할 권리를 기본권으로 보장하기 시작했다. 그 권리란 바로 노동자들 자신의 이익을 위해 노동조합 등 조직을 만들 권리를 보장하는 단결권, 자신들의 임금과 노동조건을 개선하기 위해 기업과 정부와 협상을 요구하는 권리인 단체교섭권, 단체교섭 체결을 촉구하기 위해 파업 등의 행동을 보장하는 단체행동권이었다. 이러한 권리를 흔히 '노동3권'이라 한다. 이는 한국에서도 헌법 33조에 의해 보장되어 있다.

간이 되길 선택했던 것이다.

저항은 특히 여성노동자들을 중심으로 하는 옷 공장 등 경공업 분야를 중심으로 나타나기 시작했다. 1970년, 서울 청계천 평화시장의 재단사였던 22세 노동자 전태일의 죽음은 그 시작을 알리는 상징적 사건이었다. 자신 역시 17세부터 청계천 공장에서 일을 시작했고, 동료 노동자들은 물론 어린 청소년 노동자들의 노동 현실을 안타까워하던 전태일. 그는 평화시장에서 일하는 노동자들의 처지에 문제의식을 가지고 이런 현실을 개선하기 위해 노력한 사람이었다.

그는 동료 노동자들과 일하는 사람들의 삶과 노동 환경의 실태를 조사하고 당시 근로기준법에 따른 노동조건이 지켜질 수 있도록 기업과 노동청에 진정을 넣었다. 그러나 기업들은 물론 나라에서도 노동자들의 요구에 전혀 귀를 기울이지 않았다. 결국 11월 13일 낮에 전태일과 동료들은 평화시장에서 '근로기준법 화형식'을 갖기로 했다. 그러나 이들의 시위는 경비원과 경찰들에게 짓밟혔고 준비한 플래카드도 찢어졌다. 전태일은 경비원과 경찰들 앞에서 자신의 몸에 석유를 끼얹었고 불을 붙였다. 불길이 전신을 뒤덮는 가운데 그는 사람들 앞으로 달려 나가며 "근로기준법을 준수하라!" "우리는 기계가 아니다! 일요일은 쉬게 하라!" "노동자들을 혹사하지 말라!"라고 외쳤다. 동료들에게 "내 죽음을 헛되게 하지 말라."라는 말을 남긴 그는 어머니에게 "어머니, 내가 못다 이룬 일 어머니가 꼭 이루어주십시오."라는 유언과 함께 "배가 고프다."라는 마지막 말을 남기고 세상을 떠났다.[49]

경제개발 뒤에 가려진 노동자들의 비참한 현실을 고발한 전태일의 죽음은 사회에 큰 충격을 주었다. 근로기준법 해설서를 읽으면서 어려운 용어와 한자 때문에 어려움을 겪던 그가 "대학생 친구가 하나 있었으면 원이 없겠다."란 말을 했다는 사실은 민주화를 꿈꾸는 대학생들로 하여금 노동문제에 대해 관심을 갖도록 영향을 주었다. 무엇보다 노동자들이 일어서기 시작했고 노동자들의 권리와 이익을 위해 회사 편이 아닌 노동자들의 자주적인 노동조합을 세우려 했다. 전태일의 어머니 이소선과 전태일의 동료들은 전태일이 죽은 지 약 2주일이 되는 11월 27일에 전국연합노동조합 청계피복지부, 즉 청계피복노조를 결성했다.

평화시장에는 젊은 여성노동자들이 많았기에 청계피복노조에도 청소년이나 혹은 스무 살 안팎의 젊은 여성노동자들이 많이 참여했다. 노동조합에서는 아카시아회 등의 소모임들도 만들어졌다. 이 소모임을 통해 젊은 여성노동자들은 서로가 처해 있는 삶의 환경에 대해 함께 이야기함은 물론 당시의 노동 현실에 대한 고민을 이어갈 수 있었다. 또 노조는 청소년 노동자들을 대상으로 위안 잔치를 개최하거나 노동교실을 열어 조합원들에게 다양한 교육 프로그램을 제공했다. 이러한 활동은 특히 학교를 가지 못하고 일을 시작해 배움에 대한 열망이 있는 노동자들로부터 많은 호응을 얻었다. 10대 때 일을 시작해 청계노조에 참여했던 어느 노동자는 노동조합 활동에 대해 이렇게 기억한다. "돈이 없어서 초등학교를 못 갔는데 어쨌든 노동조합이란 곳에서 돈 안 받고 공부를 가르쳐 준다니깐", 또 "(공장에서는) '7번 시다' 이렇게 불리는데, 노조에서는 신순애로 불러주고."[50] 이처럼 노조는 공장과 달리 노동자가 인간으로서 대우받을 수 있는 공간이었던 것이다.

회사 측의 편을 드는 노조를 노동자들의 노조로 바꾸기 위한 싸움은 청계피복노조뿐 아니라 다양한 곳, 특히 여성들이 많은 공장을 중심으로 해서 일어났다. 1972년 원풍모방과 동일방직 등의 노동자들은 부패한 노동조합 지도부 대신 민주적인 노동조합 지도부를 만들거나 여성노동자를 노조위원장으로 선출했다. 이러한 움직임에는 진보적인 교회 조직들의 지원도 큰 역할을 했다. 가톨릭노동청년회와 도시산업선교회가 대표적인데, 그들은 비참한 노동현실을 개선하기 위해 소모임과 교육프로그램을 제공하거나 노동자들이 노조를 만들 수 있도록 지원하고 함께해나갔다.

소모임에 참여하거나 노동조건을 개선하고 노동조합을 건설하는 과정에서 노동자들은 점차 노동자란 정체성에 자긍심을 갖기 시작했다. 그전까지 많은 여성노동자들은 작업복을 입기 부끄러워하며 '여대생'처럼 보이는 옷차림을 위해 노력하곤 했다. 그러나 노동자를 인간으로 대접하라고 요구하는 노동운동에 참여하면서, 또 무엇보다 사회의 주역이 노동자라는 생각을 가지게 되면서 이들은 자신이 노동자임을 자랑스럽게 여겼다. 작업복을 입는 것을 부끄러워하지 않고, 또 서류의 직업란에 당당하게 '공순이'라고 쓰거나 친구들에게도 공장에 다닌다는 사실을 당당히 밝히게 된 것이다.[51]

물론 노동자들이 자신의 권리를 찾는 일이 순탄하지는 않았다. 정당한 임금인상을 요구하는 여성노동자들의 요구에 회사 측은 "여공들은 월급을 많이 올려주면 화장품으로 사치 생활을 한다."[52]라며 임금을 적게 주는 것을 정당화하기도 했다. 마치 지금도 청소년노동자들이 정당히 일한 대가를 달라고 하면 '나이 어린 청소년들이 돈을 가져봤자 사치나 할 것'이라는 편견에 시달리는 것처럼 말이다. 또한 노동자들의 노조 가입을 막는 일도 다반사였다. 여성들이 앞장서서 민주적인 노동조합을 세운 동일방직의 경우, 1978년 사측은 남성노동자를 동원해서 노조 지도부를 뽑는 투표 중이던 여성노동자들에게 인분(人糞)을 뿌리기도 했다. 그런 가운데 한국노총은 기업들의 편을 들었으며, 유신헌법을 발표하며 독재체제를 만들어가던 정부 역시 노동자들의 활동을 반정부적인 것으로 간주하고 노동자들을 구속하거나 노조 활동을 탄압했다.

한편 1979년, 박정희 정권이 몰락하는 데는 노동자들의 싸움이 직접적 원인이 되기도 했다. 가발 공장이었던 YH무역은 무리한 사업 확장으로 경영이 악화된 데다 노동자들이 노조를 만들고 임금인상 등을 요구하자 위장으로 폐업을 했다. 1975년부터 민주노조를 꾸려왔던 YH무역의 여성노동자들은 이에 항의하며 당시 야당이었던 신민당의 당사에 들어가 농성을 시작했다. 그러자 야당의 반발에도 불구하고 전투

경찰이 당사에 난입했고, 여성노동자들을 체포하며 폭력을 행사했다. 그런 가운데 일찍이 청소년 때부터 취업을 해 노동자로 살아가다가 노조에 참여했던 22세 김경숙이 건물에서 떨어져 목숨을 잃었다. 이후 정권은 여성노동자들의 점거를 문제 삼으며 당시 야당 총재였던 김영삼을 국회의원직에서 제명시킨다. 그러자 사흘 뒤인 10월 16일, 부산과 마산에서는 김영삼 제명에 항의하는 시민들의 격렬한 시위가 일어났다. 이후 박정희는 부산과 마산에서의 시위에 대응해 계엄을 선포하는 등 강압적으로 대처하려 했지만, 이러한 대응에 불만을 가진 중앙정보부장 김재규에 의해 10월 26일 암살당한다.

# 노동자들의
## 정당한
권리 보장을 위해

영국과 미국, 그리고 세계 어디에서든지 급속한 산업화 과정에서는 어린이·청소년들이 노동하는 모습이 나타났다. 우리가 사는 한국 사회 역시 마찬가지였다. 상상조차 할 수 없는 장시간의 노동, 터무니없이 낮은 임금, 그리고 몸을 병들게 하는 열악한 노동과 생활 환경들. 18세기 산업혁명 당시든 불과 몇 십 년 전 한국 사회에서든 어린이·청소년 노동의 현실은 모두 비참하고 고통스러웠다. 자본주의의 급속한 발전, 그리고 흔히 '한강의 기적'이라 불린 급속한 산업화를 거쳐 현재 우리는 더 풍족한 생활을 누리고 있지만, 지금의 경제적 풍요는 과거 그들

★ 청소년노동자들이 최저임금 인상을 요구하며 시위를 벌이고 있다.

의 노동이 있었기에 가능한 것이다.

전태일의 분신과 박정희 정권 이후에도 노동조건 개선을 위한 노동
자들의 싸움은 계속되었다. 전두환, 노태우 등 신군부세력이 쿠데타를
일으키고 집권하게 된 1980년대에도 노동자들은 계속 일을 하면서 자
신들의 권리를 위해 행동했다. 대학생들 역시 노동운동에 대해 고민하
며 학교 대신 노동현장으로 들어가는 선택을 하기도 했다. 노동자들의
저항과 노동운동은 점차 확산되다가 마침내 1987년 6월 항쟁 이후 소
위 '노동자대투쟁'으로 크게 일어났다. 전국 각지의 일터에서 노동조합
이 세워지고 노동자들의 정당한 권리 보장을 요구하는 목소리가 울려
퍼지기 시작했다.

한편 한국에서 어린이·청소년의 노동은 1970년대를 지나 1980년대

를 거쳐 점점 감소하기 시작했다. 중고등학교로 진학하는 청소년들이 많아졌기 때문이다. 그러나 1980년대 이후 공업 대신 서비스 산업이 커지면서 일하는 청소년들이 다시 증가했다. 인건비를 낮추기 위해 아르바이트처럼 저임금 단시간 노동을 할 수 있는 청소년을 회사들이 선호하는 데다, 청소년들도 돈을 벌기 위해서 아르바이트를 선택하는 경우가 늘어나고 있기 때문이다.[53] 2012년 고용노동부가 발표한 청소년 아르바이트 실태조사(2011년 수행)에 따르면 청소년의 노동 경험률은 약 29%에 이른다. 하지만 아르바이트를 한 청소년들은 과거 청소년 노동자들이 차별과 모욕적 대우를 받았듯이 최저임금도 못 받는 저임금에 시달리거나 욕설이나 성희롱을 당하며, 또 사고가 났을 때 보상도 제대로 받지 못하는 등 열악한 처지에 있는 경우가 다반사다. 이러한 청소년 아르바이트 실태를 고발하고, 청소년들의 노동인권 보장을 위한 새로운 청소년 노동자들의 활동이 2000년대부터 다시 나타나고 있다.

# 7

| 5·18광주항쟁 |

어느 고등학생의 일기

부모님과 저녁밥을 함께 먹는데, 갑자기 울컥한 마음이 들어 밥을 넘길 수가 없었다. 나는 오늘 살아남아

이 밥을 먹고 있지만, 금남로에서 총에 맞은 사람들은 더 이상 밥을 먹을 수조차 없지 않는가. 살아남았다

는 것이 어쩐지 죄스러워졌다. 앞으로는 오늘 피를 흘리며 죽어간 사람들의 몫까지 살아가겠다고 혼자 다

짐했다.

# 공수부대
## 물러가라
### 물러가라[54]

**5월 17일(토) 맑음**

어젯밤의 여운이 아직도 가시지 않는다. 횃불과 손으로 쓴 피켓과 플래
카드를 들고 광주 시내 곳곳을 행진하던 대학생들과 시민들의 모습, 그
리고 민주주의를 요구하는 함성이 지금도 눈과 귀에 생생하다. 박정희
와 군부세력이 저지른 5·16 쿠데타 19주년을 맞아 진행된 집회에 참여

한 사람들의 모습 속에서 나는 지긋지긋한 군부독재를 끝내자는 사람들의 횃불처럼 뜨거운 염원을 확인할 수 있었다. 엊그제 서울에서는 수만 명의 학생들이 모였다고 하는데 다른 지역들의 분위기 역시 마찬가지인 것 같다. 12·12 쿠데타로 권력을 잡으려는 전두환, 노태우 등 신군부세력들이 어서 정신을 차렸으면 좋겠다.

어제 집회에 나는 학교 독서회 친구들과 함께 참여했다. 독서회가 학생들을 조직해 우리 학교인 대동고에서만 수십 명의 학생들이 함께했다. 중앙여고나 특히 전남고 교복을 입은 학생들도 많이 보였다. 같은 동네의 전남고 친구가 들려준 얘기로는 우리 독서회와 비슷한 '아카데미'란 서클의 회원들이 방송실에 들어가 오전 10시부터 2시간 동안 시국 상황과 "더 이상 좌시하고 있을 수 없다."라는 교내방송을 한[55] 효과가 컸던 것 같다. 내가 속한 독서회에서도 그런 방법을 모색했어야 했는데……

다른 학교의 서클처럼 사실 우리 독서회도 민주화의 열망 속에서 만들어진 모임이었다. 1979년, 공교롭게도 박정희가 암살당한 10월 26일

6교시부터 2학년 친구들은 그동안 계속 문제가 되었던 강제적인 보충수업과 보충수업비 및 교련 폐지를 요구하며 수업을 거부하고 운동장에서 시위를 벌였다. 당황한 학교 측은 몽둥이로 우리를 체벌하거나 주동자 친구들에게 무기정학을 내리며 우리의 요구를 거부했고, 결국 우리는 패배했다.

그러나 박정희의 죽음 이후 분위기가 달라지기 시작했다. 대학교에서 시작된 학원 민주화 열풍이 고등학교에도 불면서 민주화의 봄이 마침내 찾아온 것이다. 학생들의 대표조직인 학생자치회가 생겼고, 또 이전의 패배를 반복하지 않기 위해 뜻있는 친구들이 모여 조직적인 모임인 '독서회'를 만들었다. 우리는 사회고발적인 서적을 보급하던 YWCA 양서조합의 도움을 받아 선후배들과 사회과학 서적을 읽고 토론을 하며 의식을 길러나갔다. 그리고 독서회 회원들을 중심으로 보충수업 폐지와 고3 학생들에게 계속되는 시험과 그에 따른 시험지대 폐지, 또 보충수업비로 여관방에서 화투를 치는 비리무능교사를 퇴출시키기 위한 투쟁을 준비했다.

마침내 4월 19일, 1주일간 학교에서 농성에 돌입해 권위주의 교육의 상징이었던 진학실을 폐지하고 비리교사를 교체하겠다는 학교 측의 양보를 받아냈다. 또 우리는 학교의 민주화뿐 아니라 사회의 민주화에 대한 고민을 놓지 않았다. 그렇기에 대학생들이 가두시위를 벌이기 시작한 5월부터 회원들과 학생들을 조직해 참여해왔고, 어제 횃불 시위도 함께했던 것이다.[56]

횃불시위의 분위기가 쉽사리 잊히지 않는 만큼이나 고민도 계속 이

유신독재의 말기인 1979년, 박정희 독재에 대한 사람들의 불만과 그에 따른 저항이 계속되었고, 결국 10월 26일 중앙정보부장 김재규는 박정희를 암살한다. 박정희의 죽음 이후 독재에 반대했던 학생, 재야운동 인사들, 야당 정치인들은 물론 많은 사람들이 어두웠던 유신독재를 넘어 민주주의가 실현되기를 기대하며, 계엄의 조속한 해제와 헌법 개정을 요구했다.

그러나 군부 내 몇몇 고위 군인들은 박정희가 그랬던 것처럼 자신들 역시 부당한 방법을 이용해 권력을 잡으려 했다. 바로 전두환과 노태우를 필두로 한 신군부세력이 그들이었다. 군대 내에 '하나회'라는 사적 파벌을 만들어온 이들은 12월 12일, 쿠데타를 일으켜 자신의 상관이었던 정승화 육군참모총장을 체포하고 군부의 권력을 장악했다.

이듬해엔 '서울의 봄'이라 불릴 정도로 민주화에 대한 요구가 더욱 더 높아지고 5월에는 대규모 학생시위가 일어났다. 학생들은 새롭게 등장한 신군부에 대해 우려를 표명하며 이들의 퇴진을 외치기도 했다. 정치권 역시 계엄해제와 더불어 개헌에 대한 논의를 본격화하기 위해 국회

★ 전두환을 중심으로 한 신군부세력은 5월 17일 밤 12시, 비상계엄을 확대하면서 쿠데타를 일으킨다.

를 열기로 합의했다. 이에 맞서 권력을 장악하려 한 신군부세력은 또다시 쿠데타를 기획해 추진했다. 바로 비상계엄을 전국으로 확대하고 국회의 해산과 비상보위 기구를 설치하는 집권 시나리오를 구상하며, 시위 진압을 위해 군 부대를 사전에 이동시키는 조치를 완료했던 것이다.

5월 17일 밤 12시, 신군부의 쿠데타가 시작되었다. 신군부는 비상계엄을 확대하고, 민주주의를 요구한 정치인들과 학생 및 재야운동 인사들을 불법적으로 연행하는 한편 국회, 언론사, 대학 등에 계엄군을 주둔시키고 정국을 장악하려 했다. 시위가 계속된 광주에도 계엄군이 투입되고 진압이 시작되었다. 5·18광주항쟁의 시작이었다.

어진다. 시민과 학생들의 뜨거운 열망은 확인했지만, 어떻게 하면 이 길고 긴 군부독재를 끝장내고 민주주의를 쟁취할 수 있을까. 나는, 우리 독서회는 무엇을 해야 할까. 우선 우리 학교 친구들과 어떤 일을 해볼 수 있을지 독서회 친구들과 함께 고민해봐야겠다.

### 5월 18일(일) 맑음

상황이 심상치 않다. 민주화의 요구가 들끓고 있는 우리 광주에 공수부대가 투입되었다. 나중에 안 사실이지만, 어제 저녁부터 비상계엄령이 전국으로 확대되어 대도시에 군부대가 투입되었다고 한다. 특히 어제 저녁 서울은 물론 광주 등 각 지역에서 민주화를 요구해온 재야인사, 대학교 학생회 간부들 모두 계엄사 군인들에게 연행되었단다. 마침내 전두환과 노태우, 신군부세력이 권력 장악 의도를 만천하에 드러낸 것일까.

내가 군인들을 본 것은 아침 전남대 쪽에서였다. 친구에게 빌린 책을 돌려주러 가다가 전남대 정문 앞에서 학생들과 군인들의 대치를 보았다. "비상계엄 해제하라!" "공수부대 물러가라!" 학생들은 휴교령으로 정문을 지키고 있는 공수부대원들에게 항의했다. 그러던 순간 어느새 공수부대원들이 진압 형태를 취하더니 학생들에게 돌격하기 시작했다. 나도 덩달아 도망가기 시작했는데, 뒤를 돌아보니 공수부대원들은 잡힌 학생들에게 진압봉을 사정없이 휘두르고 군화발로 그들을 짓밟고 있었다. 학생들이 피를 흥건히 흘리는데도 공수부대원들은 폭행을 멈추지 않았고, 심지어는 이를 말리고 나무라는 어르신들에게도 폭력을 행사했다. 내가 맞고 있는 것처럼 몸이 덜덜 떨렸다. 나는 떨리는 다리를 겨우 움직여 친구 집으로 몸을 피했다.

친구에게 내가 본 것들을 말한 뒤 함께 다시 거리로 나왔다. 폭력 진압의 소식을 시민들에게 알리기 위해 학생들이 도청으로 이동했다고 해서 금남로 쪽에 가니 학생들은 경찰들의 진압을 피하기 위해 흩어졌다가 다시 뭉치며 "전두환은 물러가라!" "계엄군은 물러가라!"라는 구호를 외치고 있었다. 최루탄으로 눈과 목이 매웠지만 친구와 함께 시위 대열에 합류해 구호를 외쳤다.

정신없이 시내를 돌아다니다가 3~4시쯤, 아침에 본 공수부대원을 다시 보게 되었다. 우두두두 군화 소리를 내며 공수부대원들이 총검술 동작으로 몰려오기 시작했고 사람들은 썰물처럼 도망쳤다. 친구와 나도 겨우 도망쳐 금남로 5가 사거리의 어느 빌딩에 들어갔다. 숨을 돌리고 창밖을 보니 군인들이 붙잡힌 사람들의 머리에 총의 개머리판과 진압봉을 휘두르며 몸을 짓밟기 시작했다. 대검을 사용하는 군인도 있었다. 여성들도 옷이 찢긴 채 폭행을 당했고, 시위에 참여하지 않은 것 같은데도 젊은 사람이 길거리에 있으면 군인들은 그의 얼굴을 때리고 끌고 갔다. "살려줘요!"라는 애절한 목소리에도 공수부대는 폭행을 멈추지 않았다. 붙잡힌 사람들은 폭력으로 피투성이가 되어 몸도 가누지 못한 채 군용트럭에 실려 어디론가 끌려갔다. 끔찍한 광경을 보고 있자니 숨을 제대로 쉴 수 없었다. 나뿐이 아닌 친구와 다른 시민들 역시 마찬가지였다.

군인들을 피해 골목길을 뺑뺑 돌아 집에 돌아왔다. 너무 무서워서 저녁밥이 목으로 넘어가지 않았다. 책을 읽으려고 했지만 글씨도 눈에 잘 들어오지 않았고, 일기를 쓰는 지금도 군인들의 모습이 자꾸 떠오른다. 그나저나 온몸이 피에 젖은 채 잡힌 사람들은 어디로 갔을까. 그들은 무사할까. 쉽사리 잠이 들지 못할 것 같다.

**5월 19일(월) 오후부터 비**

학교에 갔더니 다들 어제 공수부대원의 만행과 시위에 대한 얘기를 하고 있었다. 나처럼 당시 현장에서 목격한 장면을 들려주는 친구도 있었고 아무개 형이 공수에게 당했다더라, 혹은 어느 친척이, 옆집 사람이 어쨌다는 식의 이야기들도 흘러나왔다. 그 모든 이야기에는 공수부대가 저지른 몸서리칠 만큼 끔찍한 폭력과 그 원흉인 정부 및 전두환을 향한 분노가 담겨 있었다. 자연스레 '우리는 지금 무엇을 해야 할까'에 대한 의견들이 제기되었다. 이미 독서회 친구들 중에는 어제 민주화 인사들에 대한 예비 검속 소식을 듣고, 어떻게 도울 일이 없을까 해서 녹두서점에 갔다가 휘발유를 사 와서 함께 화염병을 제작했다는 친구들도 있었다.[57] 우리의 의견은 '이대론 수업을 들을 수 없다'는 쪽으로 모였다.

나를 포함한 독서회 회원들과 3학년 학생들은 1~2학년 교실을 돌아다니며 "우리의 형과 누나들이 죽어가는데 우리는 무엇을 할 것인가? 고등학생들이 총궐기해서 나가자!"라며 친구들의 의지를 모았다. 선생님이 만류했지만 우리를 막을 수는 없었다. 11시쯤 대부분의 학생들이 운동장에 모였다. 어제의 만행에 대해 규탄한다는 입장을 발표하고 스크럼을 짠 뒤 "전두환은 물러가라!"를 외치며 운동장을 돌았다. 함께 교문을 나서려는 순간, 선생님들이 우리를 막아섰다. 공수부대원들이 진압을 준비 중에 있다고, 지금 이대로 진출하면 군인들에게 개죽음을 당하게 된다며 우리를 말리셨다. 선생님들의 입장은 이해가 갔지만, 그럼에도 저들의 폭력에 맞서 무력하게 가만히 있을 수는 없지 않나 하는 의문이 계속 들었다. 선생님들의 저지로 결국 우리는 삼삼오오 조를 짜서 학교를 빠져나가 시위대에 합류하기로 결정했다.[58]

금남로에 가보니 매캐한 최루탄 냄새가 나고, 수많은 돌들이 보였다. 이미 오전부터 시위가 벌어졌고, 역시나 공수부대원들이 폭력적인 진압을 행사했다고 한다. 여기저기를 돌아다니다가 시위대에 합류해보니 어제보다 많은 사람들이 모인 것 같고, 또 학생뿐만 아니라 다양한 연령대의 사람들이 보였다. 시위대에서 전남고와 중앙여고 친구들을 보았는데 그쪽 학교에서도 오전에 어제의 만행에 항의해 학생들이 시험이나 수업을 거부하고 농성을 했다고 한다. 사람들은 시위대를 막기 위해 쌓아둔 바리케이드를 공격했다. 그런데 갑자기 나타난 공수부대원들이 끔찍한 진압을 시작했다. 시위대나 혹은 젊은 사람으로 보이는 사람을 잡아다 진압봉으로 내리찍고 군화발로 짓밟는 것은 물론 도망치려는 사람들을 대검으로 찔렀다.

시위를 하다 보니 어쩌다 대인동에 있는 공용터미널까지 가게 되었는데 그곳에서도 치열한 투석전이 벌어졌다. 사람들은 공중전화 박스 등을 바리케이드로 세워 밀며 공수부대원들에게 다가가 일제히 돌을 던지기 시작했다. 공수부대원들이 당황했는지 장갑차로 바리케이드를 부수고 시위대로 돌진하더니 우리를 진압하려 달려오기 시작했다.[59] 나는 다른 시민과 함께 그곳을 피해 도망쳤다.

한참을 거리에서 보낸 뒤 밤이 되어서야 집에 들어왔다. 부모님은 연락도 없었다며 나를 무척이나 혼내셨다. 다른 고등학생이 당한 충격 소식 때문이었다. 시위대에 포위당한 장갑차 안에 있던 군인이 총을 난사하는 바람에 조대부고의 한 학생이 세 군데나 총상을 입었다고 한다. 부모님은 그 애처럼 나도 다쳐서 집으로 돌아오지 못하고 있는 건 아닌지 걱정하셨던 것이다. 부모님의 마음이 이해되어 죄송하다고 말씀드렸다. 나도 그렇지만 부모님 역시 지금의 상황이 계속 염려되시는 것 같다. 도무지 상황이 나아질 기미가 보이지 않아 여전히 걱정이다.

군인이 쳐들어온 암울한 상황처럼 아침에는 비가 약간 내렸다. 정상적인 수업 진행이 어렵다고 여겨서인지 학교는 휴교를 했다. 어머니는 계속 걱정스러운 얼굴로 내게 집에서 나가지 말라고 얘기하셨다. 하지만 공수부대에 대한 분노가 남아 있고, 또 상황이 어떻게 되고 있나 궁금해 참을 수 없었던 나는 아침을 먹고 나서 어머니가 정리를 하러 부엌으로 들어가신 틈을 타 서둘러 집을 빠져나왔다.

대인시장 쪽에 사람들이 모이고 있다고 해서 넘어갔다. 약 1,000명 정도의 시민이 모여 너도나도 공수부대의 만행에 분노를 표했다. 오늘 아침에는 사직공원 쪽에서 얼굴이 짓이겨지고 온몸이 상처 투성이인 시체가 발견되었다는 믿을 수 없는 얘기가 전해졌다. 젊은 사람들도 그랬지만, 나이든 어르신들까지 "6·25 때도 이런 일이 없었다."라며 비참해 하셨다.[60]

시민들이 금남로로 향하기 시작했다. 시장에서 학교 친구들 몇 명을 만나 시위 대오를 함께 따라갔다. 우리 또래 같은 고등학생들도 많이 보였는데 아무래도 휴교령이 내려져 더 거리로 많이 나온 것 같았다. 금남로로 가기 전에는 공수부대원들의 진압으로 대열이 흩어졌다. 하지만 사람들은 삼삼오오 시위를 벌이다가 공수부대가 쫓아오면 흩어졌다 다시 모였고, 또 이제는 적극적으로 돌과 화염병 및 갖가지 무기들로 대항하기 시작했다. 동명동에서는 하교하던 중학생 수백 명이 길거리에 있는 계엄군에게 돌을 던졌다는 얘기도 들려왔다.[61] 나와 친구들도 계엄군을 피해 다니면서 돌을 던졌다.

시위에는 계속해서 많은 사람들이 합류했는데 이는 아무래도 몇몇 사람들이 앰프를 차에 싣고 돌아다니며 시위 참여를 호소한 덕분인 것 같았다. 광주의 상황과 전두환을 몰아내자는 내용이 담긴 유인물도 많이 돌아다녔다.

　점심을 먹지도 않았지만 배고픔을 느낄 수 없을 정도로 정신없이 뛰어다녔다. 매캐한 최루탄 때문에 숨 쉬기도 괴로웠지만 "전두환은 물러가라!"란 구호 외치기를 멈추지 않았다. 점점 어두워지는 저녁이 되어서도 친구들과 함께 계속 금남로에서 공수부대원들을 상대로 돌을 던지고 있었는데 갑자기 와! 하는 소리가 들려왔다. 무슨 일인가 싶어 뒤를 돌아보니 버스와 트럭, 택시를 앞세우고 수많은 차량들이 헤드라이트를 켠 채 몰려오고 있었다. 운수노동자들이 군 저지선을 돌파하기 위해 차량을 몰고 왔다는 것이다. 비록 차량시위대는 최루탄 그리고 군인들이 무자비하게 휘두른 대검과 진압봉에 진압되었지만 사람들의 사기는 급상승했다. 저녁에는 광주의 상황을 제대로 알려주지 않고 있던 MBC에 불이 나기도 했다. 그 모습을 보던 친구들과 나는 너무 지쳐 내일을 기약하며 집으로 돌아갔다.

# 그들이
# 우리에게
# 총을 쐈다

**5월 21일 (수) 맑음**

용납할 수 없는 일이 일어난 날이다. 어떻게 국민을 지키는 군인이 국민에게 총을 쏠 수 있을까? 이 대한민국은 정말 자유민주주의 국가가 맞나? 전두환과 공수부대원들이 북한의 공산당, 인민군과 무슨 차이가 있는지 도저히 모르겠다.

집에 있으라는 엄마의 걱정 어린 소리를 뒤로하고 오늘도 거리로 나갔다. 돌과 최루탄 잔해가 흩어져 있는 도시 곳곳은 어제의 치열했던 전투 상황을 다시금 보여주는 듯했다. 금남로로 향했더니 시민들이 모여 있었다. 오늘도 사람들은 무척이나 분노한 상태였는데 알고 보니 어제 광주 신(新)역사 쪽에서 공수부대원들이 시위대에 총격을 가한 탓에 사람들이 죽거나 부상을 당했고, 오늘 아침에는 2구의 시신이 발견되었다고 한다. 분노한 사람들은 어제처럼 또다시 공수부대원들과 대치를 시작했다.

대치 도중 전남 도지사에게 항의와 요구를 전달하기로 했다는 소식이 들려왔다. 나도 그랬지만 사람들은 책임 있는 당국자가 나서서 얼른 이 사태를 해결하기를 바랐다. 애국가를 부르고 구호를 외치던 도중, 도지사가 헬기를 타고 나타나 사람들에게 "군인을 철수시킬 테니 질서를 유지해달라."라고 얘기했다. 사람들은 도지사의 말처럼 군대가 자진

해서 철수하기를 기다렸다. 그러나 12시가 넘어도 도저히 철수의 기미가 보이지 않자 사람들은 자신들의 힘으로 군대를 몰아내기로 했다. 어제 차량 시위의 위력을 보았기 때문에 그랬는지 몇몇 사람들이 광주에 있는 아세아자동차 공장에서 장갑차와 버스를 가져왔는데, 이를 앞세워 도청 앞에 있는 공수부대원의 저지선을 향해 돌격했다. 놀란 공수부대원들은 흩어져 도망을 쳤고 저지선이 무너진 모습이 보였다. 장갑차와 더불어 버스가 전진했고, 총격을 받은 한 버스가 건물에 부딪혔다. 그러고는 갑자기 애국가가 방송되기 시작했다.

기억나는 건 연속적으로 탕, 탕, 타닥타닥 하며 들려왔던 소리, 그리고 피를 흘리며 쓰러지는 사람들의 모습이다. 누가 시키지도 않았지만 다들 고개를 숙이고 건물로 피했다. 목소리 대신 신음 소리가 나오고 덜덜 몸이 떨렸다. 숨을 제대로 쉬지도 못하자 옆에 있던 어떤 아저씨가 내 등을 토닥이며 진정시켜주셨다. 간신히 진정하고 창밖을 보니 피를 흘린 채 미동도 하지 않는 사람들의 모습, 또 아픔을 호소하며 신음 소리를 내거나 소리를 지르는 사람들의 모습이 보였다. 주변에 있던 사람들이 부상자들을 데리러 가려고 하자 건물 위쪽에서 총격이 이어졌다. 나는 다리에 힘이 풀려 벽에 기대어 멍하니 앉아 있었다. "어떻게 이럴 수가 있냐."라는 탄식과 욕설, 흐느끼는 소리가 여기저기서 들려왔다. 나중에 들어보니 총격은 전남대에서도 이뤄졌다고 한다.

얼마나 있었을까. 정신을 차렸다. 피신해 있던 부상자들을 데리고 가까운 병원으로 갔다. 이미 병원은 아비규환이었다. 간호사에게 "무엇을 도와드려야 할까요?"라고 물어봤지만 그들도 처음이라 그런지 정신이 없어 보였다. 피가 모자라 부상자들을 수술하지 못하고 있다는 소식이 알려지면서 여고생은 물론 노인까지 병원으로 몰려왔다. 나도 헌혈을 했고, 사람들을 안내하는 일과 잔심부름을 도왔다.

사람들이 무장을 하기 시작했다는 소식이 병원에 들려왔다. 나주, 화순 등지의 경찰서와 탄광에 가서 총과 TNT 폭탄을 가져온 사람들이 다른 이들에게도 총을 나눠주고 있다는 것이었다. 총을 든 사람들은 자신들을 '시민군'이라고 불렀다. 나도 총을 받아야겠다는 생각을 했다. 총을 쏘는 군인들에게 맞서려면 총이 필요할 것 같았기 때문이었다. 광주공원에서 사격을 가르치고 총을 나눠준다고 해서 갔다. 거기에서 학교 친구도 만났는데, 그 친구는 나주의 파출소를 습격해서 총을 받아왔

★ 광주에서 공수부대에 의한 학살이 시작되자 고등학생들이 거리에 나서고 있다.

다고 했다. 공원에는 교련복을 입은 고등학생들도 많이 보였다. 한 시간 동안 총과 수류탄 사용법을 배운 뒤 나는 도청으로 향하는 조에 편성되었다. 도청에 가보니 계엄군은 퇴각한 상태였다. 마침내 광주 일대에서 계엄군이 철수를 했다. 시민군이, 아니 광주 시민이 드디어 군을 몰아낸 것이었다.

그러나 나는 도청을 찾아오신 아버지에게 잡혀 집으로 돌아와야만 했다. 부모님과 저녁밥을 함께 먹는데, 갑자기 울컥한 마음이 들어 밥을 넘길 수가 없었다. 나는 오늘 살아남아 이 밥을 먹고 있지만, 금남로에서 총에 맞은 사람들은 더 이상 밥을 먹을 수조차 없지 않은가. 살아남았다는 것이 어쩐지 죄스러워졌다. 앞으로는 오늘 피를 흘리며 죽어간 사람들의 몫까지 살아가겠다고 혼자 다짐했다.


**5월 22일(목) 맑음**

아침밥을 먹고 부모님과 도청으로 나가봤다. 언제 학살이 있었나 싶을 정도로 도청 주변은 이미 말끔히 치워져 있었다. 거리에는 '계엄철폐' '전두환은 물러가라!'라고 적힌 플래카드와 벽보가 붙어 있었고, 마스크를 쓴 시민군들이 탄 차량이 지나가면 그들에게 환호성을 보내며 음료수나 주먹밥을 주는 상인들도 보였다. 시민군 차량은 시민들이 이용할 수 있도록 버스처럼 각 지역별로 운영되었다. 광주는 이전 그 어느 때보다도 평화로웠다. 그러나 계엄군은 헬기를 통해 우리 광주 시민을 폭도라고 지칭하는 전단을 살포했다. 어처구니가 없는 일이었다.

부모님은 먼저 집으로 돌아가시고, 나는 시민군들의 일을 돕겠다며

남았다. 도청에 가보니 상황을 수습하고 또 일상을 유지하기 위해 높으신 분들과 학생들이 모여 일을 하고 있었다. 내 또래로 보이는 친구들도 많았다. 여자 친구들은 시민들로부터 들어오는 사망자 명단을 발표하는 일을, 남자 친구들은 경비를 서거나 상황실에서 잔심부름을 맡았다. 시체를 운반하고 입관시키는 일을 하는 고등학생 친구들도 있었다. 나는 상황실에서 잔심부름을 하기 시작했다.

시민들은 도청 앞에 계속 모여 있었다. 그들은 신원이 확인된 사망자 명단을 귀 기울여 들었고, 함께 묵념을 하거나 구호를 외쳤다. 도청 분수대 앞에는 수습된 시신을 담은 관들이 하나둘씩 차례로 놓였다. 오후가 되자 도청 앞에서는 자연스레 시민궐기대회가 열렸고, 사람들은 도청 앞 분수대에 올라가 공수부대의 폭력과 그 책임자인 전두환을 규탄하고 김대중의 석방을 요구하는 발언들을 시작했다. 5시쯤 돼서 계엄당국과 사태를 수습하기 위해 연행자 석방과 무장해제 등의 협상을 시도하고 온 5·18수습대책위원들이 협상 결과를 보고했다. 개인적으로 과잉진압을 인정했다는 계엄분소장의 발언 소식, 또 유혈을 방지하고 질서를 수습하자는 수습대책위원들의 발언에 사람들은 환호를 보냈지만, 수습위원 중 한 명이 '무기를 회수 반납하고 치안을 계엄군에게 맡겨야 한다'고 이야기하자 야유를 보냈다. 수습위원들은 서둘러 분수대에서 내려갔다.

대학생들은 자신들이 참여하는 학생수습대책위원회를 꾸렸고, 이들의 결정에 따라 도청에 총기가 회수되기 시작했다. 지나가면서 얘기를 듣거나 분위기를 보니 대책위를 구성한 대학생들 사이에서 총기 반납에 대한 의견이 분분한 듯했다. 더 큰 피해를 막기 위해 서둘러 계엄군에게 무기를 반납해야 한다는 주장과 무기를 반납하는 건 무조건적인 항복이라는 주장이었다. 이런저런 잔심부름을 하다가 밤늦게 도청을 나와서 집으로 돌아왔다. 어떤 일이 옳은 것일까, 집으로 오는 내내 계속 고민이 들었다.

**5월 23일(금) 맑고 흐림**

몇 시간 자지 못했지만 아침 일찍 거리로 나섰다. 다른 학생들과 거리를 청소하기로 약속했기 때문이었다. 몇 백 명의 학생들이 모여 시내 곳곳을 청소했다. 청소가 끝난 후 도청으로 넘어갔는데 어제처럼 구호가 담긴 플래카드와 사망자 명단 등이 여기저기에 붙어 있었다. 그중에는 고등학생들이 쓴 대자보도 있었다.

고등학생 여러분!

역사의 흐름은 젊은 고교생들의 적극적인 민주화운동 참여를 요구하고 있습니다.

역사적으로 볼 때 광주학생독립운동, 4·19의거 등은 광주 고교생을 선구로 일어난 신성하고 거룩한 운동이었고 우리는 그들의 자랑스런 후배들인 것입니다.

타오르는 눈빛의 젊은 고교생들이여!

칠판을 바라보고 공부하는 것만이 학생의 전부는 아닙니다. 여러분은 천인공노할 살인마 전두환의 만행을 알고 있음에도 불구하고 여러분의 부

★ 5·18광주항쟁 당시 학생들의 참여를 촉구하는 어느 고등학생이 쓴 대자보.

모, 형제, 동생들이 그들의 흉측한 총칼에 쓰러지는 것을 그대로 방관만 할 것입니까.

여러분, 조국의 민주화는 앉아서 되는 것이 아닙니다. 누가 거저 주는 것도 아닙니다. 그것은 피를 마시고 사는 흡혈귀와 같아서 숭고한 피의 대가 없이는 이루어질 수 없는 것입니다.

여러분!

조국의 민주화를 위해 선혈을 뿌린 학생 시민들의 진정한 뜻을 깨닫고 참다운 삶의 가치만을 냉철한 이성으로 판단해 조국의 민주화가 이룩될 때까지 끝까지 투쟁합시다.

고교생 일동[62]

여고생들이 동네 곳곳에서 부상자를 위한 사랑의 모금함을 운영하러 출발하는 가운데 도청에서 학교 친구를 만났다. 친구는 내게 우리 학교 3학년이던 영진이가 21일 노동청 앞에서 군인들의 총에 맞아 죽었다는 소식을 알려줬다. 믿을 수 없는 소식이었다. 영진이가 죽었다니. 우리는 한참을 함께 울었고 더욱 더 우리의 역할을 찾아 최선을 다할 것을 다짐했다. 친구는 오후 3시에 있을 시민궐기대회를 준비하는 중이었다고 해서 나도 일을 돕기 시작했다.

예상보다 많은 시민들이 모였다. 묵념과 애국가로 '제1차 민주수호 범시민 궐기대회'가 시작되었다. 사람들은 전날처럼 죽은 이들을 추도하고 전두환의 처단과 민주주의를 되찾을 것을 다짐했다. "민주주의 만세!"를 삼창하고 대회를 종료하려 했지만 시민들은 잘 일어서지 않았다. 열 명의 고등학생이 친구의 관에 태극기를 덮고 애국가와 '우리의 소원은 통일'을 부르며 상무관으로 운구행진을 하자 사람들이 울면서 함께 노래를 불렀다.[64] 나도 영진이가 떠올라 다시 울음이 터졌다.

대회가 끝난 뒤 양서조합에 있는 사람들이 생각나서 친구와 함께 YWCA로 갔다. 누나, 형들은 선전 작업에 한창이었다. 친구와 나도 대자보를 붙이러 나가거나 사람들에게 나눠주는 〈투사회보〉의 등사를 보조했다. 일을 돕다 너무 피곤해서 집에 들어가지 못한 채 한켠에서 잠을 잤다.

아침에 계엄군은 라디오 방송을 통해 '서둘러 총기를 반납한다면 죄를 묻지 않겠다'고 발표했다. 도청에서 들려오는 소식으로는 무기 회수를 두고 사람들 사이에서 갈등이 계속되고 있다고 한다. 계엄군을 몰아냈지만 우리가 고립된 것 같다거나, 다시 계엄군이 쳐들어온다면 막기가 쉽지는 않을 것 같다는 비관적인 전망이 사람들 사이에 퍼지기 시작했다. 나 역시도 걱정에 일이 손에 잡히지 않았다.

선전 작업을 돕다가 잠시 짬을 내 친구와 함께 도청 맞은편에 있는 상무관에 갔다. 희생자들의 시신이 모여 있는 상무관은 유가족들의 통곡 소리와 희생자들을 추모하기 위한 향 냄새로 가득했다. 시민들은 삼삼오오 와서 추모를 하기 시작했는데 얼마 안 있어 '약식 추도식을 하겠다'는 방송이 나왔다. 사람들이 모두 묵념을 하고 조용히 애국가를 부른 뒤 마지막 순서로 "나의 살던 고향은 꽃피는 산골"로 시작되는 '고향의 봄'을 부르기 시작했다. 거의 모든 이들이 울음을 터뜨렸다. 나도 친구도 먼저 죽어간 친구들을 생각하며 눈물을 흘렸다.[65]

3시쯤부터 어제에 이어 '제2차 범시민 궐기대회'가 열렸다. 나는 대회에 참여하는 시민들을 안내하는 일을 도왔는데, 어제보다는 참여자가 줄어든 것 같아 마음이 좋지 않았다. 아무래도 계엄군에 대한 불안감이 높아졌기 때문인 듯했다. 대회에서는 수습위원회에 참여하고 있는 몇몇 분들이 우리가 모르고 있던 사실을 폭로했다. 수습위원회의 구성원 대부분이 시민들 뜻과는 달리 계엄당국과 타협을 시도하고 있고, 또 시민들을 선동한다는 이유로 궐기대회를 막고자 한다는 것이었다.

시민들은 그들의 행태에 강력하게 항의하면서 이 사실을 폭로한 이들에게 지지의 함성과 박수를 보냈다. 수습위 내의 의견 갈등과 불안감이라는 어수선한 분위기 속에 대회 도중 폭우가 내리기 시작했다. 사람들이 비를 피하려고 하자 사회자는 "이 비는 원통하게 돌아가신 민주 영령들께서 눈을 감지 못해 흘리는 눈물입니다."라고 호소했고, 이를 들은 사람들 대부분이 돌아와 제자리를 지켰다. 오늘 집회는 전두환의 허수아비를 태우는 것으로 마무리됐다.[66]

나는 집회가 마무리된 뒤 바로 집으로 들어왔다. 피곤해서 그런지 일찍 잠이 들었다.

---

**5월 25일(일) 비**

광주의 상황을 드러내듯 어제부터 비가 을씨년스럽게 계속 내리고 있다. 대학생들은 YWCA로, 고등학생들은 남도예술회관으로 모이라는 방송이 있었지만 나는 도청으로 향했다. 아무래도 내가 도울 수 있는 일은 그곳에 많을 것 같았기 때문이었다. 도청에 가보니 분위기가 여전히 좋지 않은 듯했다. 어제 저녁에도 '서둘러 무기를 회수해야 하지 않느냐'는 의견과 '요구사항이 관철되지 않은 채 무기를 회수하는 일은 잘못'이라는 의견이 충돌하는 바람에 몇몇 사람들이 도청을 아예 떠나버렸다고 한다. 무척이나 어수선한 상황 속에서 대학생 형들의 잔심부름을 도왔다. 점심 즈음에는 새로운 대학생 형들이 들어와 일을 돕기 시작했다.

3시부터는 다시 '제3차 민주수호 범시민 궐기대회'가 열렸다. 참석자 수는 어제보다 더 줄어들었다. 큰 범죄 없이 상점이 운영되고 또 전기와 수도도 차질 없이 공급되는 등 어느 때보다도 도시의 질서는 너무나 안정적으로 지켜지고 있었지만 점차 시민들의 참여가 감소하는 것 같아 마음이 편치 않았다. 대회는 여러 성명서가 낭독되고, 지금까지의 피해 상황이 발표되는 것으로 끝났다.

도청으로 돌아와서 일을 돕는데 저녁부터 분위기가 심상치 않았다. 지속적인 항쟁을 주장하던 형들이 무장한 다른 대학생 형들을 데리고 와서 회의실에 대기시켰다. 심부름 때문에 회의장 앞쪽을 지나갈 때면 매번 회의실에서 흘러나오는 격렬한 소리들이 들려왔다. 아무래도 또다시 어제의 논쟁이 계속되고 있는 것 같았다. 9시쯤 기존의 수습위원장이었던 대학생 형이 도청을 떠나버렸다. 다른 일을 하고 있던 대학생 누나에게 물어보니 항쟁을 위해 '시민학생투쟁위원회'라는 새로운 지도부가 구성된 것 같다고 말해줬다.

잠시 틀어놓은 라디오에서는 최규하 대통령이 "일시적 흥분과 격분에 의해 총기를 들고 다니는 청소년 여러분은 지금이라도 늦지 않았으니 총기를 반환하고 집으로 돌아가십시오."라는 발표를 하고 있었다. 군인들이 저지른 폭력에 대한 사과 한마디 없이, 또 청소년인 우리가 미성숙한 존재고 일시적 흥분에 빠져 총기를 들었다는 식으로 얘기하고 있는 대통령의 담화 내용에 무척이나 어처구니가 없었다.[67] 새로운 항쟁지도부를 구성한 형과 누나들은 현황을 파악하고 계엄군에 대한 대책을 마련하는 회의로 밤을 새웠다. 나도 잔심부름을 하다가 아침을 맞았다.

# 도청에서의
## 항쟁
## 마지막 밤

한 시간쯤 눈을 붙였을까. 계엄군이 탱크를 앞세우고 시내로 쳐들어오고 있다는 소식에 잠을 깼다. 도청에는 비상령이 떨어졌다. 각 시민군에게 이 소식을 알리는 일을 돕는 가운데, 어떤 신부님을 포함해 몇몇 재야인사들이 죽음을 각오하며 자신들이 먼저 방패가 되자는 결의를 하고 탱크 앞에 나가기로 했다는 소식이 알려졌다. 그분들을 선두로 한 시민들의 무리가 농촌진흥원에 세워진 탱크 앞까지 행진을 했다고 한다. 현 사태의 수습 방안을 둘러싸고 군인들과 재야인사들이 협상에 나섰지만 결국 결렬되었다는 이야기도 들렸다.

계엄군의 진입 소식을 듣고 아침 일찍부터 도청 앞에는 수만 명의 사람들이 모였고, 자연스럽게 '제4차 민주수호 범시민 궐기대회'가 열렸다. 나는 형, 누나들을 따라 대회 진행을 위한 실무를 도왔다. 마이크를 잡은 모든 사람들이 군의 진입을 비난하며 끝까지 맞서서 싸울 것을 외쳤다. 정오쯤에는 대형 태극기와 전남대 스쿨버스를 개조한 방송차, 고등학생 1,000여 명을 선두로 참석자 전원이 "우리는 싸움을 포기할 수 없다!" 등의 구호를 외치며 시가행진을 했다.[68] 대열 앞에 내 또래 친구들이 많이 모이고 끝까지 싸우겠다고 외치는 걸 보니 잠시나마 불안해졌던 마음이 차분해지고 또 든든해졌다.

도청에서 잠시 쉬고 있을 무렵 부모님이 나를 찾으러 오셨다. 계엄군의 진압 소식에 걱정이 되셨던 것이다. 부모님은 나더러 집에 돌아가자고 하셨지만 난 이대로 도청을 떠날 수 없다고, 친구들을 남겨두고 나혼자만 도망갈 수 없다고 말했다. 몇 십 분간의 실랑이 끝에 내 고집을 꺾을 수 없음을 아신 부모님이 결국 포기하셨다. 어머니는 연신 눈물을 훔치셨고, 아버지는 반드시 살아남으라고 하셨다. 나는 알겠다고 대답하고 부모님을 도청 앞까지 배웅해드렸다.

"총을 든 학생 청년 여러분! 총을 놓고 집에 돌아가십시오. 총을 들고 있으면 폭도로 오인됩니다. 군은 곧 소탕에 나섭니다. 내 생명은 내가 지킵시다."[69]

군용헬기가 소탕작전을 시작하겠다는 전단을 뿌리는 등 어수선한 분위기 속에 오후 3시, 다시 '제5차 민주수호 범시민 궐기대회'가 열렸다. 대회가 끝날 무렵, 지도부 형들이 오늘 밤에 계엄군이 공격해올 가능성이 크다고 발표했다. 이미 군은 이전부터 저녁 6시까지 무기를 반납하라는 최후통첩을 보냈다고 한다. 이 소식에 사람들의 탄식과 한숨만 들려올 뿐 대회장은 말 없는 침묵에 빠져들었다. 아침의 4차 대회 때처럼 사람들은 가두행진에 나서서 "계엄군은 물러가라!" "우리는 최후까지 싸운다!" 등의 구호를 외쳤다. 어두컴컴해진 저녁 도청 앞에 돌아왔을 때 200~300명의 시민들이 남아 있었다. 어떤 사람이 "조국의 민주화를 위해 기꺼이 죽을 수 있는 사람들만 남자!"라고 외쳤다. 많은 사람들이 자리를 떠나지 않았고, 나도 두려웠지만 먼저 간 친구들을 생각하며 자리를 지켰다. 내 또래 고등학생 친구들도 눈에 띄었다.

도청 근처 YMCA에서 조를 나눴다. 군 경력이 없는 미필자와 고등학생은 도청과 YMCA를 사수하기로 결정되었다. 며칠 전 받았던 사격훈련을 다시 받았다. 총 쏘는 것이 신기했지만 곧 쳐들어올 계엄군에게 총을 쏠 수 있을까, 아니 사람을 죽일 수 있을까 하는 생각엔 여전히 확신이 들지 않았다. 훈련을 마치고 잠시 짬이 났을 때 유서 같은 메모를 썼다. "조국의 민주화를 염원해 총을 들었고, 먼저 갑니다. 부모님, 그리고 친구들아, 나를 영원히 기억해주오." 내가 속한 조는 도청에 배치되었다.

**5월 27일(화) 맑음**

죽음을 각오했지만 결국 난 살아남았다. 너무도 부끄럽다. 도청에 있던 형과 누나 들, 친구들을 볼 낯이 없다. 그들은 어떻게 되었을까. 많은 이들이 계엄군의 총탄을 맞고 죽어갔을 텐데, 너무나 슬프다.

27일 새벽, 곧 군이 들어올 것이란 긴장감에도 불구하고 전날 잠을 못자서 그랬는지 깜박 잠이 들었다. 새벽쯤 군이 광주 곳곳에 진입하고 있다는 비상소식에 눈을 떴다. 우리는 새벽 3시경 무기를 받기 위해 도청으로 갔다. 대변인 윤상원 형이 도청 앞에서 우리를 맞았다. 형은 진지한 모습으로 우리를 정렬시키고 앉아, 일어서를 수차례 반복해 지시했다. 긴장감 속에서 총과 실탄을 받았다.[70] 나는 도청 앞 보도에 있는 화분 밑에서 총을 겨눈 채 대기하고 있었다. 인기척이 없는 가운데 어떤 여성 목소리의 방송만이 들려왔다.

"시민 여러분, 지금 계엄군이 쳐들어오고 있습니다. 사랑하는 우리

형제, 우리 자매들이 계엄군의 총칼에 숨져가고 있습니다. 우리 모두 일어나서 계엄군과 끝까지 싸웁시다. 우리는 광주를 사수할 것입니다. 우리를 잊지 말아 주십시오. 우리는 최후까지 싸울 것입니다."

그리고 한 시간쯤 지났을 무렵 상무관 뒤쪽에서부터 천둥소리 같은 총성이 들리기 시작했다. 조명탄이 터지고, 총알이 벽을 스치며 불꽃을 냈다. 내 앞에서, 내 뒤에서 총격이 일어나자 도저히 버틸 수 없을 것 같았다. 옆에 있던 시민군 동료에게 도청으로 피하자고 전했다. 우리는 엉금엉금 도청 안으로 기어들어가 벽에 몸을 기댔다.[71]

총소리는 계속되었고 점차 우리쪽으로 가까워졌다. 도청에서 일어나는 총격과 창문이 깨지는 소리도 들려왔다. 이대로 있으면 정말이지 죽을 것 같아서 피해야 한다는 생각이 들었다. 도청 광장 쪽에는 시민군들이 징발한 차량이 많이 있었는데 그중 한 버스 아래로 숨었다. 총을 내려놓고 숨을 죽인 채 가만히 있었다. 시간이 지나면서 움직이는 군홧발이 보이기 시작했다. 계엄군이 도청을 장악한 것 같았다. 빠져나가야 한다는 생각이 계속 들었다. 동이 트면서 조금 움직임이 뜸해질 무렵, 차 밑에서 고개를 내밀어 조심스레 주변을 살펴봤다. 몇몇 군인들이 저 멀리 뒤를 돌아보고 있는 순간 이때다 싶어 차 밑을 빠져나와 앞에 있는 담을 타고 넘었다. 다행히 담은 낮았고 쉽게 넘을 수 있었다.[72] 골목길을 따라가다 어느 집의 초록 대문이 열려 있는 것을 발견했다. 똑똑 문을 두들기자 할머니 한 분이 두려워하며 문을 열어주었다. 도청에서 도망 나왔다고 사정을 말하자 고맙게도 할머니는 방 하나를 내주셨다. 가쁜 숨은 점차 진정되었지만 총에 맞은 사람들을 생각하니 눈물이 나왔다.

몇 시간이 지나 상황이 안정된 것 같아 할머니에게 감사의 인사를 드리고 골목길을 돌아 돌아 우리 집으로 갔다. 나를 보신 부모님은 무사해서 다행이라며 눈물을 흘리셨다. 부모님의 모습을 다시 뵈니 좋았지만, 도청에 남았던 이들에 대한 부끄러움이 너무 컸다. 오늘 하루 혼자 계속 눈물을 흘렸다.

# 항쟁
## 이후에도
### 오랫동안

27일 이후 휴교했던 학교는 다시 열렸다. 돌아오지 않은 친구들도 있었다. 영진이처럼 영원히 돌아오지 못한 친구들도 몇몇 있었고, 내가 도망치던 날 끝까지 싸우다가 계엄군에 잡혀 상무대에 끌려가 학교를 오지 못한 친구들도 있었다. 잡혀간 친구들은 7월이 돼서야 풀려났다. 도청 안에 있다가 잡힌 친구들도 있었는데, 군인들이 쳐들어오기 전 누군가 "고등학생들은 먼저 총을 버리고 투항해라. 우리야 사살되거나 다행히 살아남아도 잡혀 죽겠지만 여기 있는 고등학생들은 반드시 살아남아야 한다. 산 사람들은 역사의 증인이 되어야 한다. 미래를 위해 항쟁의 마지막을 자폭으로 끝내서는 안 된다. 자, 고등학생들은 먼저 나가라."[73]란 말을 하기도 했지만 차마 나갈 수는 없었다고 했다. 그 얘기를 듣고 친구들과 나는 다시 울었다.

5·18 이후엔 학교 분위기가 살벌해서 독서회가 예전처럼 운영될 수 없었다. 우리의 패배감도 한몫했던 것 같다. 우리 학년 친구들은 졸업 이후 대학에 진학하거나 군대에 가는 등 뿔뿔이 흩어졌다. 다행히 2학년 후배들이 나서서 '끌텅'이란 이름으로 독서회와 5·18 이념을 계승하는 모임을 만들어 활동했다고 한다. 안타깝게도 학교에 발각되어 제적과 징계 처분을 받긴 했지만[74] 여전히 활동을 준비하는 이들이 있었다. 그다음 해에는 후배들이 광주 시내 몇몇 고등학교와 함께 5·18 희생자를 추모하기 위해 검은 리본 달기 운동을 계획했는데, 다른 학교 학생들 간의 입장 차 때문에 결국 대동고에서만 운동이 진행됐다.[75]

1980년 5월, 계엄군은 시민들의 저항을 철저히 진압했지만 고등학생들처럼 5·18의 진실을 알리고 그 정신을 이어가려는 이들은 점차 늘어갔다. 사람들은 전두환과 노태우, 군을 투입한 신군부에 대한 책임을 묻고자 했고, 광주 시민들이 피를 흘려가며 지키려 했던 민주주의를 다시 요구하기 시작했다. 그 흐름은 미약한 형태였지만 점차 거대한 흐름으로 나타났고 마침내 1987년 6월 항쟁으로 폭발하기에 이르렀다.

# 8

| 6월 항쟁 |

## 대통령부터 반장까지 직선제로

서울에서는 선거 직후 300여 명의 고등학생들이 겨울 칼바람을 맞으며 6월 항쟁의 상징이었던 명동성당

에 들어가 노태우 당선에 항의하는 농성을 시작했다. '서울지역고등학생연합회(서고련)'의 학생들이었다.

서고련은 교육민주화 선언 1주년 기념행사 및 6월 항쟁에서 만나 모인 학생들이 함께 만든 조직이었다.

# 독재타도
# 호헌철폐
# 민주주의

1987년 6월 10일. 서울 시내에는 긴장감이 감돌았다. 헬멧과 방패로 중무장한 경찰들이 곳곳에서 길가는 사람들을 주시했다. 이미 서울 남대문에서는 대학생과 상인들이 소리 높여 구호를 외치고 있었다.

"독재타도! 호헌철폐!"

주변에 있던 많은 시민들은 시위대를 향해 박수를 치고, 매캐한 최루탄을 쏘며 시위를 진압하려는 경찰들에게 야유를 퍼부었다. 저녁 6시, 드디어 약속된 시간. "빵빵! 빵빵!" 서울 시내 거리에 있던 버스와 승용차들이 일제히 경적을 울

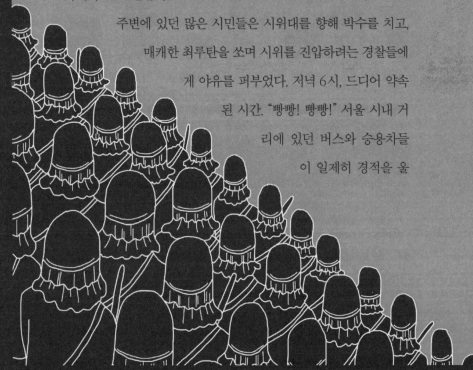

리기 시작했다. 인도
에 있던 사람들은 태극
기를 들고 박수를 보내는가 하
면 함께 애국가를 합창하기도 했다. 수
많은 사람들이 "독재타도 호헌철폐!"를 외치자
경찰들은 당황한 모습이었다. '민주헌법쟁취 국민운동
본부'가 '박종철 군 고문살인 은폐규탄 및 호헌철폐 국민대회'
를 연 6월 10일 저녁, 서울 도심은 사람들의 구호 소리와 최루탄 냄새
로 가득 채워졌다. 대통령 직선제와 민주주의를 쟁취한 1987년 6월 항
쟁의 시작이었다.

　　6월 내내 이어진 민주화 시위의 행렬 속에는 고등학생들도 있었다.
이들은 최루탄과 경찰 앞에서도 당당하게 자리를 지키며 "독재타도"를
외쳤다. 민주주의를 바라며 행동하는 데 있어 나이는 아무 상관이 없었
다. 6월의 햇살이 따갑지 않았을 리 없고 경찰의 폭력과 최루탄이 두렵

지 않은 것도 아니었을 테지만, 수십만 명의 사람들이 한뜻으로 민주주의를 요구하는 시위는 '마침내 우리나라도 민주주의를 이룰 수 있겠구나.' 하는 희망을 주었다. 사람들은 함께 거리와 광장을 걸으며 '이것이 바로 시민이 주인이 되는 민주주의의 실현'이라는 해방감을 느끼기도 했다. 학교의 일상 속에서 억압당하고 있던 청소년들은 6월, 거리에서 펼쳐진 민주주의의 현장에 더욱 설레는 마음으로 함께했을 것이다.

청소년들 중에는 혼자 시위에 참여한 이들도 있었고, 학교에서 친구들과 함께 여럿이 참여한 이들도 있었다. 6월 10일에는 남대문에서 시위하던 석관고 학생 두 명이 경찰에 연행됐고, 6월 26일에는 20명이 넘는 석관고 학생들이 시위에 참여했다. 또한 명동성당에서 학생과 노동자들이 시위 도중에 농성을 시작하자 근처 계성여고 학생들이 집에서 싸온 도시락을 시위대에 주거나 필요한 물품들을 전달하는 활동을 도맡았으며, 몇몇 고등학생들은 명동성당 농성에 함께했다.

다른 지역에서도 시위에 집단적으로 참여하는 고등학생들이 많았다. 부산 지역의 고교생들은 6월 20일에 200~300여 명씩 모여 시내 시위에 참여했고, 26일 안동에서는 교육청의 감시에도 200여 명의 학생들이 교사와 함께 시위를 했다. 특히 순천의 경우에는 시위대의 80%가 고등학생이었다는 얘기가 있을 정도로 많은 학생들이 거리로 나왔다. 광주에서는 21일, 350여 명의 고등학생이 '민민투'란 조직 이름으로 시위에 참여했다. 이들은 '비폭력 시위'를 비판하고 더 강력하게 싸울 것을 주장하는 등 오히려 어른들보다 더 적극적인 모습을 보이기도 했다.

또한 청소년들은 집회 현장에서 자연스레 사회문제에 관심을 가지고 행동에 나선 다른 청소년들과 반가운 만남을 가질 수 있었다. 서울 서초고 2학년생이었던 전운혁 등의 학생들은 6월 집회에서 만나 뜻을 모았고, 이는 '서울지역고등학생연합(서고련)'이라는 모임의 창설로 이어졌다. 서고련은 6개월 뒤인 1987년 12월에 명동성당에서 농성을 벌이며 '고등학생운동'을 세상에 알리는 계기를 제공했다.[76]

# 권인숙
# 박종철
# 그리고 이한열

유신헌법과 긴급조치로 독재의 절정에 이르렀던 박정희의 사망 이후, 군 안에서 일찍이 하나회라는 사조직을 만들어 운영해왔던 전두환과 노태우 등 신군부세력들은 1979년 12·12 군사반란을 일으켜 군의 권력을 장악했다. 그리고 이듬해인 1980년 5월 17일, 신군부세력은 비상계엄령을 전국에 선포하며 야당 정치인들과 학생 및 재야인사를 체포하고, 또 이에 저항하는 광주 시민들을 총으로 처절하게 진압하며 권력을 장악했다. 이후 신군부의 우두머리였던 전두환은 대통령 자리에 올랐다.

그 탄생부터 정당성과 거리가 멀었던 전두환 정권은 자신들의 권력을 유지하기 위해 공권력을 불법적·폭력적으로 악용했다. 이를 대표적으로 보여준 일이 부천서 성고문 사건과 박종철의 고문치사 사건이다. 1986년, 노동운동을 위해 부천에 있는 한 공장에 취업한 서울대 학생

권인숙은 주민등록 위조 혐의로 부천경찰서에 체포되었다. 경찰 문귀동은 이틀간 권인숙을 조사하며 성(性)적인 고문을 자행했는데, 이후 권인숙은 다시는 이런 끔찍한 일이 벌어지지 않길 바라며 조영래 등 인권변호사와 함께 문귀동을 고소했다. 그러나 정권은 사건을 은폐하기 위해 권인숙을 공문서 변조 혐의로 구속했고, 정권으로부터 보도지침을 받은 언론은 '성까지 정치적으로 이용하고 있다'며 권인숙을 매도했다. 문귀동은 전두환 정권의 비호 아래 기소되지 않다가 6월 항쟁 이후 이루어진 재수사 결과 징역 5년을 선고받았다.

성고문 사건 다음 해인 1987년 1월, 경찰은 서울대 학생 박종철을 남영동 대공분실로 끌어갔다. 민주화운동을 하던 박종철의 선배가 어디 있는지 알아내기 위해 불법적으로 체포했던 것이다. 경찰은 박종철에게 답을 듣기 위해 폭행과 전기고문, 물고문을 가했고 그 결과 박종철은 끝내 목숨을 잃고 말았다. 당시 정부는 고문 사실을 부인하며 책상을 '탁 치니 억 하고 죽더라.'라는 식의 발표로 사건을 은폐하려 했다. 그러나 박종철의 시신을 부검한 의사의 증언 등으로 의혹이 제기되자 물고문 사실을 인정했고, 이후 추가적인 폭로로 정권 전체가 사건을 은폐하려 들었다는 사실이 드러났다. 이 두 사건은 사람들의 분노를 끌어내며 6월 항쟁이 일어나게 하는 계기가 되었다.

이러한 전두환 정권의 만행은 시민들로 하여금 '반드시 군부독재를 끝내고 민주주의를 통해 정부를 통제해야만 한다'는 생각을 갖게 만들었다. 그리고 사람들은 국민들이 직접 대통령을 뽑는 것에서 민주주의가 시작된다고 생각했다. 지금은 온 국민이 직접선거를 통해 대통령을 선출하지만 당시에는 5,000명 정도의 대통령 선거인단만이 투표에 참여하는 간접선거로 대통령을 뽑았다. 그러나 이 선거인단은 선발되는 과정에서부터 전두환의 민주정의당 측 사람들이 더 많이 출마하는 등 불공정하게 꾸려졌다. 때문에 사람들은 대통령을 국민들이 직접 선출하게 해야, 다시 말해 대통령과 정권이 국민들의 힘으로 바뀔 가능성이 열려 있어야 전두환 정권과 같은 불의한 세력이 정권을 잡지 못할 것이라고 생각했다.

마침내 사람들은 고문 추방 등의 요구와 함께 대통령 직선제 실현 등의 헌법개정을 요구하고 나섰다. 하지만 1987년 4월 13일, 전두환은 오히려 자신의 대통령 재임 중에 헌법을 바꾸는 것을 거부하겠다며 개헌논의 중지선언을 발표해버렸다. 기존의 헌법을 그대로 유지하겠다는 '호헌(護憲)' 발표에 사람들은 분노했고, 종교계와 사회운동단체들은 '민주헌법쟁취 국민운동본부(국민운동본부)'를 꾸려 6월 10일 박종철 고문치사 사건을 규탄하고 호헌 철회를 요구하는 국민대회를 열기로 했다. 국민대회 전날인 9일, 연세대 학생 이한열이 최루탄에 머리를 맞아 혼수상태에 빠졌다는 사실이 알려지자 더욱 더 많은 사람들이 이를 안타까워하며 거리로 나오는 것을 마다하지 않았다. 집회는 확산되어 서울은 물론 부산, 광주 등 대도시와 마산, 군산 지역 곳곳에서 동시다발적으로 열렸고 학생과 노동자, 상인 등 수많은 사람들이 집회에 참여했다. 경찰이 집회·시위의 자유를 탄압하는 데 사용했던 대표적 무기이자 과거 4·19 당시 김주열과 1987년 이한열을 죽음으로 몰아넣은 최루탄을 추방하자는 목소리도 높아졌다. '최루탄 추방의 날'로 선포된 6

월 18일에는 16개 도시, 247곳에서 150만여 명의 사람들이 시위에 참가했다.

# 민주주의를
## 향한
## 불 피우기

6월 항쟁에서 청소년들이 거리로 쏟아져 나온 것은 학생들 역시 독재로 얼룩진 아픈 시대의 현실을 알고, 또 민주주의에 대한 염원을 갖고 있었기에 가능한 일이었다. 특히 당시 학생들이 겪었던 학교에서의 삶은 그들로 하여금 민주주의에 대해 더욱더 고민할 수밖에 없게 만들었다. 학교의 분위기는 사회의 상황과 무관할 수 없었다. 이승만과 박정희 독재 시절을 거쳐 전두환 정권에서도 자유가 사라진 학교의 억압적인 분위기는 학생들을 옭아맸다. 학생들은 이전과 마찬가지로 전두환 독재정권이 계속 유지될 수 있도록 '충성스런 국민'으로 자라날 것을 요구받았다. 결과적으로 교육은 자유와 민주주의를 가르치는 대신 전두환과 그 독재를 찬양하고 권력에 묵묵히 순종해야 한다는 내용으로 채워졌다.

전두환 정권은 자신들이 박정희의 유신정권과는 다르다는 것을 보여주고 사람들의 저항을 누그러뜨리기 위해 1982년부터 두발과 교복을 자율화했고, 1985년에는 군사조직이었던 학도호국단을 폐지하는 조치도 취했다. 덕분에 학생들은 유신정권 때에 비해 다소 숨통이 트였지만, 그럼에도 학교가 자유롭고 학생들의 인권을 존중하는 곳으로 바뀐 것은 아니었다. 교복만 없어졌을 뿐 용의복장 단속과 교문 지도 등 학생들을 통제하고 감시하는 조치들은 물론 체벌 등의 폭력이 여전히 계속되었고, 강제로 보충수업과 야간학습에 참여시키는 문제도 늘어났기 때문이다.

또한 학도호국단 대신 학생회가 만들어졌지만, 학생회장을 모든 학생이 아닌 각 학급 반장들이 선출하거나 심한 경우 교장이 지목하는 등 학생회는 학생들이 직접 참여하는 기구로 기능하지 못했다. 학생회 임원 조건에는 성적 제한이 있어서 학생들 누구나 출마를 할 수도 없었고, 대개는 학교나 교사들의 의견을 고분고분 따르는 모범생들만 임원이 될 수 있었다.

이런 억압적인 교육 아래 자유를 박탈당한 학생들은 민주주의를 향한 열망을 갖고 있었다. 6월 항쟁이 일어나기 전부터 많은 학생들은 자기 학교의 억압적인 현실부터 바꾸기 위해 노력했다. 6월 항쟁이 있기 3개월 전인 1987년 3월 16일, 진주에 있는 대아고등학교의 분위기는 심상치 않았다. 학생들이 다음과 같은 요구사항을 걸고 행동에 나섰기 때문이다.

### 진주 대아고 학생들의 요구사항[77]

❶ 부당징수 전액을 환불하라.

❷ 교장, 이사장, 서무과장은 즉시 퇴진하라.

❸ 선생님들을 과다한 수업에서 해방시켜라.

❹ 자주성, 창조성, 민주성을 기르는 인간교육을 원한다.

❺ 직선제로 학생회를 되찾자.

❻ 횡령한 학생회비 전액을 내놓아라.

❼ 매점 운영을 학생회로 돌려라.


대아고 학생들은 무려 이틀간 학교에서 시위 농성을 벌였고, 특히 '보충수업비 환불대책위원회'와 '대아고등학교 직선제 추진위원회' 등의 기구를 만들면서 조직적인 움직임을 보였다. 이는 고등학생들도 체계적이고 조직적인 활동을 계획 및 실천할 수 있음을 보여준 사례였다. 대아고 학생들은 학교운영상의 부정과 비리에 대한 문제를 제기했을 뿐 아니라 자신들의 대표를 직접 선출할 수 있는 학생회의 자치성 보장, 민주주의가 보장되는 새로운 교육의 실현을 간절히 외쳤다.[78]

이런 대아고 학생들의 저항은 갑자기 돌발적으로 발생한 사건이 아니었다. 학생들의 움직임은 이전부터 비록 미약하나마 꾸준히 존재했다. 그 이전 해인 1986년 5월부터 원주고 등 강원도 원주 지역의 몇몇 고등학교 학생들은 정규수업 이후 강요되었던 보충·자율학습을 집단적으로 거부하고 학교를 뛰쳐나왔다. 또 7월 서울에서는 중대부고 학생들이 자율학습 폐지와 두발자유, 보충수업에 희망자만 참여하도록 할 것을 요구하며 운동장에서 연좌농성을 벌이기도 했다. 그러므로 이틀에 걸친 대아고 학생들의 농성은 이전부터 나타나고 있었던 학생들의 움직임이 더 조직적이고 폭발적으로 터져 나온 사건이라 할 수 있다.

한편, 교사들도 민주주의를 향한 학교 안의 움직임에 함께했다. 독재

★ 전두환 정권은 자신들이 박정희의 유신정권과는 다르다는 것을 보여주고 사람들의 저항을 누그러뜨리기 위해 1982년부터 두발과 교복을 자율화했다.

정권하에서 교사들은 학생들을 통제하는 관리자의 역할을 요구받았는데, 그중에는 교육의 가치를 고민하고 민주주의와 자유를 생각하며 교육현실을 비판적으로 바라봤던 이들이 있었다. 그런 교사들은 1986년, "학생들과 함께 진실을 추구해야 하는 우리 교사들은 오늘의 참담한 교육현실을 지켜보며 가슴 뜯었다."라는 문구로 시작하는 '교육민주화 선언'을 발표했다. 이런 움직임은 학생들에게도 큰 자극이 되어, 선언을 주도한 교사들을 정부가 징계하려 하자 해당 교사들이 재직 중인 여러 학교의 학생들은 이에 반대하며 연좌 농성을 벌였다.

# 어용 학생회는
## 인정하지
않는다

6월 10일부터 20여 일간 전국적으로 500만이 넘는 사람들이 참가한 6월 항쟁은 마침내 6월 29일, 전두환 정권으로 하여금 대통령 직선제로 개헌할 것을 약속하는 6·29선언을 발표하게 만들었다. 이를 계기로 민주주의에 대한 사람들의 열망은 다시 사회 전반으로 확산되기 시작했다.

7월부터는 전국적으로 노동조합을 결성하고 턱없이 낮은 임금의 인상 등 기본적 권리들을 요구하는 노동자들의 투쟁이 일어났다. 이와 더불어 MBC를 비롯한 여러 방송사에서도 기자와 PD들이 방송민주화추진위원회를 만들어 정권 홍보성 프로그램의 제작 거부를 선언하는 움직임이 나타났다. 민주주의를 꿈꿔온 청소년들 역시 마침내 열린 민주주의의 분위기를 놓칠 수 없었다. 이미 6월 항쟁 이전부터 그랬듯이 청소년들은 학교에서 겪는 반민주적이고 억압적인 현실에 저항하고 있었고, 부조리한 교육의 현실을 바꾸고자 했다.

1987년 8월, 2학기가 시작되기 하루 전날인 31일, 서울 석관고등학교에는 '민주석관학우 여러분'이라는 제목의 대자보(벽보)가 붙었다. 대자보는 '학생 스스로가 왜소해 보이게 하는 현 교육 풍토에서 학우들의 권리는 침해받고 고통 받아왔음'을 지적하며, '우리(학생들 자신은)는 결코 나약한 존재가 아닌 그 어느 때보다도 실천력과 용기가 풍부한 세 박정희의 암살 이후 쿠데타를 통해 권력을 장악한 신군부의 힘과 체육관에서 열린 통일주체국민회의 선거로 대통령에 당선된 전두환. 이들은 민주주의를 염원한 사람들의 희망을 묵살하고 간선제로 뽑는 대통령의 임기를 7년으로 늘리되 단임제, 즉 한 번만 대통령직을 수행할 수 있다는 내용으로 헌법을 개정했다. 그러나 대통령 직선제와 그에 따른 헌법 개정 및 민주화를 바라는 여론은 수그러들지 않았고, 이는 6월 항쟁이란 거대한 물결로 나타났다. 결국 6월 29일, 당시 집권여당이었던 민주정의당의 대통령 후보 노태우는 대통령 직선제와 정당의 활동 보장, 언론 자유와 대학 자율화 보장 등을 약속하는 선언을 발표했다. 이로써 1987년 6월 항쟁 이후 행정부의 대표인 대통령을 국민의 손으로 뽑는 대통령 직선제가 정립됨과 동시에 사회 각계에서 독재의 흔적을 지우고 민주주의와 인권을 확립하기 위한 노력들이 분출하기 시작했다.

그러나 한계도 있었다. 6월 항쟁을 통해 얻은 것은 대통령 직선제를 포

★ 시청에서 열린 이한열 열사 장례식. 엄청난 인파가 모였다.

함해 결국 어떻게 정치적 대표자를 뽑을지에 대한 '절차적' 민주주의뿐이었다는 것이다. 다시 말해 일반 사람들이 삶의 현장에서 실제로 참여하고 또 권리를 행사할 수 있는 민주주의의 실질적 실현에 대한 고민은 풍부하게 이루어지지 못한 것이다. 특히 경제 및 사회 분야에서의 민주주의 실현은 미완의 과제로 남겨지게 되었다.

또한 헌법 개정 후 있었던 첫 대통령 선거에서 야당 지도자인 김영삼과 김대중이 분열함에 따라 쿠데타에 전두환과 함께 가담했던 노태우가 민주화 이후 첫 대통령이 되었다. 이로 인해 본격적으로 독재정권의 잘못을 밝히고 그 관련자들을 처벌하며 피해자들에게 보상·배상을 진행하는 독재 청산 작업은 뒤로 미뤄지고 말았다.

대'임을 자부하고, '잘못된 교육을 받았고 현재도 그러하다고 생각될 때 과감히 그것을 박차고 일어날 것'을 촉구했다.

## 행동결의

❶ 어용 학생회는 인정하지 않는다.

❷ H.R 시간에 학교 측에서 정한 주제는 거부하고 각 반의 자율적인 주제로 토론한다.

❸ C.A 시간을 이용한 C.A 활동 이외의 행사나 활동을 거부한다.

❹ 학생들의 의사와 관계없는 학교 측의 일방적인 금전 수취에 협조하지 않는다.

❺ 이번 2학기에는 우리의 의견을 충분히 수렴하고 실천할 수 있는 역량 있는 정·부반장을 선출한다.

❻ 2학기 두 번째 H.R 시간에 '교내 민주화'란 주제하에 학우들의 의견을 모은다.

❼ 학교 내 학생들의 자율권을 억압한 학생부를 규탄한다.

❽ 이후로 범국민적인 민주화 투쟁이 있을 경우 우리 학우들은 자발적으로 적극 참여한다.

**실천강령**

하나, 이번 주 H.R 시간(1987. 9. 1. 화)에 교가를 합창하고

둘, 오늘 애국조회 중 교가를 부르고 난 뒤 삼 분간 박수를 모으는 행동을 함으로써 위와 같은 결의가 학생 전체의 의견임을 학교 측에 밝힌다.

석관 학내민주화연합

학생들은 학내 민주화를 요구했고, 이를 실현할 수단으로 학생회를 주목했다. 앞서도 언급했듯이 학생회는 여러 장벽과 제약 속에서 학교와 교사의 뜻에 따를 학생들로 구성되는 문제점이 있었다. 즉, 학생들의 자치조직이라는 애초 목적과 달리 학생들의 의견을 반영할 수 없었던 것이다. 그러나 6월 항쟁에 참여하면서 민주주의를 향한 변화의 가능성을 깨닫고 아직도 비민주적이었던 학교 현실에 문제의식을 가지게 된 석관고 학생들은 '석관학내민주화연합'이란 소모임을 꾸리고, 학생회를 민주화할 방안을 모색하며 행동을 준비했다. 그들은 방학이 시

작되기 전이었던 7월 13일, 학생회 직선제를 요구하는 대자보를 붙였지만 학교 측은 학생들의 요구를 무시하며 대자보를 떼어내버렸다. 그럼에도 학생들은 이에 굴하지 않고 모임을 더욱더 확대하며 준비를 해나갔다.

그러던 중 여름방학에 학교의 반강제적인 수재의연금(수재를 입은 사람들을 돕기 위해 모으는 성금) 모금에 항의하던 학생이 교사에게 구타를 당하는 일이 일어났다. 이에 석관고 학생들은 앞서와 같은 실천강령을 담은 대자보를 붙이며 학생들의 행동을 촉구했다. 이에 호응한 많은 학생들은 H.R 시간에 애국가를 부르고 민주화를 주제로 토론을 진행하며, 독재정권에 대한 비판 의견을 개진하기도 했다. 마침내 9월 8일, 교사들은 학생회 직선제의 연내 실시를 약속하게 된다. 석관고 학생들은 학생 모두가 참여해 의사를 결정하는 학생총회 조항을 포함한 학생회칙 개정을 이루어냈고, 마침내 10월 30일에 첫 직선제 학생회장을 선출했다. 석관고 학생들의 승리는 근처의 중학교까지 확산되어 석관중 학생들이 '민주돌곶이회'를 만들어 직선제를 쟁취하려는 활동을 펼치기도 했다.

학생회 직선제 운동은 일부 지역이나 학교만의 일이 아니라 많은 지역에서 상당수의 고등학생이 참여한 하나의 흐름이자 역사였다. 구로고 등 서울에서만 40여 개가 넘는 학교들을 포함해 광주 대동고, 충남 신풍중·고 등 전국적으로 여러 학교들에서 학생회 직선제를 요구하는 행동이 나타났다.

또 비리와 권위적 운영으로 문제가 된 사립학교에서도 학생들의 민주화 요구가 급격히 증가하기 시작했다. 대표적인 사례로 7월 1일 파주여자종합고등학교 학생 1,800여 명은 수업을 거부하고 학교와 재단 비리 시정과 학교장 퇴진, 학내민주화를 요구했다. 전투경찰의 저지와 폭력을 뚫고 문교부 앞에서 철야연좌농성을 진행한 학생들은 결국 50여 일간의 투쟁 끝에 교장과 이사장 퇴진, 여섯 명의 폭력 및 비리 교사 축출, 교사 열 명 증원, 학생회 직선제 구성 등의 결실을 얻어냈다. 학생들의 이러한 투쟁은 신풍중·고, 명신고, 세지고, 유성전자공업학교 등으로 확산되어갔다.

## 노태우를 당선시킨
## 기성세대는
## 각성하라

학생들은 학교의 민주화와 사회의 민주화 두 가지 모두에 관심을 가지고, 이를 쟁취하기 위해 적극적인 행동을 펼쳤다. 비록 선거권은 없었지만 정치적 현안에 대해서도 목소리를 내고 행동하는 것을 주저하지 않은 것이다.

　6월 항쟁의 결과 그해 12월 16일에는 대통령 직선제가 실시되었지만, 야당 정치인인 김영삼과 김대중의 분열로 인해 새 대통령에는 전두환과 함께 쿠데타를 일으켰던 노태우가 당선되었다. 민주화를 열망했던 사람들에게 있어 이 결과는 그야말로 충격이었다. 그러나 곳곳에서 대통령 선거 전반에 대한 의혹이 나타났다. 노태우 후보 측에서 자기에

게 유리한 분위기를 만들기 위해 추진한 언론조작 계획서가 폭로되는
가 하면, 투표 과정에서 릴레이 투표(노태우에게 표시된 표를 미리줘서 내도
록 한 것), 투표함 바꿔치기 등의 부정을 저질렀음이 드러난 것이다. 사
람들은 곧장 규탄에 나섰다. 부정투표의 증거가 되는 투표함을 몰래 빼
돌리려 했던 사건이 발생한 구로구청에서는 시민과 학생들이 구청을
점거하며 항의농성을 벌이기도 했다.

쿠데타의 주역이자 광주학살의 공범이었던 노태우의 당선과 부정선
거 의혹. 청소년들은 이에 분노하며 일어났다. 노태우의 대통령 당선
다음 날 여수에서는 모든 고등학생이 부정선거를 규탄하며 수업을 거
부했고, 18일 목포에서는 고등학생들이 '애국고등학생연합'을 만들고
2,000여 명이 시내 중심가에서 시위를 벌였다. 시위는 광주와 순천에
서도 진행되었다. 고교생들의 시위가 확대되자 광주에서는 19일부터
조기방학에 돌입하기도 했다.

서울에서는 선거 직후 300여 명의 고등학생들이 겨울 칼바람을 맞
으며 6월 항쟁의 상징이었던 명동성당에 들어가 노태우 당선에 항의하
는 농성을 시작했다. '서울지역고등학생연합회(서고련)'의 학생들이었
다. 서고련은 교육민주화 선언 1주년 기념행사 및 6월 항쟁에서 만나
모인 학생들이 함께 만든 조직이었다. 학교와 사회의 민주화를 위해 지
속적이며 적극적인 활동에 뜻을 모았던 고등학생들은 서울 지역 여러
학교의 저항적인 움직임에 대한 정보를 공유하고 힘을 모으면서 대통
령 선거에 대해서도 촉각을 세웠다. 이들은 13대 대통령선거에서 부정
행위가 벌어지거나 노태우 후보가 당선될 가능성을 고려하며 미리 농

성을 준비했고, 선거 당일에 적극적으로 행동을 펼쳤다. 서고련 학생들은 노태우를 당선시킨 기성세대를 비판하면서 군부독재에 맞서 의연하게 싸우고 학교에서 민주주의를 쟁취하겠다고 밝혔다. 또래 학생들에게도 함께 민주주의의 횃불을 밝히자며 동참을 호소했다. 그러나 서고련의 기대와 달리 그들과 함께할 시민들의 대규모 행동은 나타나지 않았다. 고등학생들은 물론 몇몇 시민들의 저항이 나타났지만 6월 항쟁만큼 많은 사람들이 참여한 움직임은 만들어지지 않았다. 서고련 학생들은 쓸쓸히 12월 24일 크리스마스 이브에 침묵시위와 촛불시위를 한 뒤 해산했다.

비록 노태우의 당선을 막지 못하고 흩어졌으나 희망을 잃지 않은 그들은 못 다한 민주주의를 쟁취하기 위해 자신들의 학교로 돌아가 소모임을 꾸리고 여러 청소년 단체들에서 활동했다. 서고련 학생들의 활동은 '고등학생운동'이란 조직적이고 사회적인 움직임을 최초로 만들어 냈다. 이는 1989년, 전국교직원노동조합(전교조)이 만들어지고 정부가 이를 이유로 교사들을 대규모로 해직시켰을 당시 그에 맞서 전교조를 지지하고 교육의 변화를 외치며 청소년들이 거대한 투쟁에 나설 수 있게 한 씨앗이 되었다.

이전 시기부터 민주주의를 염원하는 움직임에 언제나 함께해왔던 청소년은 6월 항쟁에서도 거리로 나가기를 마다하지 않았다. 때로는 친구들과 함께 시위대의 선두에 서서 민주주의를 요구하는 목소리를 외쳤다. 1987년 6월 항쟁은 현재 한국의 정치적 민주화를 이룬 사건으로 평가받고, 이 때문에 지금의 민주주의 시스템을 '87년 체제'라고 부르기도 한다. 우리는 현재와 같은 민주주의 체제를 만드는 일에 청소년들도 그 시대의 시민으로서 함께했음을 기억해야 한다.

또한 청소년들은 자신들의 공간에서도 민주주의의 실현을 위해 민주적이고 직접적인 대표 선출, 학생들의 의견을 반영한 학교운영 요구 등 적극적인 행동을 펼쳤다. 또한 자신들을 억압하는 비민주적인 학교와 두려워하지 않고 맞서면서 청소년들에게도 스스로 결정할 수 있는 권리와 능력이 있음을 당당히 선언했다. 무엇보다 청소년들은 민주주의라는 목표를 위해 때론 기성세대를 비판하며 그들보다 더욱 적극적으로 앞장서기도 했다. 이러한 움직임은 이후 입시경쟁 위주의 교육에 반대하고 인간화 교육을 요구하는 목소리와 행동으로 발전했다.

# 9

| 참교육운동과 전교조 |

교사들과 함께 싸우다

우리는 단순히 교원노조 지지에서 끝나는 것이 아닌 교육의 주체인 학생으로서 당연히 주장해야 할 권리

인 참교육과 민주교육을 목청껏 부르짖으며 학내의 비민주적 요소들을 척결하고 학내 민주화를 쟁취하려

는 발전적인 싸움으로 한 차원 높은 싸움을 온몸으로 전개해야 될 것이다.

# 저는 지금 막 교실을 뛰쳐나왔습니다

막상 이곳을 떠난다고 생각하니 이제는 마음이 가볍습니다. 이러한 극단적인 생각을 가지고 이곳을 떠나버린 친구들을 그 당시엔 경멸했습니다. 그러나 지금은 그들을 조금이나마 이해할 수 있습니다.

어른들은 그들이 왜 그렇게 해야만 했는지 생각해보셨습니까? 어른들은 남들도 다 겪어온 길인데 왜 너희들만 그러냐고 늘 그들을 경멸할 뿐, 이해하려 하지 않았습니다. 무엇이 그들을 그렇게 만들었는지, 근본적인 원인을 생각해보지 않고 그렇게 죽어간 학생들만 욕했습니다. (중략)

이러한 생활을 잘 견뎌내고 있는 현 입시생 여러분이 존경스러울 뿐입니다. 처음에는 저도 상당히 긍정적인 면에서 하루를 생활해왔습니다. 하지만 한 번 또 한 번 시험을 치러나가면서 저는 너무도 자신감을 상실해버렸고, 그때마다 말씀 없으신 아버님의 압박감과 주위 여러분들의 억누름이 제가 저 자신을 지탱하는 시간을 단축해버렸습니다. 명문대학이 왜 그렇게 내 가슴을 짓눌렀는지, 왜 나는 아버님께 제 점수에 맞추어 평범한 대학에 간다고 단호히 말씀드리지 못했는지 나 자신이 밉고 한스러울 따름입

니다. 차마 저는 아버님께 그렇게 말씀드릴 수가 없었습니다. 결코 전 실망시켜 드릴 수가 없었습니다. 그렇다고 이 길이 최선이냐고 묻는다면, 저에겐 선택의 여지가 없었다고, 이 길만이 나에게 쌓여 있는 모든 고통을 잊고 마는 최선의 방법이었다고 말할 수밖에. (중략)

저는 지금 막 교실을 뛰쳐나왔습니다. 선생님의 목소리가 지옥에서 부르는 소리 같았습니다. 그러나 친구들은 묵묵히 그 소리에 귀를 기울이고 있었습니다. 답답했습니다. 이 친구들은 감정도 없는 사람 같고 다·똑같아 보입니다. 전혀 개성이 없어 보입니다. 이 친구들을 이렇게 만들어버린 어른들이 밉습니다.

제게는 아끼는 친구가 있었습니다. 이모가 떠나버린 후 제가 가장 좋아하는 친구였습니다. 그러나 지금은 전혀 그렇지 못합니다. 서로 매일 마주치지만 오가는 대화가 없었습니다. 무엇이 우리를 이렇게 만들어버렸을까요? 이제는 모든 것이 다 끝났습니다.

반 학우들아, 너희들은 죽더라도 대학에 가서 죽어라. 나는 단지 죽음을 너희보다 빨리 불렀을 뿐이다. 잘 있거라.[79]


무더웠던 여름이 지나고 단풍이 울긋불긋 물들기 시작한 1989년 10월 13일, 서울 면목고등학교 3학년 김효준은 수업시간에 문을 박차고 교실을 나왔다. 교사가 그의 이름을 불렀지만 그는 그대로 학교를 나와 잠실대교로 향했다. 높은 다리에서 차디찬 한강으로 자신의 몸을 던지기 전에 그는 세상에 위와 같은 질문을 던졌다.

'명문'으로 일컬어지는 대학이나 외국어고등학교, 자율형 사립고등학교 혹은 국제중학교 입학을 위해 치열하게 벌어지는 입시경쟁, 그리고 그로 인한 부담 때문에 일어나는 청소년들의 자살은 현재 우리 사회의 중요한 문제로 이야기되곤 한다. 하지만 사실 이는 수십 년 전부터 계속되어온, 오랫동안 풀지 못한 숙제였다. 1980년대에도 마찬가지였다. 심각한 문제로 대두된 입시경쟁을 해소하기 위해 당시 쿠데타로 권력을 장악한 전두환 정권은 '교육정상화 및 과열과외 해소방안'이란 대책을 내놓았다. 대학 자체에서 입학시험 문제를 출제하는 본고사를 금지하고, 대학입시에 내신성적을 반영하며, 당시 문제가 된 과외를 금지하는 등의 정책을 추진하겠다는 것이었다.

하지만 지금도 그렇듯, 무거운 입시경쟁의 부담을 해소하겠다며 정부가 발표하는 새롭고도 다양한 정책들이 실제 학생들의 부담을 제대로 해결하지 못하는 것은 그때도 마찬가지였다. 전두환 정부가 내놓은 정책들은 교육을 정상화하지도, 학생들의 비참한 삶을 개선하지도 못했다. 문제 해결을 위해서는 서울의 명문대부터 지방 전문대까지 줄 세우는 대학의 서열화 구조, 나아가 대학 졸업 여부 및 직업에 따라 노동소득이 달라지는 사회 구조가 바뀌어야 했지만 정부의 대책은 이와 관련된 어떤 조치도 없이 단지 경쟁의 룰을 바꾸는 데 그쳤다. 때문에 입시경쟁 문제가 해소되기는커녕 다른 방식으로, 때로는 오히려 더 심해진 채로 계속되었던 것이다.

게다가 내신성적을 반영하겠다는 정책은 학생들에게 친구들과의 경쟁을 더욱더 요구하게 되었고, 과외를 금지하고 학교 보충수업과 자율학습을 전면 허용한 조치는 학생들을 온종일 좁디좁은 교실로 몰아넣는 결과를 낳았다. 1980년대 대구 경신고등학교가 '학력경신'을 내걸고 처음 시작한 '야간자율학습'은 전국의 고등학교들로 퍼져나갔고 강제적인 보충수업과 야간자율학습 실시는 학교의 일반적인 모습이 되어버렸다.

매일 꼭두새벽, 지금의 0교시처럼 자율학습을 위해 해가 뜨기 전 지지 않은 별을 보며 등교를 하고, 야간자율학습까지 하다가 밤 12시가 넘어 다시 떠오른 별을 보며 하교하는 일상의 반복. 새벽이 되어서야 학교를 떠나는 학생들이 했던 "집에 다녀오겠습니다."라는 하교 인사는 당시 학생들에게 가해지고 있는 과중한 학업부담의 현실을 드러내는 증거였다.[80] 게다가 좁은 상자에 콩나물을 키우듯 한 학급에 40명이 훌쩍 넘는 학생들이 수업을 들어야 해서 '콩나물 교실'이라 불렸던 열악한 교육현실, 그리고 꽉 채워진 교실에서 학생들을 통제하기 위해 자연스레 취해진 억압적인 학교 문화는 학생들에게 이중, 삼중의 고통을 안겨주었다.

노동이다 노동
아니 징역 3년을 받은 죄수에게
던져진 가혹한 형벌이다 (중략)
죄수번호 21060, 소속 ○○여자수용소
손이 부르트도록 머리가 깨지도록 돌을 캔다 (중략)
돌 캐러 간다
오늘도 돌 캐러 간다

얼마나 많이 캐어야

얼마나 많이 복종해야

얼마나 많이 참고 울어야

대학을 캐낼 수 있을까

아니, 이 수용소를 탈출할 수 있을까 (후략)[81]


어느 학생의 이 시처럼, 학생들에게 학교는 감옥이었고 교육은 강제
노동과 다를 바 없었다. 학생들의 목을 옭아맨 교육현실은 여러 학생들
이 자신의 목숨을 끊는 비참한 결과를 낳았다.

청소년 사망 원인의 1위가 자살이고, 또 학생들이 사흘에 한 명 꼴로
자살하는 지금의 상황과 마찬가지로, [표 4]에서 볼 수 있듯 당시에도
평균 2~3일에 한 명씩, 1년에 100여 명 이상의 학생들이 자살을 선택
했다. 자살문제를 쉬쉬하는 분위기에 따라 보고가 누락되는 일도 잦았
으므로 이 통계에 집계되지 않은 실제 자살학생의 수는 더 많을 것이
다. 비참한 교육현실은 이렇게 많은 학생들이 자살을 선택하는 이유 중
하나였다. 특히 자살한 학생들이 남긴 유서들은 그들이 생생히 겪은 교

| 표 4 | 1983~1988년까지의 자살학생 통계

| 연도 | 1983 | 1984 | 1985 | 1986 | 1987 | 1988 |
| --- | --- | --- | --- | --- | --- | --- |
| 자살학생 수 | 115 | 74 | 113 | 117 | 100 | 126 |

출처 전국교직원노동조합학생사업국, 《자살학생과 청소년문제》, 1992

육현실에 대한 하나의 고발장과 다름없었다. "새가 되어 시험 없는 세상에서 자유롭게 살고 싶다." "공부가 인생의 전부입니까? 저희는 쓸모없는 2차 방정식 값을 구하기 위해 진정으로 필요한 부모님과 선생님 그리고 친구들을 잃었습니다. 공부 못하는 저 같은 사람들은 모두 죽어야 합니까?" 1986년 1월, 서울사대부속여중 3학년 학생이 쓴 유서의 한 구절 "행복은 성적순이 아니잖아요."는 동명의 영화가 제작될 정도로 많은 이들의 마음을 절절하게 만들며 큰 반향을 불러일으켰다.[82] 학생들의 자살문제는 어느덧 하나의 심각한 사회문제로 주목받게 되었다.

# 애도를
# 넘어
# 행동으로

연이어 계속되는 죽음들은 학생들에게 있어 자신과 무관한 일로 생각할 수 없는 문제였다. 무엇보다 그것은 나와 함께 동시대를 살고 있는 또래 친구들의 죽음이었고, 또한 그들을 비극적 선택으로 내몬 고통스러운 경쟁의 강요는 나도 함께 겪고 있는 생생한 현실이기 때문이었다. 친구들의 슬픈 선택에 대한 소식이 언론이나 입소문을 통해 들려올 때마다 학생들은 비통해하거나 비참한 현실에 대해 분노했다. 그 감정들은 때론 침묵과 순응 대신 친구의 죽음을 기억하고 애도하기 위한 집단적 움직임으로 나타났다.

1988년 하반기, 잠실여고 2학년 학생 두 명이 연이어 자살한 일이 일어났을 때였다. 같은 학교 학생들은 그들을 추모하기 위해 마음을 모아 검은 리본을 달았다. 그러나 오히려 학교 측은 학생들에게 최소한의 추모의식도 허용하지 않고 리본을 떼라고 요구했다. 이에 800여 명의 학생들은 "친구들의 죽음을 추모하기 위한 리본 달기를 도와주지는 못할망정 어떻게 떼라고 할 수 있냐."라고 분노하며 곧장 학교 운동장에 모여 앉아 학교에 항의하는 행동을 했다.

학생들의 움직임은 단순히 죽어간 친구들을 추모하는 것에만 그치지 않고 자살의 근본 원인인 잘못된 교육현실에 대해 직접적인 개선 의지로도 드러났다. 1988년 7월 17일, 1,000여 명의 고등학생들은 홍익대학교 학생강당에서 '자살학우 추모제 및 교육정상화를 위한 결의대회'를 열고 추모제와 교육현실을 고발하는 연극 등을 진행했다. 이 대회에서 학생들은 교육정상화 방안을 모색하는 토론을 가진 끝에 "내신성적 불신경쟁 잃어가는 나의 친구" "살인교육 쫓아내고 민주교육 이룩하자" "억압 속에 취업교육 온몸으로 거부한다" 등의 결의를 모아냈다.[83]

교육의 변화에 대한 학생들의 이러한 요구는 현실화되기도 했다. 광주 지역의 경우에는 일찍부터 이루어진 많은 학생들의 활동 덕분에 대동고, 석산고, 서석고 등에서 직선제 학생회가 세워졌다. 이러한 학생회를 중심으로 학생들은 1988년 8월부터 당시 학생들에게 큰 문제였던 보충자율학습 철폐와 학생회 자율권 쟁취를 요구했고, 이를 촉구하기 위해 대규모 행동을 벌였다. 무려 1,000여 명이 넘는 학생들이 단식 농성에 돌입했고, 이런 움직임은 일주일이 채 지나기 전에 광주 전역의 30여 개 학교로 퍼져갔다. 광주 학생들의 행동이 서울과 대구까지 알려지고 또 그에 동조하는 움직임이 점차 나타나기 시작하자 광주 지역의 교육을 담당하는 광주시교육위원회에서는 보충·자율학습 폐지를 선언하기에 이르렀다. 학생들의 집단적인 행동이 이루어낸 변화였다.

## 굴종의 삶을 떨쳐,
# 반교육의 벽
## 부수고

학생들이 자살을 선택하는 비참한 현실에 슬퍼하고 분노를 느낀 건 청소년뿐만이 아니었다. 학생들을 하나의 병사처럼 통제하는 관리자로서 비인간적인 교육을 강요해야만 했던 교사들 중 몇몇은 자신의 역할에 대한 자괴감을 갖고 고민할 수밖에 없었다. 1987년 6월 항쟁이 가져온 민주화의 바람 속에서 특히 이전부터 학교에서의 민주주의를 갈망하며 행동해왔던 교사들이 중심이 되어 하나의 결단을 내렸다. 1989년 5월 28일, 잘못된 교육을 바로잡기 위해 참교육을 주장하며 교사의 노동권 보장을 요구하는 전국교직원노동조합(이하 전교조)을 결성한 것이다. 전교조에 참여한 교사들은 지금껏 독재정권의 선전에 의해 사람들의 올바른 교육적 요구에 부응하지 못했음은 물론 진실된 교육을 받고자 하는 학생들에게 잘못을 저질렀음을 반성했다. 또한 가혹한 입시경쟁이란 반교육적인 현실 대신 민족, 민주, 인간화 교육이란 참교육을 만들겠다는 의지를 밝힘과 동시에 교사 역시 하나의 노동자임을 선언

'노동자'란 자본주의 사회 속 일터에서 노동을 하고 임금을 받는 사람들을 일컫는 표현이다. 그렇다면 교사는 노동자일까? 교사 역시 노동자가 맞다. '육체노동이 아닌 교육이란 전문적인 일을 하기 때문에 교사는 노동자로 볼 수 없다'는 주장도 있지만, 교사는 마땅히 국가와 학교에 고용되어 정해진 일을 하며 그 결과로 임금을 받기 때문에 노동자임이 분명하다. 외국에서도 일찍이 교사를 노동자로 인정하며 노조의 설립과 단체교섭권, 단체행동권 등 노동3권을 보장해왔다.

그러나 한국의 경우, 교사들이 자신의 권리를 찾기 위해 노동조합을 설립하려 하자 정부는 오히려 많은 탄압을 가했다. 그들이 자신들을 가리켜 노동자라고 한 것에는 여러 의미가 있었다. 그중 하나는 '교사는 정부가 시키는 대로 따르기만 하는 존재가 아니라 자신의 노동에 대한 권리를 가짐과 동시에 집단적으로 행동할 수 있는 주체'라는 것이었다. 또

★ 전교조 교사들이 '교사도 노동자다'라는 피켓을 들고 시위 중이다.

한 노조를 만든 교사들 중 일부는 교사가 돈과 권력을 가진 정부와 자본가들이 아닌 다수의 일하는 사람들 편에서 그들과 함께하는 존재라는 의식을 가지려 했다.

교사들과 시민들의 계속된 요구와 활동 끝에 1999년 교원노조특별법이 통과되어 교사들은 노동조합 설립의 자유를 보장받을 수 있었다. 하지만 이 법은 중요한 노동3권 중 하나인 단체행동권을 금지하고, 또 해고된 교사는 조합원으로 인정하지 않는 등 단결권을 제한하는 내용을 담고 있어 많은 비판이 제기되고 있다. 헌법상에도 보장된 노동3권이 지켜지지 않는다는 점 때문이다. 특히 전 세계 노동문제를 다루는 유엔 산하 전문기구인 국제노동기구(ILO)에서는 교사의 노동3권이 보장되지 않는 현실에 우려를 표하며 한국 정부에 개선을 요구하는 권고를 지금까지 계속 내리고 있다.

하며 노동3권의 보장을 요구했다.

이러한 전교조에는 무려 2만여 명의 교사가 가입했고, 전국적으로 600개 분회가 만들어질 정도로 많은 참여가 이어졌다. 그러나 전두환 정권에 이어 들어선 노태우 정권은 '신성한 스승'이자 국가공무원인 교사가 어찌 '비천하고 불온한 노동자'라 할 수 있냐며 교사들의 노동조합을 부정했다. 결성대회조차 원천봉쇄하고 지도부를 구속한 정부는 전교조에 주도적으로 참여했던 교사들뿐 아니라 그에 가입한 교사들 전원에 대한 파면과 해임을 발표하며 교사들에게 탈퇴를 종용했다. 정부는 결국 1,527명의 교사들을 교단에서 내쫓았다.

학교는 '전쟁터'처럼 변해갔다. 전교조를 사수하려는 교사들과 전교조를 탄압하려는 정부의 움직임 때문만은 아니었다. 무엇보다도 정부의 강경한 조치에 대해 대다수 학생들이 반발해 움직이기 시작했기 때문이었다.

6월 3일, 서울 구로고등학교의 학생 1,000여 명은 전교조를 지지하는 농성을 시작했다. 교사들에 대한 징계조치 시도 소식이 알려진 10일에는 학생들이 긴급히 모여 비상총회를 열고, 징계 철회를 요구하는 서명운동을 진행하자는 데 뜻을 모았다. 이틀 뒤인 12일에 농성에 나선 2,000여 명의 구로고 학생들은 자신들이 '전교조 교사들에 의해 의식화되어서 행동에 나선 것'이라고 매도하는 어른들의 주장에 강하게 항의하며 학생활동에 대한 탄압 중단을 요구했다. 특히 14일 진행된 시위 도중에는 학생회장과 총무부장이 "참교육 실현"을 외치며 학교 3층에서 투신을 하기도 했다. 점차 거세지는 학생들의 행동을 접한 학교 측은 이를 막기 위해 휴교령과 방학을 예정보다 앞서 실시했다. 그러자 7월 14일 학생들은 이에 항의하며 교문을 넘어 거리로 나가는 가두시위를 벌였고, 다음 날에는 전교조 가입 교사 징계 및 조기방학 철회를 요구하고 오히려 학교에 끝까지 남을 것이라며 밤샘공부를 결의하기도 했다.

중학교에서도 움직임이 나타났다. 6월 10일, 대구 점곡중학교에 투입된 경찰이 수업시간에 학교에 들어와 전교조 분회를 결성한 교사를 연행하려 하자 300여 명의 학생들이 곧장 경찰차를 둘러쌌다. 학생들은 '고발조치를 취소해주세요.'라는 리본을 자동차 창문에 붙이고, 경찰의 사과를 요구하며 연행을 막았다. 또 같은 학교의 2학년 2반 담임교사가 의성 지역 지회장을 맡았다는 이유로 구속되자 2반 학생들은 학력고사일에 답안지를 공개로 똑같이 작성하며 항의의 뜻을 밝혔다. 14일에는 교사들이 정부에 대한 항의의 뜻으로 단식을 시작했고, 학생들은 점심시간에 비가 오는 운동장에 모여 도시락을 앞에 놓고 어깨동무를 하며 '스승의 은혜'와 '아침이슬'을 불렀다.

이렇듯 정부 조치에 항의하는 행동은 고등학교는 물론 중학교에서도 일어났고 강원, 부산, 전북 등 전국 곳곳의 학교에서는 전교조 교사를 지키기 위한 학생들의 싸움이 벌어졌다. 학생들은 농성과 단식, 시위는 물론 삭발과 모금운동 전개, 하교 거부 등 다양한 방식으로 자신들의 의사를 드러냈다. 교사의 석방과 교원노조를 지지하는 글을 스프레이로 학교 담벼락에 쓰거나(서울 남서울중), 해직된 교사의 대리로 들어온 임시교사의 교실 출입을 막고 경찰과 대치하면서 한 달간 수업을 거부하기도 했다(인천 세일고). 학생 1,500명이 시험을 거부하거나(목포 홍일고), 교사들을 지지하는 학생들에 대한 징계조치 위협에 항의하며 전교생이 자퇴서를 제출하겠다는 의지를 밝히는가 하면(경남 거창종합고), 징계 대상인 교사들을 보호 감금해 징계위원회를 무산시키는 일도 있었다(광주 동아여중고).

### 서울청량고등학교 학생회가 학생들에게 내린 행동지침

• 분회선생님들의 철야농성에 적극 지지하는 의미로 교실에 남아서 9시까지 공부합시다.

- 2교시 직후 쉬는 시간에 '스승의 은혜' '아침이슬' 두 곡을 전체 합창합시다.

- 각 반 반장을 통해 배부된 성명서에 자신의 의사를 밝히는 서명을 합시다.

- 매 수업시간에 선생님께 음료수를 드립시다.

- 우리 단결된 힘으로 가슴에 리본을 달고 다닙시다.

- 교련복 바지에 흰 티를 입고 통일되게 등교합시다.

- 2교시 수업이 끝나고 책상을 30초 동안 두드립시다.

- 각 반 뒤 칠판에 붙여진 켄트지에 유○○ 선생님(전교조 교사)께 하고 싶은 말을 씁시다.[84]


학생들의 흐름은 개별 학교를 넘어 지역 차원의 집단적인 모습으로도 나타났다. 6월 17일, 서울 연세대에서는 구로고·신일고 등 '참민주교육을 위한 고등학생 결의대회'를 개최했다. 또한 각 지역의 학생회 및 학생들은 '광주지역고등학생대표자협의회(광고협)', '부산지역고등학생대표자협의회(부고협)', '마산·창원지역고등학생대표자협의회(마창고협)' 등 보다 연합된 조직을 꾸렸다. 학생들은 자신들의 역할이 단순히 교원노조의 지지에 그치지 않을 것임을 밝히며 더 적극적으로 시위에 나섰다. 특히 다른 지역조직보다 더 왕성한 모습을 보인 광고협은 20여 학교의 중고생 2만 5,000여 명이 각 학교에서 거리로 진출하는 시위를 기획하고, 같은 날 전남대에 5,000여 명이 모여 '교직원노조 지지 및 징계 철회 요구 연합대회'를 개최한 뒤 후문에서 거리 진출을 막는 경찰과 격렬한 충돌을 벌이기도 했다.

## 광주지역고등학생대표자협의회 성명문

우리는 단순히 교원노조 지지에서 끝나는 것이 아닌 교육의 주체인 학생
으로서 당연히 주장해야 할 권리인 참교육과 민주교육을 목청껏 부르짖으
며 학내의 비민주적 요소들을 척결하고 학내 민주화를 쟁취하려는 발전적
인 싸움으로 한 차원 높은 싸움을 온몸으로 전개해야 될 것이다.

1989년 7월 20일

## 마산·창원지역고등학생대표자협의회 출범문

우리 학우들의 단결된 힘으로 우리를 입시전쟁과 철저한 이기주의적 인간
으로 내몰고 있는 사회풍토를 개선하고 민주 시민의 예비단계로서 모든
학생회 활동들을 자율적으로 민주적으로 개선해나가야 합니다. 또한 우리
학우들의 자율적 능력을 무시하고 단지 의무와 순종적 인간만을 요구하는
관료주의적 교육자와 재단에게 우리의 정당한 권리를 요구해야 하며 또한
이것은 우리의 의무인 것입니다.

1989년 7월 30일

전교조 교사들과 참교육을 지키기 위한 싸움에 참여한 학생들의 움
직임은 여름방학을 지나 그해 겨울까지 계속되었다. 전국적으로 일어
난 여러 행동에 나섰던 학교는 250여 개, 학생들은 무려 47만여 명에
달했다.

학생들의 움직임이 이렇게 대규모로 나타날 수 있었던 건 6월 항쟁
때부터 성장해온 고등학생운동 덕분이었다. 소모임 구성, 직선제 학생

★〈부고협 소식지〉 2호. 학생들의 참교육 투쟁이 대규모로 나타날 수 있었던 것은 6월 항쟁 때부터 성장해온 고등학생운동 덕분이었다.

회의 건설 및 자율적 운영 등 각 학교별로 학생들의 역량이 탄탄하게 모였던 것이다. 또 기존의 억압적인 교사와 달리 잘못된 교육현실에 대한 개선을 시도하며 학생들과 호흡해왔던 '선생님'에 대한 탄압은 학생들의 적극적인 행동을 일으킨 계기가 되었다.

그러나 이렇게 많은 학생들이 참여했던 이유는 무엇보다 전교조 교사들이 제시한 '참교육'에 대해 학생들 역시 동의하며 교육현실을 바꾸겠다는 강한 열망을 가졌기 때문이었다. 학생들의 저항은 탄압받는 교사들을 지원함과 동시에 친구들이 죽어가는 교육을 바꾸기 위한, 주체적이고도 적극적인 행동이었다.

# 저항하는 학생들을 막아라

전국의 학생들이 보여준 광범위한 움직임에 학교와 정부는 당황할 수밖에 없었다. 그들은 학생들의 목소리를 진지하게 수용하는 대신 억압과 폭력으로 응답했다. 교장, 교감, 교사들은 경찰과 함께 폭언은 물론 주먹질로 학생들의 움직임을 막으려 했다. 거창종합고 학생들은 거리로 나가는 시위를 하다가 경찰과 교사들에게 주먹과 곤봉으로 구타당하고, 한 명은 얼굴을 맞고 3m 아래 개울로 추락하는 일이 발생하기도 했다. 특히 학생들은 동료를 외면하고 자신들을 탄압하는 교사들을 '구교대'라 칭했는데, 이는 노동현장에서 회사측의 이익을 위해 같은 동료 노동자들에게 폭력을 행사하는 노동자나 용역깡패를 '구사대'라고 일컫는 것에 빗댄 표현이었다.

　언론과 정부 차원에서의 움직임도 있었다. 몇몇 거대 보수언론들은 '학생들의 배후에 전교조 교사가 있고, 그들의 의식화 교육과 선동 때문에 학생들이 시위에 나선 것'이라며 학생들의 주체적이고 자율적인 움직임을 부정하거나 선정적인 색깔론을 앞장서서 퍼트렸다. 정부와 문교부(당시의 교육부)는 6월 29일, 전국시도교위 생활지도담당장학관 회의를 열어 '학생들의 집단행동과 소모임을 적극 선도하고 이에 불응하는 학생들은 제적이나 무기정학으로 중징계함은 물론 검찰 및 경찰과 유기적으로 협조해 적극 대처할 것'을 지시했다. 치안본부와 경찰 등 공안당국은 전국 고교생 조직을 대상으로 전면적인 내사에 착수해 정보를 수집하거나, '배후에 좌경 폭력세력이 있어 선동을 당했다'는 식으로 수사를 몰아가려 해 사람들의 지탄을 받았다.[85]

정부의 탄압은 학생들에 대한 징계로 이어져, 행동에 나섰던 학생들이 퇴학과 무기정학 혹은 권고자퇴 등의 징계를 받고 학교를 떠나는 일이 일어났다. 심지어 광고협 의장 등 다섯 명의 학생들은 검찰에 구속되기도 했는데, 검찰은 재판에서 이들에게 징역 2~3년을 구형했다.

물론 이러한 탄압도 학생들은 굴복시키지는 못했다. 전교조 교사들과 함께했던 학생들은 친구들에게 내려진 징계에 대해서도 침묵하지 않았다. 부산 학산여고 학생회장이었던 강미라는 학생에게 부고협 활동을 이유로 징계가 내려지려 하자 학산여고생들은 교사들의 구타에도 굴하지 않고 '강미는 우리의 힘!'이라고 칠판에 쓰거나 1, 2학년 학생들이 부분적으로 수업을 거부했고, 1,500여 명의 학생들이 운동장에 나와 항의 시위를 벌였다.

학생들에게 내려진 부당한 징계를 널리 알리기 위한 시도 역시 이어졌다. 광고협의 이형준, 부고협 의장인 황순주는 11월 22일부터 평화민주당 당사에 들어가 단식농성을 벌였다. 다음 날에는 전교조 지지 투쟁을 벌이다 퇴학을 당한 남서울상업고 학생회장 김설준이, 26일에는 마창고협 부의장 전경국도 합류했다. 이러한 농성에 대해 많은 학생들도 지지 의사를 보였다. 25~26일에는 총 300여 명의 학생들이 농성장에 찾아와 '무기한 단식농성 지지 및 학생탄압 규탄대회'를 개최하며 농성장을 지켰다. 이러한 흐름을 타고 각 지역에서도 학생들이 동조농성과 단식농성을 벌였고, 전교조 교사들도 이에 동조해 단식투쟁 지지와 전교조 탄압 분쇄를 위한 철야농성에 돌입했다.

그러나 학교와 정부의 무자비한 탄압 속에 학생들이 스스로 목숨을 버리는 안타까운 일도 일어났다. 1990년 6월, 전교조 교사를 지지한다는 이유로 다른 교사들에게 상습적인 폭력과 구타를 당한 대구 경화여고 김수경 학생이 투신자살을 했다. 그해 9월에는 충주고 심광보 학생이 분신을 하며 투신했고, 그다음 해 5월엔 전남 보성고 김철수 학생이 참교육 쟁취와 노태우 정권 타도를 주장하며 분신하는 비극적인 일이 발생했다.

# 움직임은
## 사라졌지만
## 목소리는 이어진다

1989년에 나타난 학생들의 거대한 움직임은 억압과 죽음의 입시교육을 넘어 인간다움이 살아 숨 쉬는 교육을 간절히 희망했기에 가능한 일이었다. 그러나 학생들은 해직된 전교조 교사들을 지키지 못했고, 또 자신들에게 가해진 징계 등의 탄압 역시 막아내지 못했다. 학생들의 대중적인 움직임을 두려워한 학교는 6월 항쟁 이후 학생들이 확보한 학생회의 자치권 등을 다시 빼앗거나 학교별 소모임을 해체하는 등 집중적인 탄압을 가했고, 그 결과 학생들의 움직임은 전반적으로 위축되기 시작했다. 또 1990년대 이후 점차 민주화 운동의 흐름이 쇠퇴하는 분위기의 영향을 학생들도 받아서인지 행동의 규모가 점차 축소되며 사라져갔다.

그럼에도 중요한 것은 학생들이 잘못된 교육현실을 지적함과 동시에 현실을 바꾸기 위해 직접 움직였다는 점, 또 당시 교육의 문제점을 인식하고 있던 교사들과 함께 뜻을 모아 새로운 교육의 모습을 고민하며 그것을 현실화하는 시도를 했다는 점이다. 그 목표 속에서 교사와 학생들은 기존의 수직적 관계가 아닌 동지적 관계를 만들게 되었고, 이 때문에 전교조 교사를 지키기 위한 학생들의 움직임도 광범위하게 나타날 수 있었다.

비록 학생들의 움직임은 점차 사그라들었지만 그 목소리는 사라지지 않았다. 여전히 이어지는 비참한 교육현실을 바꾸는 데 필요한 새로운 교육, 그것에 대한 학생들의 요구와 열망이 지속되었기 때문이다. 그들의 목소리와 움직임은 고등학생운동이란 모습 대신 학생-청소년 인권이라는 새로운 의제와 더불어 전자통신과 인터넷 등 새로운 과학기술을 통해 등장하게 된다.

# 10

| 노컷운동에서 학생인권조례까지 |

'청소년인권'이라는 새로운 물결

"선생님이 내세운 두발규제 이유는 '머리가 길면 술집에 나간다'는 것입니다. 이게 말이나 되는 소리입니

까?" "체육 선생님이 가위를 들고 다니면서 애들 머리채를 쥐어 잡고 자기 성에 안 차면 마구 잘라요. 미

국이나 일본처럼 되기는 바라지도 않아요. 제발 개성을 죽이지 말아주세요."

# 법으로
## 보장받는
### 학생인권을 위해

아직은 늦여름처럼 햇살이 따가운 가을날이었다. 학교에 간 지혜는 아침부터 떠들썩한 분위기를 느꼈다. 담임 선생님의 조례가 끝나고 잠깐 있었던 쉬는 시간, 지혜는 옆자리에 앉은 친구에게 무슨 일이 있냐고 물어봤다.

"두발자유조례란 게 만들어졌대! 이제 학교에서 머리 못 잡는다는데?"

뒤에 앉아 있던 다른 친구가 거든다.

"두발자유조례가 아니고 학생인권조례라던데? 이거 지혜 네가 하던 그거 아냐?"

사실 지혜는 이미 학생인권조례가 시행됐다는 소식을 알고 있었다. 하지만 자기가 말하기도 전에 친구들 사이에서 벌써 소문이 퍼진 것에 놀라는 한편 뿌듯함도 느꼈다.

경기도의 한 고등학교에 다니던 지혜는 청소년인권단체 웹사이트에 가입해서 글을 읽곤 했다. 학교가 학생들을 야간자율학습에 강제로 묶

어두거나 두발 및 옷차림 등을 단속하는 것에 불만이 생겨 인터넷 검색을 해보다가 찾게 된 곳 중 하나였다.

2009년 2학기, 지혜는 그곳에서 경기도교육청이 '경기도 학생인권조례'라는 것을 만들려고 하며 이때 학생들의 의견도 반영하기 위해 '학생참여기획단'을 모집한다는 글을 보게 됐다. 학교에서 뭔가 불이익을 당할까 두려운 마음도 들었지만, 교육청에서 추진하는 것이니 학교에서 뭐라 하지도 못할 듯했고 의견을 내는 일 정도는 자기도 할 수 있을 것 같아서 참가 신청서를 냈다. 학생인권조례 안에는 두발복장 단속, 강제 야간자율학습, 체벌 등 지혜가 불만을 가지고 있는 문제들을 없애는 내용이 들어갈 거라는 설명도 지혜의 마음을 움직였다.

처음에 학생참여기획단의 공식적인 활동은 많지 않았다. 300여 명의 경기도 학생들을 모았다는데 교육청은 그들에게 많은 역할을 주거나 체계적으로 조직을 운영할 생각은 없는 듯했다. 학생인권조례 제정을 위해 전문가들이 모여서 만들었다는 '자문위원회'에서 학생인권조례 초안이 나왔을 때 그 내용에 대한 의견을 적어서 제출하고, 온라인 게시판에서 토론하는 것 정도가 활동의 전부였다.

그러나 지혜는 점차 그보다 좀 더 많은 활동을 하게 됐다. 학생참여기획단 일로 이것저것 물어보고 연락을 하다가 청소년인권단체의 사람들과도 더 가까워진 덕분이었다. 지혜는 그 단체의 회원이면서 학생참여기획단에도 들어가 있는 다른 학생들이 자기 지역의 학생들에게 더 활발히 목소리를 내게 하는 모임을 제안하는 등 여러 모로 노력하고 있음을 알게 되었다. 그래서 자기도 '비공식적인 자리지만 우리 지역의 학생참여기획단원들도 한번 모여서 이야기를 해보자'는 제안글을 게시판에 올렸다. 비록 몇 명에 불과하긴 했지만 지혜의 글을 보고 며칠 뒤 시내의 한 카페에 모인 학생들은 자기 학교의 학생인권 문제에 대한 불만을 털어놓고 서로 공감하며 학생인권조례의 부족한 점에 대해 의견을 나누었다.

학생인권조례 토론회에서는 한층 더 인상적인 일이 있었다. 그날 토론회는 학생인권조례에 대한 교사와 학생들의 의견을 듣기 위해 마련된 자리였다. 미리 토론회 자료집을 읽어본 지혜는 그 자리에 학생 대표로 참여한 고등학생의 글이 '학생인권조례에는 좋은 점도 있고 나쁜 점도 있다'라는 식으로 애매모호해서 약간의 걱정이 들었다. 하지만 토론회 자리에서 반전이 일어났다. 그 학생이 "이 글은 나더러 토론회에 나가도록 추천한 교사가 이렇게 쓰라고 해서 써낸 것이고, 나는 학생으로서 학생인권조례가 정말 필요하다고 생각한다."라며 자신의 의견을 밝히고 학교에서 학생인권을 침해한 사례들을 비판한 것이다. 지혜는 그 '반전'의 순간이 경기도 학생인권조례 제정 과정 중 경험했던 다른 어떤 형식적인 공청회나 토론 자리보다 더 감동적이었다고 기억한다.

경기도 학생인권조례 제정 과정은 순조롭지 않았다. 두발자유나 체벌금지 같은 가장 기본적인 인권의 문제를 놓고도 여러 논란이 일었다. 심지어 집회의 자유처럼 헌법에 나온 권리에 대해서조차 '학교를 정치적으로 이용하려 한다'고 비난하는 단체나 언론들도 있었다. 결국 경기도교육청은 집회의 자유 등의 조항을 뺀 학생인권조례를 경기도의회에 제출했다. 그게 끝이 아니었다. 조례가 만들어지려면 경기도의회 의원들이 그에 찬성을 해야 하는데, 반대하는 의원들의 수가 적지 않아 통과가 몇 달 미뤄졌던 것이다.

지혜는 학생들도 인간이고 인권이 있다는 당연한 내용의 조례가 반대에 부딪히는 현실에 억울한 마음까지 들었다. 청소년인권단체들과 학생참여기획단 학생들은 경기도 학생인권조례 통과를 요구하는 서명운동을 자발적으로 전개한 뒤 그 결과물을 경기도의회에 보냈다. 지혜도 학교에서 친구들에게 서명을 받았고, 청소년인권단체가 주말에 시내에서 전개한 서명 캠페인에 참여하기도 했다. 지혜가 서명을 받으려고 만나본 청소년이나 학생들 대부분은 학생인권조례에 찬성하거나 크게 반대하지 않았다. 어른들 중에는 학생인권조례를 욕하는 이들도 있었지만 그럼에도 정말 많은 사람들이 체벌금지 등에 찬성하며 서명을 해주었다. 그런 노력 끝에 2010년 9월, 지혜는 드디어 경기도 학생인권조례가 통과되었다는 소식을 듣게 됐다.

물론 그렇다 해서 학생인권을 침해하는 일들이 모두 사라진 것은 아니었다. 지혜는 자기 학교 측이 학생인권조례에 맞춰서 교칙을 개정할 때 두발규정에서 길이 관련 내용만 빼겠다고 하는 것에 맞서 파마 등 머리 모양 역시 규제해선 안 된다는 의견을 내고, 제대로 된 두발자유가 이뤄지도록 노력했다. 그 결과 비록 여전히 염색은 금지되었지만 적어도 '긴 머리는 반드시 묶어야 한다'거나 '파마를 금지한다'는 규정만큼은 막을 수 있었다. 지혜는 내년에도 학생들의 의견을 모아서 두발규정을 완전히 없애자고 제안할 생각이다.

학교에서 학생인권을 침해하는 일은 예전보다 줄어들긴 했지만 여전히 일어나고 있고, 지혜는 그런 경우들을 볼 때마다 어떻게 할지 고민하곤 한다. 당장 모든 것을 바꿀 수는 없었지만, 그래도 옛날이라면 그냥 참고 넘어갔을 일들에 대해 이젠 어떻게 해야 할지 고민할 수 있게 된 것은 큰 변화라고 스스로 생각한다. 지혜의 생활도 많이 달라졌다. 주말마다 학생참여기획단 활동을 하며 알게 된 청소년인권단체에 참여하고 있기 때문이다. 그 과정에서 지혜는 중고등학생들이 두발자유를 요구하며 나섰던 것이 2000년에도 있었던 일이고, 경기도에서 학생인권조례가 최초로 제정되는 변화가 일어나기까지 무려 10년이나 걸렸다는 것을 알게 되었다. 학생인권 보장을 위해 노력해온 역사를 읽고 들으며, 지혜는 시간이 걸릴지라도 사람들의 노력으로 사회와 우리의 삶을 더 낫게 바꿀 수 있다고 생각했다.

경기도 학생인권조례가 제정된 이후 2011년에는 서울학생인권조례가 서울 시민 약 10만 명의 서명을 모아 주민발의로 만들어졌고, 우여곡절 끝에 2012년부터 시행하게 될 것이라는 소식이 들려왔다. 광주광역시에서도 2011년 10월에 학생인권조례를 시행하기 시작했다.

요즘 지혜는 청소년인권단체의 사람들과 함께 스위스 제네바에서 열리는 유엔사회포럼에 가서 발표할 준비를 하고 있다. 서울학생인권조례가 만들어진 뒤 유엔이 시민 및 청소년들의 참여로 지역사회 인권이 개선된 사례로 학생인권조례를 뽑으며 발표자를 초청했기 때문이다. 지혜는 자신이 참여해서 자기 학교는 물론 경기도의 모든 학교와 학생들의 생활을 바꾼 학생인권조례를 만든 과정을 평생 잊지 않을 것이다.[86]

# 온라인 공간에서
## 시작한
## 학생인권운동

한국에서는 경기도, 광주, 서울, 전북 등에서 학생인권조례가 제정되어 시행되고 있다. 학생인권조례의 대표적인 내용은 두발자유 등 개성의 자유, 체벌과 괴롭힘 등 폭력을 당하지 않을 권리, 차별 금지, 사생활의 자유, 참여할 권리, 급식에 대한 권리, 쾌적한 교육환경에 대한 권리 등이다. 경기도에서 최초로 학생인권조례가 제정된 것은 2010년이었지만, 사실 '고등학생운동'이 사라진 뒤 청소년들이 자신들의 인권을 주장하고 활동에 나선 것은 1990년대 중반부터의 일이었다. 다시 말해, 학생인권 보장을 위한 활동이 지역의 조례로나마 결실을 맺는 데까지는 약 15년의 시간이 걸린 셈이다.

1990년대는 한국 사회에 본격적으로 민주주의가 자리 잡기 시작한 시기였다. 1987년 대통령 직선제가 도입되고 언론의 자유 등을 보장하는 조치가 시행된 이후 1993년에는 민간인 출신의 김영삼 대통령이 선거로 선출되면서 '문민정부'를 내세웠다. 이와 함께 사회 여러 곳에서 민주주의와 자유를 요구하는 목소리가 높아졌고 문화 분야에서도 이전과는 다른 분위기가 감지되었다. 랩과 새로운 스타일의 음악을 선보이며 1990년대 대중음악의 상징이 된 '서태지와 아이들'은 청소년의 현실을 반영하고 이를 비판하는 곡으로 큰 인기를 끌었다. '교실 이데아'가 대표적이었다.

매일 아침 일곱 시 삼십 분까지 우릴 조그만 교실로 몰아넣고

전국 구백만의 아이들의 머릿속에 모두 똑같은 것만 집어넣고 있어

막힌 꽉 막힌 사방이 막힌 널 그리곤 덥썩 그 모두를 먹어 삼킨

이 시꺼먼 교실에서만 내 젊음을 보내기는 너무 아까워

좀 더 비싼 너로 만들어주겠어 니 옆에 앉아 있는 그 애보다 더

하나씩 머리를 밟고 올라서도록 해 좀 더 잘난 네가 될 수가 있어

왜 바꾸지 않고 마음을 조이며 젊은 날을 헤멜까

왜 바꾸지 않고 남이 바꾸길 바라고만 있을까

— 서태지와 아이들, '교실 이데아'

이처럼 변화하는 사회 분위기 속에서 김영삼 정부는 교육 분야에서의 변화를 내걸었다. 새로 도입한 6차교육과정은 '획일성과 경직성 개선, 다양성과 인간성 존중'을 교육목표로 명시했고, 이어 5·31 교육대개혁이 발표되었다. 비록 그 내용은 학교에 시장논리를 더 확대 적용하는 것이었지만, 획일적이고 비인간적인 학교에 질린 학생들로서는 충분히 기대감을 가질 만한 발표였다. 하지만 그런 와중에도 학교는 변할 낌새를 보이지 않았다.

학생들은 이런 학교에 많은 불만을 가지고 있었다. 온라인 게시판에서는 "우리는 20세기에 살고 있고 이젠 21세기라는 또 다른 세계로 달려 나갈 것입니다. (중략) 그런데 우리의 학교라는 곳은 아직도 19세기적 생각을 하고 있는 것 같습니다."라며, 변화하고 있는 사회에 비해 변하지 않는 학교를 비판하는 글들이 올라왔다.[87] 민주주의가 강조되면

서 '인권' '헌법' 같은 단어들도 사람들의 입에 자주 오르내렸다. 청소년들은 사회 교과서를 통해 프랑스혁명, 시민과 인간의 권리, 민주주의와 자유와 평등, 신체의 자유에 대해 배우지만 곧바로 이어지는 그다음 시간에는 교사가 학생에게 매질을 하고 머리 모양을 단속하며 일명 '바리깡'이라는 도구로 머리를 밀어버리기까지 하는 '모순된' 학교의 모습이 얼마나 이상한지를 비판했다.

1990년대 중반에 등장한 인터넷은 멀리 떨어져 있는 사람들끼리도 서로 생각을 나누고 자기표현을 할 수 있는 새로운 소통수단이 되었다. 청소년들은 온라인 공간에서 자신들의 이야기를 하며 모이기 시작했다. 1995년, 강원도 춘천고등학교 학생 최우주는 하이텔 게시판에 "강제로 보충수업과 자율학습을 시키는 것은 학생의 기본권을 침해하는 일이므로 헌법소원을 내려고 한다."라며, 그에 앞서 교육청에 민원을 신청했다는 글을 올렸다. 이는 당시 한 명의 고등학생으로서 할 수 있는 최대한의 용기 있는 행동이었다. 최우주는 "학교장의 지나친, 전횡적인 학교운영으로 말미암은 학생들의 기본권의 억압을 원상회복시켜주시기 바란다."라고 하면서, 춘천고등학교가 보충수업과 밤 11시까지의 자율학습을 강요하고 있음을 고발했다.[88]

강제 보충수업과 자율학습이 학생의 기본권, 즉 인권을 침해하는 것이라는 최우주의 주장은 청소년들의 많은 공감을 불러일으켰다. 그리고 온라인에는 "최우주 군의 학교 문제, 함께 따라가봅시다.""한국의 중고생들은 인간이 아니다." 등의 제목으로 토론방이 만들어졌고 청소년들은 체벌, 보충수업, 입시교육 등 자신이 학교에서 겪는 폭력과 부

★ 1995년 춘천고등학교 학생 최우주가 올린 헌법소원 글은 토론을 불러일으키며 학생인권을 향한 열망을 자극했다.

당한 일들을 이야기하고 학생의 인권과 학교교육에 대해 토론했다.

최우주가 제출한 민원에 대해 교육청은 "보충·자율학습의 강제성은 사실이 아니며 학생들의 기본권을 침해했다고 보는 것은 무리"라는 성의 없는 답변만 내놓았다. 그럼에도 그의 문제제기는 소정의 성과를 거두었다. 최우주의 글을 계기로 온라인에서 청소년들이 '중고등학생복지회'라는 모임을 만들어 학생의 인권을 주장하고 여러 활동을 시작했기 때문이다.

1997년 만들어진 청소년 인터넷 잡지 〈네가진〉은 편집장과 기자들 모두가 청소년이었다. 〈네가진〉은 창간사로 발표한 '청소년 해방 선언서'를 통해 청소년보호법이나 청소년에 대한 기성세대의 편견, 주류 문화 등을 비판하는 입장을 밝혔다. 포털사이트 다음에서는 1997년 '청

지금 우리 대부분은 인터넷을 아주 친숙하게, 또 일반적으로 사용하고 있다. 하지만 인터넷이 보급되기 전에는 한동안 'PC통신'이 사용되었다. PC통신은 개인용 컴퓨터(Personal Computer)와 개인용 컴퓨터를 통신회선으로 연결해서 정보를 주고받는 방식인데, 개인 대 개인의 통신 뿐만 아니라 각 통신사에서 게시판, 채팅방, 자료실 등의 서비스를 제공하면서 대중적으로 널리 쓰이기 시작했다. PC통신이 인터넷과 다른 점은 바로 해당 통신사가 제공하는 서비스에만 접속할 수 있다는 것이었다. 예를 들어 만일 여러분이 현재 PC통신을 쓰고 있고 네이버가 만든 PC통신을 이용한다면 네이버가 만들어서 서비스하는 네이버블로그, 네이버카페, 네이버웹툰 등에만 접속할 수 있을 뿐 그 밖의 사이트에는 접속이 불가능하다는 것이다.

1980년대 중반에 처음 사용되기 시작한 PC통신은 1990년대에 들어 더 널리 퍼져 천리안, 하이텔, 나우누리, 유니텔 등 다양한 서비스가 나타났고, 이를 통해 한국에 처음으로 '온라인 공간'이 등장하게 되었다. 이 PC통신은 사람들 사이의 관계에 영향을 미침은 물론 예상치 못했던 새로운 기능을 담당하기도 했다. 1995년 대구 지하철 가스폭발 사고가 일어났을 당시 제대로 보도를 하지 않는 방송을 대신해 사람들은 PC통신을 통해 사고 소식을 신속하게 전달했다. 또한 같은 해 삼풍백화점 붕괴 사고가 발생했을 때는 사람들이 PC통신을 통해 자원봉사자를 모으고 지원 물품을 요청했다.

하지만 더 편리한 '인터넷'이 보급되면서 PC통신은 자연스레 사라지게 된다. 네트워크만 연결되어 있다면 인터넷으로는 웹 브라우저(인터넷 익스플로러, 크롬, 파이어폭스 등)를 통해 어느 웹사이트에든 접속할 수 있기 때문이다.

한국에서 일반인들도 널리 쓸 수 있는 인터넷 서비스가 시작된 것은

1994년이었다. 그 뒤 인터넷을 연구하고 세상에 알리려 했던 여러 사람들의 노력에 힘입어, 2000년경 인터넷은 이제 대세라고 부를 수 있을 정도의 위치를 가지게 되었다. 우리가 잘 아는 인터넷 포털 사이트들도 이 무렵에 생겨났다. 1997년에는 야후와 다음이, 1999년에는 네이버가 만들어졌다. 청소년들은 1990년대 초반부터 PC통신과 인터넷 등 새로운 기술을 익히고 새로 등장한 온라인 공간에서 자신들의 문화를 만들어갔다.[89]

소년을 위한, 청소년에 의한, 청소년의 웹진'을 모토로 하는 청소년 웹진 〈채널텐(Ch.10)〉이 만들어졌다. 또한 다양한 게시판과 기능을 갖춘 청소년 커뮤니티이자 포털인 '10대 독립 아이두'는 청소년들이 모여 문화와 의견을 나누는 공간의 역할을 했다. '사이버유스'는 정부 지원을 받아 만들어진 청소년 사이트였는데 '청소년 사이버 의회'라는 꼭지가 있어서 18세 선거권, 청소년 아르바이트와 노동권, 두발규제 반대 등의 주제로 토론을 하며 참여할 수 있었다.

꼭 웹진이나 웹사이트를 만드는 방법이 아니더라도 청소년들에게 온라인은 자신의 생각을 표현하고, 현실을 바꾸기 위해 힘을 합치는 공간이 되어주었다. 그에 따라 인터넷에서 청소년이 누릴 수 있는 표현의 자유가 중요한 문제로 떠올랐다. 1998년, 전주 전라고등학교 학생 임유빈이 학교 환경을 개선해달라고 청와대에 이메일을 보내고 글을 올렸다가 학교로부터 징계를 받고 글을 수정해서 올리게 된 일이 있었다.

인터넷 덕분에 자신의 의견을 세상에 알리기 쉬워지긴 했지만, 청소년들이 자유롭게 이야기를 하는 데는 여전히 많은 어려움이 따랐다.[90]

## 청소년들의
# 온라인 시민운동
## '노컷'

학생들은 두발규제를 겪어봤거나 그것이 무엇인지 들어본 적이 있을 것이다. 두발규제는 학교에서 학생들의 머리카락 길이나 모양, 색깔이 어떠해야 한다고 학교 규정으로 정하고 이를 어긴 학생들을 처벌하며 학생들의 머리카락을 단속하는 것으로, 두발제한이라고도 불린다. 2000년 무렵 두발규제는 거의 모든 중고등학교에 존재하고 있었고 그 기준도 매우 까다로웠다. 많은 학교에서 남학생은 머리카락 길이가 3cm보다 짧은 스포츠머리를, 여학생은 귀밑 몇 cm 정도 길이의 단발머리를 해야 했다.

두발규제는 학생들이 인권을 침해당한다고 느끼는 대표적인 문제였다. 신체의 일부인 머리카락을 학교가 함부로 손대는 일이었기 때문이다. 더군다나 머리카락 길이와 모양을 규제하는 것이 도대체 왜 필요한지 합리적인 이유를 찾기도 어려웠다. 두발규제를 위해 학교에서는 교사가 가위와 바리깡을 들고 다니며 학생의 머리를 강제로 자르거나 폭력을 휘두르기도 했다. 이렇게 두발규제를 이유로 학생과 교사 사이에 여러 갈등이 빚어지는 것은 학교의 일상이었다.

2000년 무렵 온라인에는 두발규제에 대해 학생들의 이런 증언들이 올라왔다.

"두발제한? 그렇다고 머릴 십(十)자로 미냐? 학교가 무슨 교도소도 아니고."

"선생님이 내세운 두발규제 이유는 '머리가 길면 술집에 나간다'는 것입니다. 이게 말이나 되는 소리입니까?"

"체육 선생님이 가위를 들고 다니면서 애들 머리채를 쥐어 잡고 자기 성에 안 차면 마구 잘라요. 미국이나 일본처럼 되기는 바라지도 않아요. 제발 개성을 죽이지 말아주세요."

"학교서 학생들의 의견은 들어보지도 않고 무조건 머릴 자르라고 하는 것에 화가 나요. 아무 말 못하고 무시당하는 게 더 화나요."[91]

학교 안에서는 두발뿐 아니라 학생들의 생활을 억압적으로 하나하나 통제하는 규제들, 사생활 침해, 체벌과 모욕 등의 폭력들, 각종 차별들이 일상적으로 당연하다는 듯이 벌어졌다. 2000년에는 이러한 학생인권의 현실에 대해 쓴 《인권은 교문 앞에서 멈춘다》가 출간되었는데, 이 책에는 학생들의 생생한 증언들이 실려 있다.

**선주** 학교생활을 하다 보면 사육당하는 느낌이 들어요. '선생님 말씀 잘 듣고 공부 열심히 하는 아이는 착한 아이', 모두가 이렇게 생각하잖아요. 학교에서 하라고 하는 대로만 하면 주인님의 총애를 받는 예쁜 애완동물이 될 수 있는 거죠. 성적이 나쁘면 사람대접도 못 받아요. 또 무늬 있는 양말 신으면 벌점 몇 점, 머리 안 묶고 다니면 벌점 몇 점, 이런 식이니까 알아서

길 수밖에 없도록 만드는 거죠.

**승우** 머리 단속이 너무 심해요. 알아듣게 말로 해도 되는데, 걸리면 그 자리에서 가위로 흉칙하게 잘라버려요. 그러면 어쩔 수 없이 삭발해야 돼요. 근데 다음 날 삭발하고 오면, 학교에서 "너 불만 있냐"고 트집 잡으면서 또 때리고 그래요.

**아름** 학교규정이라는 게 얼마나 까다로운지 몰라요. 다 외울 수도 없어요. 일거수일투족 다 정해주고 검사해요. 그래야 학교 질서가 유지된다고 생각하나봐요. "어디 여자애들이 복도에서 치마 입고 뛰냐."는 선생님도 있어요. 교실에서는 무조건 정숙해야 된대요. 우리도 인간인데, 어떻게 매일 쥐 죽은 듯이 가만히 있을 수가 있어요?

**인찬** 공부에 필요 없다고 생각하는 거는 모두 뺏겨요. 뺏고 나면 안 돌려줘요. 나중에 졸업할 때 찾아 가라고 그러면서…… 어떤 애가 이모한테 선물 받은 목걸이니 가져가지 말라고 그러니까, 너만 뭐가 특별하냐고 그러면서 그냥 뺏어갔어요.

**현호** 학교 전체가 강제예요. 동의서가 나오면 "야, 알지? 무조건 '한다'에 동그라미 치고 빨리 내." 그러면서 선생님이 시켜요. 하기 싫은 애는 부모님 모셔오라고 그러고.

**수희** 매일 누군가는 맞고 있어요. 생활이에요, 생활.

**승우** 사정을 얘기하려고 하면 더 맞아요. 무슨 이유를 대냐고 그러면서 일단 맞고 봐라는 식이에요. 맞을 때 무슨 말 한 마디라도 더하면 매만 버는 거예요. 조용히 맞고 선생님이 하라는 대로 하고 그냥 그래야 돼요.[92]

읽다 보면 '옛날엔 이랬어?' 하는 생각이 드는 것도 있을 테고, '어, 내가 다니는(혹은 다녔던) 학교도 이런데.' 하는 생각이 들 수도 있을 것이다. 어쩌면 정도의 차이만 있을 뿐, 예나 지금이나 그리 달라지지 않은 학교의 풍경일지도 모르겠다.

이러한 현실에 대해 투덜거리던 학생들의 목소리는 2000년 무렵 점점 더 커지고 구체적인 형태를 띠기 시작했다. 그 상징적인 주장은 바로 '두발규제 반대'였다. 2000년 아이두넷, 사이버유스, 채널텐이 함께 만든 '청소년 웹연대 위드(With)'에서는 두발규제에 반대하는 캠페인과 온라인 서명운동을 시작했다. 이름은 '노컷(No-cut)운동'. 머리카락을 자르는(cut) 두발규제에 반대한다는 의미이자 학생들의 개성과 자유를 잘라내는 학교를 비판한다는 뜻이었다. 노컷운동은 온라인을 활용한 서명운동과 공개토론을 통해 빠르게 퍼져나갔다. 위드에서 만든 '두발규제 반대' 배너는 당시 포털사이트 다음이 운영하던 한메일 서비스를 비롯한 여기저기에 올라왔다. 몇 개월 만에 10만 명이 넘는 사람들이 서명했을 정도로 이 캠페인에 대한 호응과 참여는 뜨거웠다.

학생들이 여러 가지 방법으로 두발규제에 대해 불만을 이야기하고 두발자유를 요구한 행동들은 사실 오래전부터 있어왔다. 1980년대에는 두발규제 철폐를 요구하는 시위를 학교에서 열거나, 조금이라도 규정을 완화하기 위해 학교에 건의를 하기도 했다. 2000년의 노컷운동은 이러한 학생들의 목소리를 온라인 서명운동으로 한데 모아 개별 학교 바깥의 사회에 알린 새로운 방식이었다고 할 수 있다. 어느 한 학교만의 문제가 아니라 우리 사회의 인권 문제라는 개념에서 두발자유 문제를 이야기했던 것이다.

노컷운동에서는 두발규제가 학생들의 신체의 자유 등 인권을 침해하는 것이라고 주장했다. 또한 국제모임에 참석했던 학생들은 "똑같은 교복, 똑같은 3cm 스포츠형 머리로 나온 학생들은 창피하게도 대한민국밖에 없었"고 한국 학생들은 다른 나라 학생들과 자유롭게 이야기를 나누지 못한 채 따로 앉아 지켜보고만 있었다는 일화를 전하며, 두발 및 복장규제 같은 억압이 학생들의 자유로운 소통과 시민적 역량에도 방해가 된다고 주장했다.[93]

인터넷도 아직 보편화되지 않았던 시절에 청소년들이 인터넷을 이용해 자신들의 의견을 모으고 권리를 주장한 사건, 게다가 10만 명 이상이 서명을 한 규모와 지지도. 이런 점들 때문에 신문과 방송 등에서도 노컷운동을 주목하기 시작했다. 하지만 노컷운동은 온라인에만 머무르지 않았다. 학생들은 두발규제에 반대하며 서명운동을 알리는 낙서를 칠판에 적었고, 두발자유를 주장하는 글을 작성해 여러 학생들에게도 나눠줬다. 웹연대 위드는 신촌에서 축제를 열어 머리카락을 자르는 퍼포먼스를 보여줬다. 중고등학생복지회로부터 만들어진 '전국중고등학생연합'이라는 단체는 거리에서 두발자유를 요구하는 캠페인과 퍼포먼스를 진행했다. 이렇게 직접 거리로 나서고 학교에서 행동하는 청소년들의 활동은 더욱더 사회의 주목을 받았다.

노컷운동이 언론을 통해 보도되고 소문이 나자 온라인 서명운동에도 더 활발한 홍보와 참여가 이루어졌고 서명참여자는 그해 겨울 16만 명을 넘어섰다. MBC 등 방송사에서도 두발자유를 주제로 하는 프로그

★ 노컷운동은 두발규제에 반대한다는 의미이자 학생들의 개성과 자유를 잘라내는 학교를 비판한다는 뜻이었다.

램을 만들자 점차 많은 사람들이 두발자유의 문제를 학생들의 인권 문제로 생각하기 시작했다. 노컷운동은 '두발자유'라는 네 글자를 학생인권의 대표 격으로 우리 사회에 알린 사건이었다.[94]

2000년 노컷운동의 결과, 교육부는 두발규제 문제에 대한 토론회를 열고 '학교에서는 학생, 교사, 학부모가 협의해 두발규정을 정하라'는 지침을 발표했다. 이는 두발규제를 여러 학교에서 완화시키는 긍정적 결과를 낳았지만, 그것을 완전히 없애는 것은 아니었을 뿐더러 학생들의 의견을 두발규정에 실질적으로 반영하지도 못하는 조치였다. 오히려 서울시교육청 교육위원들은 '학교장의 승낙 없이 학생단체를 조직해 서명 운동한 학생들을 처벌하라'고 요구했고, 교육감은 '서명을 주도한 학생들을 파악하고 있다'며 위협을 가했다. 학교들은 물론 교육청과 정부까지도 학생들이 자기 권리를 위해 활동하는 것을 전혀 받아들이지 않았던 것이다.

그럼에도 학생인권을 이야기하며 닫힌 교문을 두드리는 학생들은 이후 계속해서 나타났고, 2005년에 두발자유 운동이 사회적으로 또다시 일어났다. 이와 같은 꾸준한 청소년들의 운동과 여러 과정을 거쳐 두발규제는 과거에 비해 점점 정도가 약해지고 있으며, 몇몇 지역에서는 학생인권조례 제정 등을 통해 두발자유화나 두발 길이의 자유화가 이루어지기도 했다. 노컷운동으로 청소년들은 조금씩이지만 학교와 사회를 변화시키는 첫발을 내딛은 것이다.

# 인권을 찾으러
# 학교에 맞선
# 청소년들

2000년에 노컷운동이 일어난 뒤 '학생인권'은 한국 사회의 유행어가 됐다. TV 프로그램에서도 한국 학생들이 너무 이른 시간에 등교하고 새벽부터 변칙적인 보충수업(이른바 '0교시')에 강제로 참여해야 하는 현실을 꼬집으며 '아침밥 먹기 캠페인' 등을 벌였다. 그동안 학생들이 학교를 다니면서 겪어온 여러 폭력과 불합리한 관행들이 사회 차원에서 이야기되고 해결해야 할 문제들로 여겨지기 시작한 것이다. 2001년에 만들어진 국가인권위원회도 '일기장 검사는 학생인권 침해'라는 등의 공신력 있는 판단을 내놓으며 학생인권 문제를 사회에 알리는 데 도움을 쳤다.

　시민사회단체들의 활동도 활발했다. 2000년 만들어진 '학생인권과 교육개혁을 위한 전국중고등학생연합'은 인권단체와 함께 '인권을 찾자, 교칙을 찾자'라는 이름으로 전국 학교의 교칙들을 조사하고 그 속의 인권 문제를 지적하는 활동을 했다. 교칙을 그저 학교에서 알아서 정하도록 두지 않고 학생들 자신이 직접 조사하며, 우리 사회가 함께 관심을 가져야 할 문제로 교문 밖에 들고 나온 것이었다. 이와 더불어 전국중고등학생연합은 학교운영위원회에 학생 대표가 참여할 것을 요구했다. 학생도 학교의 한 구성원으로서 학교 운영에 참여할 권리가 있다고 주장한 것이다(초중등교육법 시행령에 따라 현재 몇몇 경우에는 학생이 학교운영위원회에서 의견을 낼 수 있지만, 여전히 학생대표가 권한을 갖고 참여하는 것은 불가능하다). 참교육학부모회와 전교조, 전국민주중고등학생연합, 흥사단교육운동본부 역시 '학생체벌금지 연대'를 만들어 학교에서의 체벌을 금지하기 위한 활동을 하며 체벌이 학생들의 인권을 침해한다고 헌법소원을 냈다. 청소년인권 보장을 요구하는 이러한 흐름은 학교 안의 문제를 넘어 아르바이트 노동을 하는 청소년들의 인권, 성소수자 청소년들의 인권 등으로 그 폭이 점점 넓어졌다.

　청소년들은 정부 정책에 대한 비판의 목소리를 내기도 했다. 2003년에 있었던 NEIS(교육행정정보시스템) 반대 운동이 그 대표적인 예다. NEIS는 학생과 교사에 대한 개인정보를 지나치게 많이 수집하고 장기간 보관하는 것 때문에 정보인권을 침해한다는 비판을 받았고, 전교조 등 교육단체들과 여러 시민사회단체들도 나서서 NEIS를 반대했다. 청소년들 역시 교육청 앞에서 NEIS에 반대하는 1인 시위와 캠페인을 벌였다. 당시 부산시교육청 앞에서 1인 시위를 했던 고등학생 박정훈의 피켓에는 "NEIS의 근본적 문제는 청소년을 하나의 인간으로 보지 않는 것이다. 우리도 인간이다. 우리의 권리를 찾자. 현재 학교와 사회에서 청소년 학생들은 미성숙한 인간으로 여겨진다. 그러한 시각 때문에 정치적 권리가 박탈당하는 것은 물론 하나의 인간으로 대접받기도 힘든 상황이다."라는 문구가 적혀 있었다.

그러나 이러한 청소년들의 활동은 여러 어려움을 겪어야만 했다. 가장 큰 문제는 학교에서 학생들의 활동을 방해하는 것이었다. 전국중고등학생연합의 광주지부장으로 활동했던 고등학생 박고형준은 학생부장 교사에게 불려가 '단체에서 탈퇴할 것이 아니면 자퇴하거나 전학을 가라'는 위협을 받았다. 박고형준은 하루 종일 수업에도 들어가지 못하고 교사와 면담을 하거나, 몇 십 장의 사실확인서를 쓰도록 요구받았다. 또한 청소년들의 자발적인 사회활동임을 믿지 못하는 사람들은 '학생들이 교사들의 조종을 받고 있다'는 근거 없는 추측을 내놓기도 했다. 많은 학생들은 인간다운 존중을 받기 위해, 그리고 자유롭게 말하고 활동하기 위해 자기 학교에서부터 어려운 싸움을 벌여야 했다.

학생인권에 대한 전국적 공감이 일어나는 분위기는 학교 안에서 많은 학생들이 자신의 권리를 주장하는 것으로 이어졌다. 상문고, 인천외고, 용화여고 등 여러 학교 학생들은 학교가 민주주의를 무시하는 태도, 학생인권을 침해하고 학생들의 편인 교사들을 해고하는 것을 비판하는 시위에 나섰다.

2004년 6월 16일, 서울 대광고등학교 3학년 학생이 강제 예배를 거부하겠다고 밝히며 종교의 자유를 주장하는 교내 방송을 했다. 대광고 학생회장 강의석이었다. 강의석은 그 전부터 대의원회의에서 학생들의 뜻을 모아 '학생회 임원이 되려면 기독교 신자여야 한다'는 규정 등을 고치려고 노력했으나 학교에서는 이를 거부했다. 결국 그는 3학년 때 강제적인 종교행사를 거부한다는 입장을 공개적으로 밝히며 학교에 저항했고 이후 험난한 과정을 헤쳐나가야 했다. 강의석은 매일 서울시교육청 앞에서 종교의 자유를 요구하는 1인시위에 나섰지만 학교는 그의 말에 귀 기울이지 않고 그를 퇴학시켰다. 이에 퇴학무효 소송을 제기하고 국가인권위원회에 구제를 요청하는 것으로 대응한 그는 시민단체들의 도움을 받으며 계속 종교의 자유를 보장하라고 요구했다. 그 과정에서 강의석은 '학생들이 예배 참여를 선택할 수 있게 하라'며 한 달이 넘는 기간 동안 단식을 하기도 했다. 고된 저항의 결과 그는 퇴학처분을 취소시키고 학교를 졸업할 수 있었다. 또한 대광고는 학생들에게 종교의 자유를 보장하겠다고 약속했고, 서울시교육청은 종교 사립학교들에 재학 중인 학생들에게 종교의 자유를 보장하고 종교 의식 외의 다른 과목을 선택할 수 있게끔 가이드라인을 마련했다.

강의석의 활동은 온 사회로 하여금 학생들에게 종교의 자유 문제가 있음을 알리고 이에 관심을 갖게 만들었다. 그 결과 종교의 자유를 위해 활동하는 단체나 모임이 만들어졌고 국회의원들 역시 이 문제에 대해 조사하고 해결책을 마련하려 했다. 이후 강의석은 학교가 학생에게 종교를 강요한 것이 불법 행위였다는 소송을 제기해 학교로부터 약

2,500만 원의 손해배상을 받아냄으로써 학교가 학생에게 종교를 강요하는 것은 인권을 침해하는 불법행위라는 판례를 남겼다.

학교의 인권침해에 용감하게 맞서 싸운 청소년들은 이후에도 끊이지 않고 나타났다. 2006년에는 서울 동성고등학교 학생 오병헌이 두발규제, 체벌 및 언어폭력, 강제 보충수업 등에 항의하며 '빼앗긴 인권을 돌려주십시오.'라고 쓴 피켓을 들고 학교 정문 앞에서 1인시위에 나섰다. 여러 교육시민단체들도 오병헌을 지지하며 동성고에 학생인권 문제 개선을 요구했다. 또한 2008년에는 경남 용마고등학교에 다니던 성상영이 체벌금지, 두발자유, 후문 등교 허용 등의 요구를 가지고 동아리와 함께 서명운동을 벌이며 학내시위를 준비하다가 학교로부터 제지당하는 사건이 일어났다. 학교가 성상영을 징계하겠다고 밝히자 경남 지역 시민단체들은 일제히 나서서 부당한 징계를 멈추라고 항의했다. 이 사건 이후 용마고는 한동안 학생들의 후문 출입을 허용하고 교문지도나 두발단속도 완화했다. 학생들의 행동은 비록 교칙을 고치지는 못했지만, 학교가 학생들을 함부로 대하지 못하게 만드는 '경고'로 작용했다.

그런데 강의석의 모교 대광고등학교와 오병헌의 모교 동성고등학교에는 한 가지 공통점이 있다. 바로 1960년 4·19혁명 때 학생들이 앞장서서 시위에 나선 것으로 유명한 학교라는 점이다. 또한 성상영이 다녔던 용마고등학교는 바로 김주열이 입학하려 했던 마산상업고등학교가 개명한 학교였다. 재미있게도 세 학교 모두 4·19혁명의 앞자리에 이름을 올렸고, 자기 학교가 4·19혁명에 참여했음을 자랑스럽게 내세우며 기념시설을 만들고 기념행사를 여는 곳들이다. 청소년들이 불의에 저항하며 민주주의를 뿌리내리게 만들었던 4·19 혁명. 그 정신을 잇는다는 학교들이 학생의 인권을 짓밟고, 학생들이 자기 의견을 표현하고 시위를 했다는 이유로 징계하려 했다는 것은 아이러니가 아닐 수 없다. 어쩌면 한국의 민주주의가 여러 청소년들의 활동과 참여, 희생 속에서 자라난 것임에도 정작 그 주인공이었던 청소년들은 자기 목소리를 낼 기회조차 온전히 가지지 못하고 있는 현실을 보여준 것이었을지도 모르겠다.

# 촛불집회와 두발자유운동, 그리고 학생인권조례

"우린 교육부의 장난감도, 등급으로 나뉘는 돼지고기도 아닙니다. 단지 고1일 뿐입니다." "시청 앞에 20만 명(전국 청소년의 3분의 1)이 모이면 등급제 폐지된답니다! 5월 7일 7시 교보 앞." 2005년 5월, 많은 중고등학생들이 휴대전화 문자메시지를 받았다. 새로 시행되는 '내신등급제'에 반대하는 집회에 나가자는 메시지였다.

당시 정부는 2008년도 대학입시부터 내신이 차지하는 비중을 늘리고 상대평가식으로 운영하는 내신등급제를 도입하겠다고 밝혔다. 상대평가란 그저 내가 잘하면 되는 게 아니라 '남보다' 잘해야 하는 것이기 때문에 경쟁을 강화할 위험이 컸다. 청소년들은 내신등급제 도입이 바로 옆의 같은 반 친구들을 경쟁상대로 생각하라는 것이고, 이는 수능 시험을 열두 번(중간·기말고사를 1년에 네 번씩 3년간) 치르라는 소리나 다를 게 없다고 반발했다. 그런 와중에 언론에는 입시 스트레스로 자살하는 청소년들의 소식이 연일 보도되었다. 21세기청소년공동체 희망은 5월 7일 토요일, 입시경쟁교육에 희생된 학생들을 추모하는 촛불문화제를 열겠다고 발표했다. 이 추모행사는 곧 내신등급제 등 입시교육에 불만을 가진 학생들이 모이는 자리가 되었다. 학생들은 자발적으로 내신등급제 반대를 위해 모이자는 소식을 알렸다.

교육부는 청소년들에게 집회 참여를 자제하라고 발표하고 교사와 장학사를 집회 현장에 배치하는 등 청소년들의 움직임을 방해했다. 그럼에도 5월 7일에는 약 1,000명의 청소년들이 광화문에 모여 내신등급제 반대, 입시경쟁교육 폐지를 이야기하며 희생된 학생들을 추모했다. 추모제를 준비했던 21세기청소년공동체 희망의 이근미 사무국장은 "이 행사는 추모제로 마련된 것인데, 당시 내신등급제 강화로 같은 반 친구들끼리도 경쟁하면서 압박받던 청소년들은 내신등급제 반대를 주장하며 참여했던 것 같다. (중략) 청소년들의 주체적 힘을 확인한 순간이었고, 그들의 조직적이고 집단적 힘이 우리 사회에 영향을 미칠 수 있다는 것을 깨달은 사건"이라고 말했다.[95]

이 무렵 인터넷에서는 '죽음의 트라이앵글'이라는 동영상이 인기를 얻고 있었다. 청소년의 시각에서 만들어진 이 동영상은 '내신강화를 요구하는 교사들, 수능시험을 강화해야 한다는 사교육업계, 논술 등 대학별 시험의 강화를 주장하는 대학들의 목소리를 변별 없이 받아들인 정부가 결과적으로 내신·수능·논술(대학별 시험)을 모두 다 잘해야 하는 입시제도를 만들어버렸다'고 비판했다. 사실과 정확히 부합하는 내용은 아니었지만 이 동영상은 많은 학생들의 공감을 얻었다. 내신등급제에 대한 학생들의 반발과 '죽음의 트라이앵글'은 교육정책을 결정하는 과정에서 배제당하는 청소년들의 처지를 상징적으로 보여줬다. 2005년에 열린 내신등급제 반대 촛불집회는, 21세기 들어서 청소년들이 정부 차원의 교육정책에 반대하고 한데 모여 대규모 집회를 하며 자신들의 의견도 반영할 것을 요구한 중대 사건이었다고 할 수 있다.

그로부터 1주일 뒤인 5월 14일, 청소년들은 두발자유를 위해 다시 한 번 광화문에 모였다. 2000년에 이어 2005년에는 아이두넷에서 또다시 두발자유운동이 일어났고, 온라인 서명에 참여한 사람들의 수는 10만 명을 넘기고 있었다. 여러 시민사회단체들도 두발규제 문제에 대한 토론회를 열고 두발자유를 주장하는 거리집회를 기획했다. 그 이전부터 계획되어 있던 두발자유집회가 우연히도 5월 7일 촛불집회의 1주일 뒤였던 것이다. 입시정책의 문제에 이어 두발자유 문제로 학생인권을 외치면서 청소년들이 2주 동안 연이어 집회를 연 것은 많은 사람들의 주목을 받았다.

거리로 나온 청소년들의 요구는 국회에도 닿았다. 2005년 민주노동당은 두발자유·체벌금지·차별금지·강제보충자율학습금지·종교자유·학생회권리법제화 등의 내용을 담은 초중등교육법 개정안을 만들었다. 이 법안은 '학생인권법안'으로 불리며 학생인권 상황을 개선하기 위한 제도적 대안으로 떠올랐다. 그러나 교장과 교사 등이 모인 교원단체총연합회(교총)와 더불어 당시 국회에서 두 번째로 많은 의원 수를 보유하고 있었던 한나라당이 반대하고, 여당이었던 열린우리당도 큰 관심을 기울이지 않아 결국 이 법안은 국회에서 통과되지 못했다. 대신 초중등교육법에 '학교의 설립자, 경영자, 학교의 장은 헌법과 국제인권 조약에 명시된 학생의 인권을 보장해야 한다.'라는 학생인권보장 조항 이 새로 추가되었다.

그 이후에도 두발자유 등 학생인권 보장을 요구하는 움직임은 지속 적으로 이어졌다. 또한 두발규제 문제는 여전히 학생들의 불만이 가장 많은 사안으로 남아 있었다. 두발규제를 고집하는 학교에 맞서서 학생 들은 모여서 함께 불만을 표출하기 시작했다. 2005년 시위에 참여한

★ 2011년 4월 19일, 청소년들이 서울 학생인권조례 주민발의 서명을 위해 퍼포먼스와 행진을 했다.

학생들은 학교의 기념비 등에 'NO CUT' '헌법12조, 모든 국민은 신체의 자유를 갖는다.' 등의 문구를 쓰며 학교의 두발규제에 항의했다. 서울 송파공고 학생들은 2005년, 두발규제에 반대하며 점심시간에 일제히 종이비행기를 날리는 시위를 함으로써 두발자유화를 이뤘다. 학생들의 이러한 집단행동은 전국 여러 학교에서 일어났고, 서명 운동을 통해 두발규정을 개정한 학교들도 여럿 있었다. 비록 원하던 만큼의 변화를 이루어내진 못했으나 청소년들의 행동은 세상에 알려지면서 학생인권에 대한 사람들의 생각을 바꾸는 계기가 되었다. 학교 안에서 시위를 하는 청소년들이 있었는가 하면, 시민단체들 역시 계속해서 두발자유, 체벌금지, 소지품 검사 및 압수 폐지, 학교 민주주의 등을 주장하며 거리집회, 행진, 캠페인 등을 벌였다.

더불어 교육감 직선제가 시행되면서 지역별로 교육정책을 시행할 수 있는 자율성이 확대됐다. 2008년 경기도에서 당선된 김상곤 교육감은 학생인권조례 제정을 공약으로 내걸었고 2010년 최초로 이 조례를 시행했다. 광주에서도 2011년 학생인권조례가 만들어졌고, 2010년 서울에서 학생인권조례를 주민발의로 만들기 위해 벌어진 운동은 학생인권에 대한 어른들의 무관심과 편견을 극복하고 주민발의와 제정에 성공했다. 2013년 전북에서도 도의원들의 반대를 물리치고 학생인권조례가 제정됐다.

# 사소했던 것을
## 사소하지 않게
# 만들다

앞서 본 것처럼 청소년들은 3·1운동 때부터 정치의 한 주체로 등장해왔다. 과거 청소년들은 민주주의를 위해, 또 더 나은 나라를 위해 목소리를 내며 한국 사회에 뛰어들었다. 때로는 정의감이나 열정 때문이었고, 때로는 사회 전체가 더 좋아지면 청소년들의 삶도 좋아질 것이라는 믿음 때문이었다. 그리고 2000년대가 되면서 청소년들은 사회가 좋아져도 변하지 않는 학교와 일상을 마주하며, 직접 자신들의 삶을 바꾸고 권리를 보장받기 위해 목소리를 내고 행동에 나섰다.

학생인권조례로 대표되는 학생인권의 문제는 이제 하나의 중요한 정치적 이슈가 됐다. 소위 보수정당과 보수세력, 그리고 진보정당이나 진보세력은 학생인권 문제에 대한 각자의 입장을 발표하며 찬성 혹은 반대를 한다. 교육부에서는 학생인권조례에 반대하면서 무효 소송을 내고 상위법을 개정해 조례를 무효화하려는 등 여러 갈등을 낳고 있다. 종종 보이는 부당한 편견이나 공격은 안타깝지만, 이는 그만큼 학생인권을 요구하는 사람들의 힘이 무시할 수 없게 되었고 우리 사회의 의미 있는 쟁점이 되었다는 뜻이기도 하다.

과거에 두발자유 등 학생인권 보장을 요구하면 정치적 성향을 막론하고 "겨우 머리카락 가지고 뭘 그러냐?"라는 식의 대답이 돌아오곤 했다. 다른 여러 정치 및 교육 문제들에 비해 학생인권 문제는 그만큼 사소한 것로 여겨졌던 것이다. 그러나 1990년대의 학생인권 요구, 그리고 2000년 노컷운동 때부터 2010년에 이르기까지 줄기차게 학생들의 인권문제를 제기해온 청소년들은 그것이 결코 사소한 게 아니며 청소년들의 삶에서 중요한 문제라고 힘주어 말해왔다. 때로는 징계나 불이익을 각오하면서 학교의 잘못된 규칙과 행동에 맞서 싸운 학생들의 모습은 사람들로 하여금 우리 사회가 이 문제를 함께 해결해야 한다는 사실을 깨닫게 해주었다.

정치란 사람들의 삶을 결정하고 바꾸는 것이기도 하다. 노컷운동을 비롯해 학생인권을 주장하는 운동과 학생인권조례의 탄생은 2000년대 청소년들의 삶을 바꾼 가장 중요한 정치적 사건 중 하나라 할 수 있다. 이는 많은 청소년들이 직접 정치의 주인공이 되어 학교와 거리, 의회에서 활동했던 과정이자 그 결과였다. 학생인권조례의 제정 과정에 참여한 지혜처럼 학생인권을 통해 자기 삶은 물론 사회의 주인이 되는 경험을 한 청소년들도 있었다. 학생인권은 청소년들의 삶의 이야기와 문제가 대한민국 정치 무대에 주역으로 오르게 한 키워드였다.

자신들의 권리를 주장한 청소년들의 활동은 2000년대 이후 적극적인 정치활동으로도 나타났다. 여러 청소년들이 청소년들에게도 선거권 등 정치에 참여할 권리를 보장하라고 요구했고, 몇몇 청소년은 직접 정당에 가입해 활동하거나 정부기구에 참여해 의견을 제출했다. 청소년들은 중대한 사회적 이슈가 발생할 때마다 시국선언을 발표하고 촛불집회의 주축이 되기도 했다. 청소년들 스스로가 주인이 되기 위한 정치에 나선 것이다.

# 11

| 촛불집회와 참정권 운동 |

'만 18세 선거권 운동'은 단지 선거권 연령을 바꾸자는 운동만이 아니었다. 선거권 제한 연령을 만 19세로

하는 것과 만 18세로 하는 것 사이에는 큰 차이가 있었다. 후자로 정하면 고등학교 3학년생들이나 열아홉

살인 사람들 중 일부가 선거권을 가지게 되는데, 이는 참정권을 얻는 첫 출발선을 10대 청소년이 끊는다

는 큰 의미를 가진다.

# 2008년
# 6월의
# 청계광장

혜원은 종이컵에 끼운 촛불을 들고 청계광장에 있었다. 주변 거리는 사람들로 가득했다. 촛불을 든 사람들, 피켓을 든 사람들, 유모차를 밀고 있는 사람들…….

2008년 6월 10일 저녁, 서울에서는 '미국산 쇠고기 수입 전면 재협상 촉구 및 국민 무시 이명박 정권 심판 100만 촛불 대행진'이 열렸다. 혜원은 같이 온 친구를 찾고 있었다. 고등학교에서 함께 합창 동아리를 하는 친구였는데 잠시 전철역 화장실에 갔다 온 사이 사람들에게 떠밀려서 친구와 떨어져버린 것이다. 혜원도 몇 번 촛불집회에 참여해봤지만 오늘처럼 사람이 많은 날은 처음이었다. 서울시청 광장 입구부터 세종로 사거리까지 모두 사람들로 메워져 있었고 10대처럼 보이는 이들도 많았다. 모두 합쳐 100만 명은 모인 게 아닐까 싶었다.

2008년 5월, 이명박 정부의 미국산 쇠고기 수입 협상에 반대하는 촛불집회가 서울 시내에서 거의 매일같이 열렸다. 혜원은 5월부터 두세 차례 촛불집회에 참가했다. 처음 관심을 갖게 된 계기는 5월 초, 자주

접속하는 인터넷 카페에 올라온 소위 '광우병(변형 크로이츠펠트-야코프병)'에 대한 TV 시사프로그램 내용을 요약한 게시물과 촛불집회 현장 소식을 본 것이었다. 안전하지 못한 쇠고기가 학교 급식에 나올지도 모른다는 걱정이 드는 한편 정부에서 내놓는 발표들도 신뢰할 수 없었다. 집회나 시위 현장에 가는 일이 두렵기도 했지만 신문 기사를 보니 중고등학생들도 많이 참여하고 있다고 해서 혜원은 한번 가보기로 했다.

혜원이 참여한 주말의 촛불집회 현장에서는 미국산 쇠고기 수입에 대한 이야기만 나온 것이 아니었다. 대통령이 공약했던 '한반도 대운하'에 반대한다는 피켓을 든 사람, 정부의 '학교 자율화' 정책은 0교시와 종교 강요, 우열반 등을 금지한 교육부 지침을 없애는 내용이라고 비판하는 홍보물을 나누어주는 사람도 있었다. 하지만 그곳에 모인 사람들은 모두 민주주의와 인권에 대해 이야기한다는 공통점이 있었다.

혜원은 친구들과 촛불집회에 참가하면서 새로운 것들을 알아갔고, 사람들과 함께 행진하고 아스팔트 위에 분필로 교육제도와 정부를 풍자하는 낙서를 하면서 해방감을 느꼈다. 그리고 이것이 바로 사람들이 참여하는 '광장'이고 민주주의의 모습이라고 생각했다. 경찰들이 집회를 진압하고 사람들을 체포하는 것은 무서웠지만, 사람들과 함께 있으니 그 두려움도 촛불집회를 힘으로 막으려 드는 경찰과 정부에 대한 분노로 바뀌곤 했다. 그래서 6월 10일, 1987년 6월 항쟁의 날을 맞이해 열린 가장 큰 규모의 촛불행진에 비록 평일이었지만 친구와 함께 참여했던 것이다.

갑자기 사람들이 박수를 치며 환호하는 소리가 들렸다. 고개를 돌려보니 깃발을 든 고려대학교 학생들이 지나가고 있었다. 고려대는 바로 오늘 학생 총투표를 통해 동맹휴업을 결정했고 집회에 참가했다. 혜원은 대학생들의 적극적 참여가 반가웠지만 한편으론 씁쓸한 기분도 들었다. 지난 5월 17일에 중고등학생들 사이에서도 '휴교시위'를 하자는 문자메시지가 익명으로 돌았던 적이 있었다. 그러나 그때는 촛불집회에 참가하는 시민들 중 상당수가 '아직 어린 학생들이 학교를 빠지면 안 된다거나 여론이 나빠질 수도 있다'며 우려하는 모습을 많이 보였다. 대학생들의 동맹휴업에는 박수를 보내면서 중고등학생들의 휴교에 대해서는 이견을 보이는 시민들의 모습에 혜원은 마음이 불편했다.

혜원은 고려대 학생들이 지나가면서 생긴 틈새에서 친구를 다시 만났고, 이어 촛불집회 무대를 보기 위해 친구와 함께 사람들을 헤치며 앞으로 나아갔다. 무대에서는 1987년 민주화운동 때 목숨을 잃은 이한열, 박종철의 어머니와 아버지가 민주주의를 실천하라고 외쳤고, 많은 사람들이 자유발언을 통해 이명박 정부를 비판했다. 가수 양희은이 '아침이슬'을 불렀고 곧 행진이 시작됐다. 세종로 사거리에는 경찰이 설치한 컨테이너 벽, 일명 '명박산성'이 버티고 있었다. 혜원은 사람들과 함께 거리를 걸으며 명박산성을 올려다보았다. 견고하고 거대한 컨테이너 벽은 시민들과의 소통을 거부한 정부의 태도를 상징하는 듯했다.

혜원은 촛불집회에 참가했던 청소년들이 모인 인터넷 카페를 찾아 가입한 뒤 청소년들이 민주주의를 위해 무엇을 할 수 있을지, 교육정책을 비롯해서 정부의 정책이 뭐가 잘못되었는지, 또 집회에 참가해서 어떤 일을 함께할지 논의했다. 지금은 7월에 있는 서울시교육감 선거 때 청소년들이 할 수 있을 일들에 대한 이야기를 나누고 있다. 혜원은 벌써 한 달이나 이어진 이 촛불집회가 언제 수그러들지는 모르지만, 집회 이후에도 또 자신이 광장에서 무언가를 해볼 수 있지 않을까 생각하며 사람들과 함께 종로를 행진했다.[96]

# 청소년들이
# 앞장선
# 촛불집회

2008년 5월부터 시작해서 그해 여름까지 한국 사회를 술렁이게 한 사건은 바로 촛불집회였다. 2008년 2월 이명박 정부의 임기가 시작되었지만 그들의 교육정책이나 한반도 대운하 공약 등은 많은 사람들의 반대와 우려를 불러일으켰다. 물이나 전기 등의 공공산업을 민영화할 것이라고 걱정하는 사람들도 있었다. 그러던 중 이명박 정부가 미국산 쇠고기 수입을 개방하기로 미국과 합의했다는 소식이 알려지자 이를 계기로 촛불집회가 시작되었다. 미국산 쇠고기를 먹으면 변형 크로이츠펠트-야코프병에 걸릴 수도 있다는 사람들의 불안감 때문이기도 했지만, 정부가 안전대책을 제대로 만들지 않은 채 수입을 확정하자 이에 반대하고 재협상을 주장하는 시민들이 집회를 연 것이었다.

5월 2일 서울 청계광장에서 처음 시작된 2008년 촛불집회의 특징은 특정 단체나 정당을 통해 조직된 시민들이 아니라 인터넷 등을 통해 자발적으로 모인 사람들을 주축으로 시작되었다는 점이다. 집회를 주최

한 단체 측도 1만 명을 넘는 이들이 참가할 거라고는 예상하지 못했다. 물론 시민단체들이나 정당 들도 많이 참여했지만, 초반부터 집회에 참가한 사람들 대다수는 소속된 단체가 없는 개인들이었다. 오히려 촛불집회 현장에서 새롭게 단체를 만들거나 인터넷 카페 등을 통해 모이는 경우가 많았다.

이때부터 시작된 촛불집회는 거의 매일같이 서울 중심부에서 수백 명에서 수만 명이 참여하는 집회로 이어졌고 서울시청 광장과 청계광장은 집회와 문화제, 시민들의 자유발언과 행진 등 다양한 정치적 발언과 행동이 이루어지는 민주주의의 현장이 되었다. 다른 지역 도심에서도 꾸준히 촛불집회가 열렸다. 2008년의 촛불은 6월 10일 '미국산 쇠고기 수입 전면 재협상 촉구 및 국민 무시 이명박 정권 심판 100만 촛불 대행진'에 70만 명이 넘는 시민들이 참가한 뒤 한동안 이어지다가 7월 무렵에는 점점 참가자가 줄어들었고, 여름이 지난 이후에는 소규모 시위들만 열렸다 사라졌다.

2008년 촛불집회의 또 다른 큰 특징은 청소년들이 많이 참여했다는 점이다. 2008년 5월 2일과 3일, 첫 촛불집회에 참가한 2만여 명 중 60~70%가 중고등학생으로 추정되었다.[97] 청소년들은 인터넷을 통해서 이명박 정부의 정책이나 미국산 쇠고기 수입 문제에 대한 정보를 빠르게 접했고, 학교 급식 등 자신들의 먹을거리에 대한 바른 정보를 알고 선택할 자유가 없는 상황이었기에 미국산 쇠고기 수입 문제를 더욱 중요한 문제로 받아들였다. 또한 이명박 정부의 교육정책에 대한 불만도 높은 상태였다. 2008년 촛불의 광장을 연 주역은 인터넷 게시판과 카페, 팬클럽 등의 다양한 경로로 정보를 알고 모인 혜원과 같은 청소년들이었다.

청소년들의 집회 참여는 많은 사람들의 관심을 받았고, '촛불소녀'라는 촛불집회의 상징물이 탄생하게 만들었다. 청소년들은 집회 현장의 자유발언대를 통해 자신들의 주장을 펼쳤고 때로는 밤을 새워가며 촛불을 밝혔다. 생활정보를 공유하던 인터넷 카페, 연예인 팬클럽 등 청소년들이 참여하는 다양한 온라인 모임들에서도 촛불집회에 대한 정보가 공유되고 이에 대한 토론이 이어졌다. 한 포털사이트의 청원 게시판에서 이루어진 이명박 대통령 퇴진요구 서명운동에는 100만 명이 넘는 사람들이 참여해 큰 주목을 받았는데, 그 운동을 처음 시작한 사람도 고등학생이었다.

촛불집회는 자연스럽게 청소년들이 더욱 조직적으로 단체를 만들고 활동하는 계기가 되었다. 이들이 모여서 결성한 조직으로는 '전국청소년학생연합' '의식이 깨어 있는 청소년연합' '미친 소 몰아내는 10대연합(10대연합)' 등이 있다. '10대연합'은 촛불집회에서 자원봉사활동과 공연을 했고, 메인 행사로 열린 촛불집회와는 별도로 청소년 자유발언대나 청소년 거리행진 등을 조직하기도 했다. 집회에 참여한 청소년들의 관심사는 미국산 쇠고기 수입 문제에서 이명박 정부의 여러 정책들, 그리고 우리 사회의 여러 문제들로 넓어졌다.

촛불집회의 열기가 한창이었던 5월 중순, 청소년들 사이에서는 5월 17일에 휴교시위를 하자는 문자메시지가 퍼졌다. 나중에 알려진 바에 따르면 그 문자메시지는 18세의 청소년이 처음 보낸 것이었다(검찰은 이 청소년을 허위의 통신, 업무 방해 등의 혐의로 기소했지만, 법원은 이 문자메시지가 학생들이 학교를 쉬고 시위에 참여해야 한다는 개인적 의견을 표현한 것으로 보인다며 무죄를 선고했다). 비록 대규모로 청소년들이 등교거부와 시위를 하는 일은 일어나지 않았지만, 청소년단체들과 몇몇 청소년들은 이날 등교하지 않고 청계광장에서 기자회견을 연 뒤 '청소년들이 등교거부 등으로 자신들의 주장을 표현하는 것은 정당한 권리이며 촛불집회 참가도 가로막지 말아야 한다'고 주장했다. 또한 5월 17일 저녁에는 서울 명동과 대한문 앞에서 청소년들이 따로 집회를 열고 자유발언과 거리행진을 진행했다.

청소년들의 이러한 참여와 활동은 촛불집회에 참여한 시민들에게는 활력을 주었지만 정부를 비롯해 어떤 이들에게는 두려움과 걱정을 불러일으켰다. 이에 따라 청소년들의 집회 참여를 막으려는 움직임도 생겨났다. 교육청에서는 교사나 장학사 등이 직접 나서서 집회 현장에 나온 학생들을 집으로 돌려보내는 '지도'에 나섰다. 전북에서는 한 청소년이 집회신고를 하자 경찰이 그 학생의 학교로 찾아와 수업 중에 학생을 불러내 조사하는 일도 있었고, 학교 역시 청소년들의 촛불집회 참석을 막거나 참가자에게 체벌을 하고 불이익을 주는 사건들이 일어났다.

더불어 청소년들의 촛불집회 참여는 누군가에게 조종당한 것으로 폄하되는 일이 비일비재했다. 공정택 서울시교육감은 "촛불집회에 많이 참가한 곳이 전교조가 심한 지역" "뒤에서 종용하는 세력이 많아서 학생들의 집회 참여를 예방하기 어렵다."라는 등 청소년들이 교사 혹은 다른 어른들의 조종을 받고 있다는 식으로 얘기했다. 또 한 유명 언론

인은 집회 참가가 청소년에게 유해하다며 '촛불집회가 열리는 광화문 일대를 청소년 통행금지 구역으로 설정하고 청소년들을 데리고 나온 부모나 교사 등을 처벌해야 한다'고 주장했다.

촛불집회 내부에서도 청소년들은 자주 차별적인 대우와 마주해야 했다. 5월 17일에 계획했던 휴교시위에 대한 사람들의 반응이 그 한 예였다. 청소년들은 집회 참가자들로부터도 '공부해야 할 시기임에도 어른들이 잘하지 못해서 거리로 나온 기특한 아이들' 정도로 취급되곤 했다. 청소년들도 집회의 자유를 가진 시민이며 당연히 자신의 뜻에 따라 집회를 주최 혹은 참가할 수 있다고 생각하기보다는 이를 이례적이고 특수한 일이라고 여겼던 것이다. 일부 참가자들은 청소년들이 나이가 어리다는 이유로 하대하고 무시하거나 심부름을 시켰다. 촛불집회 주최단체 중 어떤 곳은 '청소년들은 밤 10시 이후 귀가시키겠다'고 공지해 청소년들이 이에 대한 불만을 인터넷 게시판에 올리기도 했다.

촛불집회에 참가한 일부 청소년단체들은 청소년들에게 차별적인 대우를 문제 삼고 비판하는 글을 쓰거나 전단지를 배포하는 활동을 했다. '광우병 위험·미국산 쇠고기 전면수입을 반대하는 국민대책회의' 소속 단체들은 국가인권위원회에 청소년들에게도 집회의 자유가 보장되어야 한다는 진정을 제기했다. 또 한 청소년은 경찰이 청소년들을 폭력적으로 진압하고 체포하는 것이 인권침해라고 진정을 내면서, 집회 당시 경찰들 사이에서 "교복 입은 애 잡아라."라고 하는 목소리를 들었다고 증언했다.[98]

2008년 촛불집회의 결과 5월 22일, 이명박 대통령은 대국민 사과문

★ 광우병 촛불집회. 2008년 5월 17일 '휴교 시위' 문자메시지가 돌자 청소년들은 집회를 열고 자신들만의 목소리를 냈다.

을 발표했다. 또한 시민들의 우려를 잠재우기 위해 음식물 원산지 표시제를 강화했고 가축전염병예방법을 개정해 변형크로이츠펠트-야고프병 발병 위험이 높다고 알려진 30개월 이상의 쇠고기나 위험 부위는 수입하지 않기로 했다. 그러나 촛불집회에서는 미국산 쇠고기 수입 문제뿐 아니라 이명박 정부의 여러 정책 및 우리 사회의 다양한 문제들에 대한 이야기가 쏟아져 나왔다. 이는 2008년 촛불집회 이후에도 각 지역단체와 모임들이 생겨나 우리 사회의 문제와 민주주의를 다루며 토론하고 활동하는 밑거름이 되었다.

청소년들의 활동 역시 여러 방향으로 전개되었다. 2009년 노무현 전 대통령이 검찰의 압박수사로 자살하는 사건이 일어나자 청소년들은 민주주의의 후퇴를 우려하는 시국선언을 발표했다. 또한 촛불집회에 참가했던 청소년 중 일부는 일제고사 도입 등 정부의 교육정책을 비판하는 활동에 계속 참여했다. '전국청소년학생연합' '청소년인권행동 아수나로' '교육공동체 나다' 등은 2008년 7월 30일 서울시교육감 선거를 앞두고 청소년의 선거 참여, 정책 참여의 권리 등을 요구하는 퍼포먼스로 '기호 0번 청소년 교육감 후보 운동'을 진행했다. '기호 0번 청소년 교육감 후보'는 포스터와 홍보물을 만들어 교육감 선거 포스터 옆에 붙이고 촛불집회 현장에서 유세를 펼쳤다. 이들은 "청소년이 빠진 교육감 선거는 제대로 된 게 아니다!"라고 외쳤다. 청소년들이야말로 진정한 교육의 주인이며 청소년들의 참정권, 참여할 권리를 보장하라는 취지였다.

# 청소년으로서
# 그리고 시민으로서
# 가만히 있을 수 없다

청소년의 대중집회 참여는 2008년에 갑자기 나타난 현상이 아니다. 한국 사회에서 촛불집회가 대중적인 집회의 모습으로 처음 시작된 것은 2002년이었는데, 많은 청소년들은 그때부터 촛불집회에 참여하고 정치적 발언과 활동을 해왔다.

2002년 6월, 경기도 양주에서 중학생 두 명이 미군 장갑차에 치여 목숨을 잃었지만 미군 군사법정은 사고를 낸 군인들에게 무죄 판결을 내린 일이 알려졌다. 한국 정부는 해당 군인들을 한국 법원에서 재판하겠다고 요청했으나 미국은 이를 거부했고, 결국 실수로 일어난 사고란 이유로 무죄 판결을 내린 것이다. 많은 사람들이 이 사고와 미군의 성의 없는 태도에 분노했고, 불평등한 주한미군지위협정(SOFA)에 대해 문제의식을 가지게 되었다. 그동안 여러 차례 일어났던 미군에 의한 범죄도 함께 거론되었다. 이와 함께 죽은 청소년들을 추모하는 촛불을 들자는 제안이 인터넷을 통해 퍼졌고, 2002년 11월 광화문에서 '촛불집회'가 열리기에 이르렀다.

목숨을 잃은 피해자가 중학생이었기 때문에 당시에는 촛불집회 이전부터도 여러 청소년들이 진상규명과 처벌을 요구하는 행동에 나서고 있었다. 사고 직후에는 사고 지역 근처의 학생들이 추모행사를 개최했고, 7월에도 피해자와 같은 학교에 다니고 있던 학생들 및 그 지역의 청소년들과 여러 청소년단체들이 미군부대 앞에서 집회를 열었다. 청소년들은 "같은 학생으로서 참을 수 없다. 책임자 처벌하라." 같은 피켓을 들고 참여했다. 과거 1990년대에 고등학생운동을 했던 단체들이 연합해서 만든 청소년단체 '21세기청소년공동체 희망'에서도 집회를 기획하고 활동했다. 집회 참가자들은 "학생들은 이런 곳에 오면 안 된다고 말리는 선생님들이 있다면 우리는 헌법과 유엔아동조약에 명시된 것처럼 집회와 결사의 자유가 있는 시민이라고, 함께 알리자고 말씀드리고 싶다."[99]라며 자신들도 이 사회의 한 시민으로서 사회 문제에 참여할 수 있다고 주장했다.

미군 장갑차 사건은 초기에는 잘 알려지지 않았다. 2002년 당시는 한일 월드컵 축구 경기가 한창이었기 때문이다. 하지만 사건을 알리려

★ 2008년 서울시교육감 선거에서 청소년 참여를 주장하며 청소년 후보 운동이 벌어졌다.

는 청소년들과 시민단체들의 노력이 모인 덕분에 몇 달 뒤 수만 명이 참여하는 촛불집회가 일어나게 되었다. 인터넷을 통한 빠른 소식 전달과 한일 월드컵 때 생겨난 거리응원 문화도 사람들이 거부감 없이 광장에 모이는 데 한몫했다. 특히 월드컵 경기를 거치면서 민족과 나라로 대표되는 공동체 의식과 민족주의, 대한민국이라는 나라에 대한 자부심이 커진 시점이었기 때문에 불평등한 미국과의 협정 등이 더욱 사람들을 자극한 면도 있었다.

2002년 겨울부터 열린 서울 도심에서의 촛불집회에는 나이를 가릴 것 없이 많은 사람들이 참여했다. 그중에는 청소년들도 많았다. 학교에서 집회 참여를 막는 경우도 많았지만, 학생들은 야간자율학습에서 빠져나와 교복 차림으로 집회에 참여하곤 했다. 청소년들은 당시 인터넷을 가장 능숙하게 다루고 정보를 접하던 세대였고, 또 사고의 피해자가 청소년이었다는 점 때문에 이 사건과 집회에 큰 관심을 가지고 동참했다.

촛불집회는 미군 장갑차 사건이 일단락된 뒤에도 대중집회의 상징이 됐다. 노무현 대통령이 국회에 의해 탄핵되는 사건이 벌어진 2003년에는 이에 반대하는 촛불집회, 2004년에는 한국 정부가 미국의 이라크 침공에 파병하기로 한 한국 정부의 결정을 반대하는 촛불집회가 이어졌다. 정도의 차이는 있었지만 이러한 촛불집회에서도 청소년들의 모습은 어렵지 않게 찾아볼 수 있었다.

인터넷 언론과 인터넷 방송 등을 통해 잘 알려진 청소년들도 있었다. 2002년이나 2008년이나 촛불집회와 인터넷은 서로 연결되어서 사람들이 정치적 의견을 나누고 목소리를 내는 광장, 즉 '열린 공간'의 역할을 했다. 청소년들은 이런 광장에서 좀 더 자유롭게 자신의 목소리를 내며 활동했고, 일종의 해방감도 맛볼 수 있었다. 이런 정치적인 자유로움이 어떤 소속이나 조직 없이도 청소년들이 자발적으로 촛불집회에 나왔던 큰 이유 중 하나였을 것이다.

청소년들은 거리뿐 아니라 정당과 정부기구에도 모습을 보이기 시작했다. 정치적 활동을 하면서 언론에 여러 차례 등장하는 청소년들, 정당이나 여러 단체에서 활동하는 청소년들은 '청소년 정치인'으로 불리기도 했다. 청소년의 정당 참여 중 가장 대표적인 예는 민주노동당의

'청소년위원회'였다. 2004년에 진보정당을 표방하면서 최초로 국회의원을 당선시킨 민주노동당은 청소년위원회를 만들고 청소년을 대의원으로 선출했다. 또한 그 이전부터 꾸려진 사회당의 청소년위원회도 활동을 하고 있었다.

사실 정당법에서는 정당 당원으로 가입할 수 있는 자격을 '국회의원 선거권이 있는 사람'으로 정해두고 있기 때문에 선거권이 없는 청소년들은 정당 가입이 불가능하다. 그럼에도 민주노동당, 사회당 같은 진보정당에서는 청소년들의 참여를 가능하게 했다. 이들 정당 내의 청소년위원회는 보통 청소년 당원들이나 청소년 관련 활동을 하는 어른 활동가들의 참여로 꾸려졌고, 실질적으로 청소년들의 삶을 바꾸기 위한 정책을 내고 활동했다. 사회당의 청소년위원회는 청소년 참정권에 대한 토론회를 여는가 하면, 민주노동당 청소년위원회는 두발자유 등의 내용을 담은 학생인권법안, 학생회가 학교 운영에 참여할 수 있게 하는 학생자치법안을 만들어 국회에 제안하는 활동에 참여했다.

2004년 무렵 한국 정치의 분위기는 뜨거웠다. 2002년부터 계속된 여러 촛불집회들의 흐름에 이어 2004년 선거에서 최초로 극우보수 성향으로 분류되는 정당 외의 민주주의와 개혁 등을 표방한 정당들이 국회의원 다수를 차지했고, 진보정당 좌파정당을 표방한 민주노동당은 최초로 국회의원에 열 명이 당선되는 등 굵직한 변화들이 나타났기 때문이다. 사람들 사이에서는 '시민들의 정치 참여를 통해 더 나은 사회를 만들고 정치개혁을 할 수 있을 것'이라는 기대가 퍼졌고, 청소년들 역시 그런 기대감과 분위기를 공유하며 다양한 방식으로 함께 참여했다. 온라인에서는 '진보적 청소년 연합' 같은 카페들을 비롯해 정치에 적극적으로 관심을 보이는 청소년들의 모임과 글들이 많이 눈에 띄었다. 또한 노사모(노무현을 사랑하는 사람들의 모임)로 대표되는 '정치인 팬클럽'이라는 새로운 형태의 정치 모임에 청소년들이 가입하기도 했다.

청소년들이 정부기구에 참여할 수 있는 기회 또한 2000년대 들어 눈에 띄게 늘어났다. 그 배경에는 민주주의를 확대시키려는 김대중·노무현 정부의 노력이 있었다. 김대중 정부에서 문화체육관광부가 청소년정책을 맡으면서 전개한 '제2차 청소년육성 5개년 계획'에서는 청소년들의 정책 참여 기회 확대가 목표 중 하나로 제시됐다. 이에 따라 단지 청소년보호를 위한 정책만이 아니라 청소년들의 다양한 문화 활동을 지원하고 사회참여를 장려하는 정책들이 시행됐다.

또한 노무현 대통령은 대통령 선거 때 공약으로 대통령 산하에 청소년특별회의를 두어 청소년들의 의견을 정책에 반영할 것을 약속했고, 2004년에는 여러 청소년들의 의견을 듣는 정책이 시범적으로 실시되었다. 이어 2005년부터는 정식으로 청소년특별회의를 꾸려서 정부 각 부처들이 세운 청소년정책에 관련해서 특별회의에 참여한 청소년들이 의견을 제시하도록 했다. 비록 청소년들이 직접 선출하는 대표가 아니라 교수나 전문가들이 지역별로 소수를 선발하는 방식이었기 때문에 많은 청소년들의 목소리를 반영하기에는 한계가 있었지만, 청소년들이 정부기구에 참여해 정책에 대한 의견을 직접 표현할 수 있는 기회를 가진다는 것은 중요한 변화 중 하나였다. 그밖에도 시민단체들이 공식기구는 아니지만 '대한민국청소년의회'를 만들어 운영하는 등 청소년의 정치참여를 활성화하기 위한 다양한 활동이 전개되었다.

물론 여전히 청소년들의 정치참여는 우리 사회에서 제대로 인정받지 못하고 있었다. 어리다고 무시당하거나, 정치에 관심을 가지는 청소년들은 '특이한 애' 취급을 받기도 하고, 정당에 가입했다는 사실이 알려져서 학교로부터 처벌당하거나 '정당을 탈퇴하라'는 협박을 받는 경우도 있었다. 보수적인 언론이나 사람들은 청소년들의 정치참여를 안 좋게 바라보며 특정 어른들에게 조종 및 이용당하고 있는 것이라고 폄하했다. 민주노동당은 청소년위원회를 만들었지만 그 안에서도 중요한 자리는 어른들이 주로 맡았다는 비판을 받은 적도 있고, 이후 2012년 민주노동당과 국민참여당 등이 합당해 만든 통합진보당에서는 청소년 당원들을 청소년이라는 이유로 제명하는 사건이 일어났다. 그래도 2000년대에 들어서 청소년들이 시민사회단체나 정당, 또는 정치활동에 참여하는 모습을 자주 볼 수 있게 된 것만은 큰 변화라고 할 수 있을 것이다.

이러한 사회적 분위기와 광장에서 함께한 경험 속에서 청소년들의 활동도 촉진되었다. 2000년대 초중반을 '청소년운동의 르네상스'라고 평하는 사람도 있을 정도였다.[100] 전국고등학생대표자협의회, 민주중고등학생연합 등 촛불집회 이전부터 있던 단체들은 집회에 적극적으로 참여하면서 이름을 알리고 더욱 힘을 받아 활동할 수 있었다. 촛불집회 이후에 새롭게 생겨난 모임들도 많았다.

# 만 18세
## 선거권 운동
### '낮추자'

청소년들의 활발한 활동은 자연스레 청소년의 참정권을 요구하는 목소리로 이어졌다. 2002년부터 본격적인 활동으로 나타난 18세 선거권 운동이 그 대표적 예다. 1960년 4·19혁명을 거치며 바뀐 이후 대한민국의 선거권 제한 연령은 만 20세로 고정되어 있었는데, 이것을 만 18세로 바꿔야 한다는 주장은 상당히 오래전부터 제기되었다. 1996년 무렵 유명 시민단체들이 이러한 주장을 했고, 만 20세 미만의 사람들에게 선거권을 제한하는 것은 국민의 기본권을 침해하는 것이라며 헌법재판소에 헌법재판을 청구한 사례도 있었다. '만 20세'라는 기준에 따르면 대학생들 중 상당수도 선거권을 가지지 못하기 때문에 대학생들 역시 선거권 연령 제한을 완화하라고 요구하기도 했다. 온라인에 만들어진 청소년 공간에서는 '만 18세 선거권'이라는 주제로 활발한 토론이 오갔고, 정부 주최로 열린 청소년 토론회에서 선거권 연령 제한을 만 18세로 하자는 주장이 나오기도 했다.

그렇게 사람들의 입에 오르내리던 만 18세 선거권 주장이 본격적인 운동으로 나타난 것은 2000년대에 들어서의 일이다. 2002년, 대통령 선거를 앞두고 만 18세 선거권 운동모임인 '낮추자'가 만들어졌다. '낮추자'는 2002년 12월 19일 대한민국 제16대 대통령 선거일, 서울 명동에 투표소를 만들고 만 20세 미만 청소년들이 참여하는 모의투표를 진행했다. 거리에 차린 투표소에는 '우리도 대통령을 뽑는다.' '참정권을 달라.'라고 적힌 포스터가 붙어 있었고, 18세 선거권을 요구하는 다양한 전시물과 퍼포먼스가 모의투표를 장식했다. '낮추자' 모임에 함께한 가수와 활동하는 청소년들은 노래 공연을 하며 사람들의 시선을 끌었다.

거리에서만이 아니라 온라인에서도 청소년 모의투표가 이루어졌다. '낮추자' 홈페이지와 10대 커뮤니티 '아이두' 등에서는 청소년들이 모의투표를 통해 자신들이 원하는 대통령을 찍었다. 비록 실제 대통령의 당선에는 영향을 미칠 수 없는 표였지만, 선거에 참여하고 싶다는 마음으로 모의투표에 참여하고 자신들의 목소리를 낸 청소년들은 아마 뿌듯함을 느꼈을 것이다. 이날 실재 선거에서는 노무현 후보가 대통령에 당선되었는데, 재미있는 것은 청소년들의 모의투표에서도 노 후보가 당선되었다는 점이다.

'낮추자'는 그 뒤 2004년 총선(국회의원선거) 때도 재차 선거권 제한 연령을 만 18세로 내릴 것을 주장하며 캠페인과 모의투표를 진행했다. 또한 2004년 총선 무렵에는 진보적청소년연합, 21세기청소년공동체 희망, 대한민국청소년의회, 민주노동당 청소년위원회, 청소년정치참여 네트워크 등의 청소년단체뿐 아니라 시민단체들도 참여해 '18세 선거권 낮추기 공동연대'가 만들어졌다. '18세 선거권 낮추기 공동연대'는 선거권 제한 연령을 만 18세로 하자는 주장을 적극 홍보하는 동시에 국회에 국민청원 제출, 국회의원 면담, 중앙선거관리위원회 방문 등 법 개정을 위한 실질적인 활동을 전개했고, 2004년 11월 3일을 맞이해서는 광주학생독립운동의 주역인 18세 청소년들에게 선거권을 보장하라

공무원이나 학교, 교사 등은 흔히 '정치적인 중립'을 반드시 지켜야 한다고 이야기한다. 특히 교사의 경우는 '교육의 정치적 중립성'을 특히 더 강조받기도 한다. 예를 들어 이승만 정권 당시 학교나 정부기관에서 정치적 중립을 지키지 않으면서 드러내놓고 이승만과 자유당에게 유리한 홍보를 해주고 편을 들거나 사람들을 동원한 것은 선거에서 이승만 정권이 저질렀던 대표적인 부정 행위였다.

그런데 이 '정치적 중립'이란 어떤 것일까? 사실 무엇이 정치적인 발언이고 정치적인 행동인지, 또 무엇이 중립을 지키는 것인지 곰곰이 생각해보면 쉽게 답하기가 어려운 문제다. 교사가 특정 대통령을 찬양하는 것이 정치적 중립을 어기는 것이라면 특정 대통령의 독재를 비판하는 것도 정치적 중립을 어기는 일일까? 역사 교사가 역사를 가르치면서 자신의 의견을 이야기하거나, 사회 교사가 복지제도 혹은 사회정책 등에 대해 이야기하면서 자신의 의견을 피력하는 것도 정치적 중립에 위배되는 일일까?

이 정치적 중립이라는 것 때문에 한국에서는 공무원과 교사들이 정당에 가입하거나 정치적인 목소리를 내는 것이 금지되고 있다. 때로는 교사들이 노동조합 활동을 하거나 교사들의 단체에서 정부정책을 비판하는 것도 정치적 중립을 어겼다는 이유로 처벌이나 제약을 받는다. 그런데 이는 공무원과 교사들의 시민으로서의 당연한 인권을 침해하는 것이라는 비판도 있다. 공무원이나 교사는 자기 직무를 수행할 때는 정치적 중립을 지켜야 하지만 그 외의 경우에는 한 명의 시민으로서 자신의 생각에 따라 정치활동을 할 자유를 보장해야 한다는 것이다. 실제로 독일과 프랑스 등 많은 나라에서는 교사나 공무원의 정당 가입 및 정치활동을 보장하고 있다.

가끔은 '학교는 정치적 중립을 지켜야 한다'는 핑계를 들어서 학생들이 학교 안에서 자신의 정치적 의견을 내고 활동하는 것까지 금지하는 경우도 있다. 실제로 학생들은 자신의 의견을 말할 자유나 단체를 만들 자유, 집회나 시위를 할 자유 등을 '정치적이어서는 안 된다'라는 이유로 제한당한다. 정당에 가입하거나 언론에 나오는 정치활동을 한 청소년들은 학교에서 이런 이유로 처벌을 받기도 했다. 또 헌법재판소 등에서는 교사가 정치적 중립을 지켜야 하는 이유 중 하나로 '학생들에게 정치적 영향을 미쳐선 안 되기 때문'을 들고 있다. 교사에게 요구하는 정치적 중립과 청소년들의 정치활동에 대한 편견과 억압 사이에는 깊은 관련이 있는 것이다.

공무원과 교사의 정치적 중립을 요구하게 된 것은 이승만이나 박정희 같은 권력자들이 자신들을 위해 함부로 정부기관이나 학교를 이용하는 것을 막기 위해서였다. 그러므로 애초의 취지를 살리려면 '중립성'보다는 공무원이나 교사의 일자리를 정치세력의 압력으로부터 보호하고 그들의 자유를 보장하는 정치적 독립성이 더 옳은 개념일 수도 있다. 마치 1960년대, 1980년대의 고등학생들이 "학원을 정치도구화하지 말라."고 외치면서 자신들의 자유를 보장하라고 했듯이 말이다. 교사나 공무원이 자신의 의견을 가지지 못하고 오직 상사가 시키는 대로만 행동하게 된다면 오히려 그것이 더 권력을 쥔 사람들에게 이용당하기 쉬워지는 일일지도 모른다.

물론 교사나 공무원이 자신의 직무상 권한을 개인적 의견에 따라 함부로 남용하지 않으며 공정하고 정당하게 사용하게 하는 제도도 필요하다. 교사는 특정 학생이 자신과 정치적 생각이 다르다는 이유로 수행평가 등에서 불이익을 줘서는 안 된다. 이는 명백한 권한 남용이기 때문이다. 가령 교사의 정치활동을 보장하는 독일 같은 경우는 '학교 수업에서 정치적 사안을 다룰 때 학생에게 자신의 견해를 강요하지 말 것' '여러 의견이 있고 논쟁이 되고 있는 주제라면 그와 관련된 다양한 의견들을 골고루 소개할 것' '학생이 자신의 상황과 이익에 따라 분석하고 판단할 수 있게 할 것' 등의 규칙을 정해두고 있다.

그러나 한국의 교육부와 학교는 이런 규칙은 제대로 만들지도 않은 채 교사들에게 '정치적 활동을 하지 말라'고 옥죄며 정부를 비판하거나 정치적 의견을 밝힌 교사들을 처벌하고 있다. 때로는 학생들까지도 같은 이유로 처벌을 받는다. 이는 '교육의 정치적 중립'을 보장하려 한 원래의 취지와는 반대로, 교사와 학생에게 정부가 시키는 대로 고분고분 따르기만 하게 만드는 것이라 비판할 수 있을 것이다.

학생, 청소년들이 아직 '미성숙'하다는 이유로 정치적 활동을 금지하는 것 역시 청소년들의 인권을 부당하게 침해하는 일이다. 학교라는 기구가 '중립'을 지키는 것과 학생들의 정치적 활동을 제약하는 것은 완전히 다른 문제다. 오히려 학생들의 정치적 발언과 활동에 대해 아무런 간섭도 하지 않고 자유롭게 보장하는 것이야말로 학교가 국가기구로서 '중립'을 지키는 일 아닐까?

는 주장을 발표하기도 했다. 만 18세 선거권은 이러한 활동의 결과 잘 알려진 이슈가 되었다. 열린우리당, 민주당, 민주노동당 등 여러 정당들도 선거권 제한 연령을 만 18세로 하겠다는 공약을 발표했고, 국회의원 122명이 같은 내용의 법안에 지지 서명을 했다. 이런 노력이 계속되었음에도 한나라당이 이 법안을 반대하고 여러 국회의원 역시 소극적 태도를 보임으로써 실제 법 개정은 어려움을 겪었다.

그러다 2005년 6월, 국회의원들은 선거권 제한 연령을 만 20세에서 만 19세로 바꾸는 내용에 합의한다. 선거권 제한 연령이 완화되는 것이기는 했으나 만 19세면 사실상 20대부터 선거권을 가지는 셈이었다. '18세 선거권 낮추기 공동연대'는 이를 비판하며 18세를 기준으로 해야 한다고 주장했지만 결국은 만 19세로 법안이 통과되었다.

'만 18세 선거권 운동'은 단지 선거권 연령을 바꾸자는 운동만이 아니었다. 선거권 제한 연령을 만 19세로 하는 것과 만 18세로 하는 것 사이에는 큰 차이가 있었다. 후자로 정하면 고등학교 3학년생들이나 열아홉 살인 사람들 중 일부가 선거권을 가지게 되는데, 이는 참정권을 얻는 첫 출발선을 10대 청소년이 끊는다는 큰 의미를 가진다. 만 18세 선거권을 반대하는 측은 '고등학생들이나 10대들이 선거권을 가지는 건 안 된다'는 것을 주 이유로 제시했다. 이에 반해 찬성 측은 '고등학생도 얼마든지 투표와 정치에 참여할 수 있고, 민주주의에 참여할 권리가 있는 청소년들을 미성숙하다는 애매모호한 기준으로 가로막는 것은 비민주적인 일'이라고 주장했다. 즉, 만 18세 선거권을 둘러싼 찬반 논란에는 청소년들의 정치참여를 인정하느냐 마느냐 하는 문제가 있었던 것이다.

# 청소년을
## 정치적 주체로
### 인정하라

2000년대에 들어 청소년들은 집회의 주역으로 서기도 하면서 사회의 여러 사건들과 활동들에 참여하기 시작했다. 이는 온라인을 통해 사람들이 의견을 주고받으며 참여하는 일이 활성화되고, 촛불집회가 일어나고 정치개혁을 향한 사람들의 기대감이 커지며, 청소년들이 자신들의 인권을 주장한 그 모든 일들이 있었기에 가능했던 일이다. 청소년들은 1960년 4·19혁명 때와 마찬가지로 우리 사회의 민주주의와 더 나은 사회를 위해 촛불집회에 참여하고, 직접 참정권을 요구하며, 정당활동에 참여하고 정책에 대한 의견도 내고 있다.

하지만 2000년대 이후 나타난 청소년들의 참여와 활동에도 두 가지 불안정한 점이 있었다. 하나는 청소년들이 자신들의 권리와 이익을 이야기하고 활동할 조직을 제대로 갖추지 못했다는 것이다. 여러 청소년 단체들이 있었지만 많은 청소년들이 참여하지는 못했고 3~4년 만에 사라지는 단체들도 적지 않았다. 돈 문제나 계속 활동할 사람 등 조직 운영에 필요한 안정적 기반을 다지지 못했기 때문이다.

다른 하나는 청소년들의 참여가 많은 방해를 받았고 법적으로도 보장되지 않았다는 점이다. 법적으로 청소년들은 정당 가입이나 선거운동이 불가능했기 때문에 선거 때 특정 후보에 대한 지지 혹은 반대 의견을 표명하기만 해도 선거법 위반에 해당되었다. 이에 대한 문제가 끊임없이 제기되었지만, 2014년 헌법재판소는 청소년들에게 표현의 자유, 정당 가입의 권리 등을 제한하는 법들이 합헌이라는 판결을 내렸다. 청소년들은 미성숙하므로 정치에 참여하지 못해도 괜찮다고 인정해버린 셈이다. 한때 만 18세 선거권을 약속으로 내걸었던 정당들은 자신들에게 별 이익이 되지 않는다고 생각하자 곧 이를 잊어버리고 지금까지 큰 관심을 기울이지 않고 있다. 때문에 청소년들이 제대로 정치에 참여할 기회를 가지고 한 명의 시민으로 사는 것은 아직 현실이 되지 못했다.

하지만 정치적 권리를 가진 독립적인 시민으로 인정받기 위해 우리 사회의 문을 두드리고 있는 청소년들은 지금도 많다. 2008년에 다른 촛불집회가 있었을 때도 청소년들은 집회 및 시위의 자유를 보장하라고 요구했고, 교육감 선거에서는 청소년들이 선거에 참여하지 못하는 것에 문제를 제기했다. 청소년들의 이러한 행동은 계속 나타나고 있다. 2013년에 있었던 철도민영화 논란과 철도노조 파업 당시 대학생들은 '안녕들 하십니까'라는 표어로 대자보를 붙이는 운동을 했는데, 초중고등학생들도 이러한 대자보 운동에 참여하며 철도민영화에 반대하는 주장을 폈다. 2015년에는 정부가 역사교과서 국정화를 발표하자 여러 청소년들이 이에 반대하며 거리시위를 하고 유엔 청원을 제출하기도 했다. 세월호 참사 등 한국 사회의 중요한 여러 사건들과 관련해 활동하는 청소년들, 시민들의 연대와 참여가 필요한 곳에 가는 청소년들의 모습도 어렵지 않게 볼 수 있다.

이처럼 많은 청소년들이 자신들과 관련한 정책들, 우리 사회의 문제들에 대해 실제로 목소리를 내고, 집회에 참여하면서 활동하고 있다. 선거권만이 아니라 여러 정치적 참여를 보장하라는 목소리도 끊이지 않는다. 청소년들은 이미 우리 사회에서 어른들과 동등한 한 명의 시민으로 살아가며 행동하고 있다. 우리 사회가 이러한 청소년들을 정치적 주체로, 한 명의 시민으로 인정하는 것도 시간문제일 뿐, 언젠가는 청소년들이 이루어낼 일일 것이다.

**1** "'나는 유관순과 한방 쓴 친구'-이화학당 기숙사 동기 보각스님 회상", 〈중앙일보〉 1993년 3월 1일.

**2** 이정은,《유관순 불꽃같은 삶, 영원한 빛》, 류관순열사기념사업회, 2004, pp.253-254.

**3** 이정은,《3·1운동의 얼 유관순》, 역사공간, 2010, pp.103-117.

**4** 이정은,《유관순 불꽃같은 삶, 영원한 빛》, 류관순열사기념사업회, 2004, pp.254-256.

**5** 위의 책, pp.281-294.

**6** '목천 학생만세운동 주동인물 밝혀졌다 ─김소용··이규태 학생 거사 주도… 임정 비밀문서에서 발견', 〈오마이뉴스〉 2004년 12월 14일.

**7** 이승원,《학교의 탄생》, 휴머니스트, 2005, pp.334-339.

**8** 위의 책, pp.345-349.

**9** 김태웅,《우리 학생들이 나아가누나》, 서해문집, 2006, p.167.

**10** F. A. Mackenzie, 이광린 역,《한국의 독립운동》, 일조각, 1969, p.182.

**11** 박은식, 김도형 옮김,《한국독립운동지혈사》, 소명출판, 2008, p.325.

**12** 2016년 2월 29일자 국가기록원 보도자료, '3·1운동 숨겨진 여성 독립운동가 많았다',《여성독립운동사 자료 총서(3·1운동편)》, 국가기록원, 2016.

**13** 박철하,《한국독립운동의 역사》제30권, 독립기념관, 2009, pp.199-200.

**14** 미국장로회역사과, 〈3·1독립운동(March 1st Independence Movement)〉, 미국 필라델피아 장로교 역사과 문서고에 보관되어 있는 외국 선교사의 보고서 중 하나(이정은,《유관순, 불꽃같은 삶, 영원한 빛》, 류관순 열사기념사업회, 2004, p.282-285에서 재인용).

**15** 조이여울, '십대 여성들의 3·1운동', 〈일다〉 2013년 2월 28일.

**16** 박철하,《한국독립운동의 역사》제30권, 독립기념관, 2009, p.201.

**17** 위의 책, pp.208-209.

**18** 위의 책, pp.205-206.

**19** 김정의,《한국의 소년운동》, 혜안, 2006, pp.46-50.

**20** '처음에', 〈어린이〉 창간호, 1923년 3월, p.1(김정의,《한국의 소년운동》, 혜안, 2006, p.60에서 재인용).

21 김성일, "1회 어린이날 기념식'은 왜 두 번 치러졌나?', 〈미디어스〉 2015년 5월 5일.

22 최명표, 《한국근대소년운동사》, 선인, 2011, p.40.

23 김정의, 《한국소년운동론》, 혜안, 2011, p.146.

24 최명표, 《한국근대소년운동사》, 선인, 2011, p.85-87. '노동소년회', 〈동아일보〉 1924년 12월 25일.

25 최명표, 《한국근대소년운동사》, 선인, 2011, pp.215-227.

26 김현철 외, 《이팔청춘 꽃띠는 어떻게 청소년이 되었나?》, 인물과사상사, 2009, p.162.

27 김정의, 《한국소년운동론》, 혜안, 2006, p.152.

28 김현철 외, 《이팔청춘 꽃띠는 어떻게 청소년이 되었나?》, 인물과사상사, 2009, pp.71-99.

29 김기주, 〈광주학생운동 이전 동맹휴학의 성격〉, 《한국독립운동사연구》 제35집, 2010, pp.39-40.

30 윤석연, 《십대가 만난 현대사 ① 4·19혁명》, 한겨레출판사, 2010에서 소개된 김주열에 관한 내용에 근거해 각색한 이야기임.

31 홍영유, 《4월혁명통사》 6, 천지창조, 2010, pp.110-112.

32 "'반민주 항의' 시위대에 50m 거리서 경찰발포" [4·19 혁명 50돌] 4·19세대 '기억과 회한", 〈한겨레신문〉 2010년 4월 19일.

33 한종수, 〈고등학생들, 4·19혁명의 아침을 열다〉, 민주화운동기념사업회, 2013년 4월 10일.

34 윤석연, 《십대가 만난 현대사 ① 4·19혁명》, 한겨레출판, 2010, pp.142-143.

35 홍영유, 《4월혁명통사》 6, 천지창조, 2010, p.41.

36 '배속장교 탈선행위에 물의─일제식 모방은 부당', 〈경향신문〉 1949년 3월 10일.

37 연정은, 〈감시에서 동원으로, 동원에서 규율로─1950년대 학도호국단을 중심으로〉, 《역사연구》 제14호, 2005, p.232.

38 정미숙, 〈초기 한국 문교정책의 교육이념 구성에 관한 교육사회학적 분석〉, 교육기획실 엮음, 《분단시대의 학교교육》, 푸른나무, 1989, pp.135-137.

39 한국교육문화협회, 《반공독본》 5, 이문당, 1956, p.64(후지이 다케시, '1950년대 반공 교재의 정치학', 〈역사문제연구〉 제30호, 2013, p.70에서 재인용).

40 후지이 다케시, 〈1950년대 반공 교재의 정치학〉, 《역사문제연구》 제30호, 2013, p.70.

41 〈영남일보〉 1960년 9월 29일. 〈대구매일신문〉 1960년 9월 29일. 한국노총, 《한국노동조합운동사》, 1979, p.507(교육기획실 엮음, 〈한국교원노동조합운동의 비판적 연구〉, 《분단시대의 학교교육》, 푸른나무, 1989, p.267에서 재인용).

42 행사교육연구회, 《학교행사사전》, 1978에서 제시된 문화자료(한지수, '반공이데올로기와 정치폭력', 《실천문학》 15, 실천문학사, 1989년 9월, p.120에서 재인용).

43 강준만, 《한국 현대사 산책 1960년대편》 3권, 인물과사상사, 2004, p.235.

44 배성인, 〈유신체제의 지배이데올로기와 대중 통제〉, 학술단체협의회 기획, 《유신을 말하다》, 나름북스, 2013, p.234.

45 윤철경, 〈국가의 교육과정 통제─유신체제하 학교 교과서를 중심으로〉, 교육기획실 엮음, 《분단시대의 학교교육》, 푸른나무, 1989, p.371.

46 안재성, 《청계, 내 청춘》, 돌베개, 2007, pp.299-328을 각색했다.

47 마토마 야키히로 외, 오석철·이신철 옮김,《맑스 사전》, 도서출판b, 2011, p.303.

48 '골방서 하루 16시간 노동', 〈경향신문〉 1970년 10월 7일(조영래,《전태일 평전》, 돌베개, 2001. p.264-265에서 재인용).

49 조영래,《전태일 평전》, 돌베개, 2001, p.295, 299, 303.

50 유정숙 외,《나, 여성노동자》1, 그린비, 2011, pp.77-78.

51 김원,《여공 1970, 그녀들의 반역사》, 이매진, 2005, p.704. 장미경,〈근대화와 1960-70년대 여성 노동자-여성 노동자 형성 과정을 중심으로〉,《경제와 사회》61, 한울, 2004, pp.118-119.

52 유정숙 외,《나, 여성노동자》1, 그린비, 2011, p.302.

53 배경내, '청소년 노동인권 교육 방안', 〈제4회 참교육실천보고대회연구보고서〉, 2005, p.3.

54 이번 장은 1980년 5·18광주항쟁에 참여했던 여러 청소년들의 실제 사례를 모아 가상의 한 고등학생의 일기로 재구성한 것이다. 당시 참여 인물의 실제 행위나 목격 사례는 각주로 표시했다.

55 이봉형 사례, 한국현대사사료연구소,《광주5월민중항쟁사료전집》, 풀빛, 1990, p.354.

56 한국현대사사료연구소,《광주5월민중항쟁사료전집》, 풀빛, 1990, pp.802, 825, 1174, 865~866 중 김지호·김향현·유석·이덕준 사례.

57 위의 책, pp.887-888 중 김상집의 증언.

58 위의 책, p.824, 1175 중 김지호·이덕준의 사례.

59 정상용 외,《광주민중항쟁》, 풀빛, 1990, p.184.

60 위의 책, p.204.

61 전남사회운동협의회·황석영,《죽음을 넘어 시대의 어둠을 넘어—광주 5월 민중항쟁의 기록》, 풀빛, 1985, p.81.

62 전남사회문제연구소,《5·18 광주민중항쟁 자료집》, 도서출판 광주, 1988, pp.143-144.

63 5·18민주유공자회 구술, 5·18기념재단 엮음,《그해 오월, 나는 살고 싶었다》, 한얼미디어, 2006, p.280. 유덕준 증언, 한국현대사사료연구회,《광주 5월 민중항쟁 사료 전집》, 풀빛, 1990, p177.

64 정상용 외,《광주민중항쟁》, 풀빛, 1990, p.287.

65 임영상, '어느 '고교생 시민군'의 회상기 ⑦ "마침내 군사교육 '이수하고' 시민군 되다"', 〈오마이뉴스〉 2008년 5월 21일.

66 정상용 외,《광주민중항쟁》, 풀빛, 1990, p.288.

67 전남사회운동협의회·황석영,《죽음을 넘어 시대의 어둠을 넘어—광주 5월 민중항쟁의 기록》, 풀빛, 1985, p.196.

68 위의 책, p.199.

69 정상용 외,《광주민중항쟁》, 풀빛, 1990, pp.303-304.

70 전남사회운동협의회·황석영,《죽음을 넘어 시대의 어둠을 넘어—광주 5월 민중항쟁의 기록》, 풀빛, 1985, p.237.

71 한국현대사사료연구소,《광주5월민중항쟁사료전집》, 풀빛, 1990, p.806 중 유석의 사례.

72 임영상, '어느 '고교생 시민군'의 회상기 ⑦ "계엄군의 도청 점령, 나는 겁이 났다. 5월 27일 새벽, 도청을 사수하라"', 〈오마이뉴스〉 2008년 5월 26일 중 최재남의 사례.

73 전남사회운동협의회·황석영,《죽음을 넘어 시대의 어둠을 넘어—광주 5월 민중항쟁의 기록》, 풀빛, 1985, p.241.

74 한국현대사사료연구소,《광주5월민중항쟁사료전집》, 풀빛, 1990, p.826 중 김지호의 사례.

75 위의 책, p.807 중 유석의 사례.

76 성하훈, "서울지역고등학생연합'을 아십니까? [청소년운동 20년] 87년 12월 명동성당에 모인 고등학생들'.〈오마이뉴스〉 2007년 12월 3일.

77 양돌규,〈민주주의 이행기 고등학생운동의 전개과정과 성격에 관한 연구〉, 성공회대 일반대학원 사회학과 석사학위 논문, p.55.

78 위의 논문, p.55.

79 '학생들 죽이는 입시교육',〈시사저널〉 8호, 1989년 12월 17일.

80 양돌규,〈민주주의 이행기 고등학생운동의 전개과정과 성격에 관한 연구〉, 성공회대 일반대학원 사회학과 석사학위 논문, p.81.

81 정재희, '돌 캐러 간다', 푸른나무 이야기모임 엮음,《푸른나무》1, 푸른나무, 1988, pp.87-89.

82 공현, "'굴종의 삶을 떨쳐 반교육의 벽 부수고"—들불처럼 번진 청소년들의 참교육 운동',〈인권오름〉 제10호, 2006년 6월 27일.

83 전누리, '민주화의 불꽃, 학교를 삼키다—87년 6월 항쟁과 고등학생운동, 청소년인권운동의 뿌리',〈인권오름〉 제6호, 2006년 5월 31일.

84 《노동해방문학》1989년 8월호, 노동문학사, p.166.

85 양돌규,〈민주주의 이행기 고등학생운동의 전개과정과 성격에 관한 연구〉, 성공회대 일반대학원 사회학과 석사학위 논문, pp.95-98.

86 실제로 경기도 학생인권조례 제정 과정에서 있었던 일과 경험담을 바탕으로 각색했다. 일부 내용은 서울학생인권조례 제정 과정에서의 경험담을 참고했다. "미운 오리' 학생인권조례, 유엔에서 '하늘' 날다 [발굴] 서울학생인권조례 운동 두 학생, 2일 유엔 행사서 모범사례 발표',〈오마이뉴스〉, 2012년 10월 2일.

87 유윤종, '사회를 흔든 "학생인권" 함성',〈인권오름〉 제2호, 2006년 5월 3일.

88 '[기획-청소년인권운동, 길을 묻다 ①] 최우주 씨 민원 전문(1995)',〈인권오름〉 제2호, 2006년 5월 3일.

89 김형민, '나우누리 사무실에 한총련 방이 몇 호실이야?',〈한겨레신문〉 2014년 7월 19일, 디지털 바루기, '다큐웹툰 2화: 한국 인터넷 역사_웹코리아', 한국인터넷역사프로젝트.

90 김영지,〈청소년 대안공간으로서 사이버스페이스 활용 실태와 의미〉,《한국청소년연구》, 한국청소년개발원, 2001.

91 김소희, '학생도 사람이다',〈한겨레21〉 제321호, 2000년 8월 8일.

92 배경내,《인권은 교문 앞에서 멈춘다》, 우리교육. 2000.

93 웹연대 위드(http://www.mywith.net) 및 아이두넷(http://idoo.net).

94 홍성수, '규율과 복종을 거부하는 학생들의 저항: 두발제한반대운동',《당대비평》2000년 겨울호. 전누리, '[기획-청소년인권운동, 길을 묻다 ⑦] 청소년인권운동의 지평을 넓히다',〈인권오름〉 제34호, 2006년 12월 20일.

95 고근예, '[기획-청소년인권운동, 길을 묻다 ⑩] 뿔뿔이 한해살이 운동을 넘어 - 2005년~2006년 청소년인권운동의 기록', 〈인권오름〉, 2007년 4월 18일.

96 촛불집회에 참가했던 청소년들의 경험담과 신문 기사 등을 토대로 재구성해서 만든 이야기다.

97 이창호·정의철, 〈촛불문화제에 나타난 청소년의 사회참여 특성에 대한 연구〉, 《언론과학연구》 제8권 제3호, 2008년 9월.

98 윤선영, "'청소년인권은 처음부터 없었다.'ㅡ국가인권위원회에 진정서 낸 어느 청소년 활동가의 외침', 〈인터넷뉴스 바이러스〉 2008년 8월 26일.

99 권박효원·권우성, "'효순이·미선이는 우리 동생입니다.' ㅡ[현장] 여중생 압사 미군 규탄 집회 나선 청소년들', 〈오마이뉴스〉 2002년 7월 18일.

100 공현·둠코, 《인물로 만나는 청소년운동사》, 교육공동체벗, 2016, p.117.

## 참고문헌

### 1장

• 《여성독립운동사 자료 총서 (3·1운동편)》, 국가기록원, 2016.
• 김정의, 《한국소년운동론》, 혜안, 2006
• 김태웅, 《우리 학생들이 나아가누나》, 서해문집, 2006.
• 문재경, 〈초등 사회과에서 아동생활사 교재의 개발과 적용 방안〉, 한국교원대학교, 2007.
• 박은식, 김도형 옮김, 《한국독립운동지혈사》, 소명출판, 2008.
• 박철하, 《한국독립운동의 역사》 제30권, 독립기념관, 2009.
• 역사교육연구소, 《어린이들의 한국사》, 휴먼어린이, 2015.
• 이정은, 《3·1운동의 얼 유관순》, 역사공간, 2010.
• 이정은, 《유관순 불꽃같은 삶, 영원한 빛》, 류관순열사기념사업회, 2004.
• 조이여울, '십대 여성들의 3·1운동', 〈일다〉 2013년 2월 28일.
• 최은희, 《한국 근대 여성사》, 조선일보사, 1991.
• 한윤형, 《뉴라이트 사용후기》, 개마고원, 2009.

### 2장

• 김성일, "1회 어린이날 기념식'은 왜 두 번 치러졌나?', 〈미디어스〉 2015년 5월 5일.
• 김정의, 《한국소년운동론》, 혜안, 2006.
• 김현철 외, 《이팔청춘 꽃띠는 어떻게 청소년이 되었나?》, 인물과사상사, 2009.
• 박철하, 《한국독립운동의 역사》 제30권, 독립기념관, 2009.
• 이주영, 《어린이 문화 운동사》, 보리, 2014.
• 최명표, 《한국근대소년운동사》, 선인, 2011.

### 3장

• 광주학생독립운동사 편찬위원회, 《광주학생독립운동사》, 광주학생독립운동동지회, 2009.

- 김기주, 〈광주학생운동 이전 동맹휴학의 성격〉, 《한국독립운동사연구》 제35집, 한국독립운동사연구소, 2010.
- 김호일, 《한국근대 학생운동사》, 선인, 2005.
- 이계형, 〈1920년대 함흥지역 학생운동의 전개와 성격〉, 《한국근현대사연구》 제20호, 2002년 3월.
- 장석흥, 〈6·10 만세운동의 격문과 이념〉, 《한국독립운동사연구》 제12집, 한국독립운동사연구소, 1998.
- 한규무, 《광주학생운동》, 독립기념관 한국독립운동사연구소. 2009.

**4장**

- 국가기록원, '기록으로 보는 4·19 혁명(http://theme.archives.go.kr/next/419)'
- 민주화운동기념사업회 오픈아카이브(http://db.kdemocracy.or.kr/) 중 구술 아카이브, 설송웅·장주효· 박명철·홍종흠·강재식·배극일·이상철.
- 민주화운동기념사업회, 《4월 혁명》, 2011.
- 민주화운동기념사업회, 《4월혁명사료총집》, 2010.
- "'반민주 항의' 시위대에 50m 거리서 경찰발포" [4·19혁명 50돌] 4·19세대 '기억과 회한', 〈한겨레신문〉 2010년 4월 19일.
- 성유보(필명 이룰태림·71) 희망래일 이사장 / 정리 도움 : 강태영, '길을 찾아서' 시리즈 연재, 〈한겨레신문〉 2014년 1월 1일~1월 15일.
- 윤석연, 《십대가 만난 현대사 ① 4·19혁명》, 한겨레출판, 2010.
- 홍영유, 《4월혁명통사》. 천지창조, 2010.

**5장**

- '[긴조9호세대 비사](8)산 자는 따르리라', 〈주간경향〉, 2004년 2월 13일.
- 강준만, 김환표, 《희생양과 죄의식》, 개마고원, 2004.
- 강준만, 《한국 현대사 산책 1960년대편》 3, 인물과 사상사, 2004.
- 강준만, 《한국 현대사 산책 1970년대편》 2, 인물과 사상사, 2002.
- 강준만, 《한국 현대사 산책 1970년대편》 3, 인물과 사상사, 2002.
- 배성인, 〈유신체제의 지배이데올로기와 대중 통제〉, 《유신을 말하다》, 학술단체협의회 기획, 나름북스, 2013.
- 변명희, 〈한국교원노동조합운동의 비판적 연구〉, 《분단시대의 학교교육》, 교육기획실 엮음, 푸른나무, 1989.
- 연정은, 〈감시에서 동원으로, 동원에서 규율로―1950년대 학도호국단을 중심으로〉, 《역사연구》 제14호, 2005.
- 윤철경, 〈국가의 교육과정 통제―유신체제하 학교 교과서를 중심으로〉, 《분단시대의 학교교육》, 교육기획실 엮음, 푸른나무, 1989.
- 이승호, 《옛날 신문을 읽었다 1950-2002》, 다우, 2002.
- 이신철, 〈국사 교과서 정치도구화의 역사―이승만·박정희 독재정권을 중심으로〉, 《역사교육》 제97호,

2006.

- 정미숙, 〈초기 한국 문교정책의 교육이념 구성에 관한 교육사회학적 분석〉, 《분단시대의 학교교육》, 교육기획실 엮음, 푸른나무, 1989.
- 한만길, 〈1950년대 민주주의 교육의 성격〉, 《분단시대의 학교교육》, 교육기획실 엮음, 푸른나무, 1989.
- 한지수, 〈반공이데올로기와 정치폭력〉, 《실천문학》 제15호, 1989.
- 홍성태, 〈주민등록제도와 총체적 감시사회의 형성〉, 《국가와 일상: 박정희 시대》, 공제욱 엮음, 한울아카데미, 2008.
- 후지이 다케시, 〈1950년대 반공 교재의 정치학〉, 《역사문제연구》 제30호, 2013.


## 6장

- 구해근, 《한국노동계급의 형성》, 창작과 비평사, 2002.
- 김원, 《여공 1970, 그녀들의 반역사》, 이매진, 2005.
- 마토바 아키히로 외, 오석철 · 이신철 역, 《맑스사전》, 도서출판 b, 2011.
- 배경내, '청소년 노동인권 교육 방안', 〈제4회 참교육실천보고대회연구보고서〉, 2005.
- 안재성, 《청계, 내 청춘(청계피복노조의 빛나는 기억)》, 돌베개, 2007.
- 유경순 외, 《나, 여성노동자》 1, 그린비, 2011.
- 이종구 외, 《1960-1970년대 한국의 산업화와 노동자 정체성》, 한울아카데미, 2004.
- 장미경, 〈근대화와 1960-70년대 여성 노동자-여성 노동자 형성 과정을 중심으로〉, 《경제와 사회》 61, 한울, 2004.
- 조영래, 《전태일 평전》, 돌베개, 2001.
- 조희연, 《박정희와 개발독재시대─5·16에서 10.26까지》, 역사비평사, 2007.


## 7장

- 임영상, '어느 '고교생 시민군'의 회상기⑦ "마침내 군사교육 '이수하고' 시민군 되다", 〈오마이뉴스〉 2008년 5월 21일.
- 임영상, '어느 '고교생 시민군'의 회상기⑧ "계엄군의 도청 점령, 나는 겁이 났다. 5월 27일 새벽, 도청을 사수하라", 〈오마이뉴스〉 2008년 5월 26일.
- 전남사회문제연구소, 《5·18 광주민중항쟁 자료집》, 도서출판 광주, 1988.
- 전남사회운동협의회, 황석영, 《죽음을 넘어 시대의 어둠을 넘어─광주 5월 민중항쟁의 기록》, 풀빛, 1985.
- 정상용 외, 《광주민중항쟁》, 풀빛, 1990.
- 한국현대사사료연구소, 《광주5월민중항쟁사료전집》, 풀빛, 1990.
- 5·18민주유공자회 구술, 5·18기념재단 엮음, 《그해 오월, 나는 살고 싶었다》, 한얼미디어, 2006.


## 8장

- 김원, 《87년 6월 항쟁》, 책세상, 2009.
- 서중석, 《6월 항쟁》, 돌베개, 2011.

- 성하훈, "'서울지역고등학생연합'을 아십니까? [청소년운동 20년] 87년 12월 명동성당에 모인 고등학생들', 〈오마이뉴스〉 2007년 12월 3일.
- 양돌규, 〈민주주의 이행기 고등학생운동의 전개과정과 성격에 관한 연구〉, 성공회대 일반대학원 사회학과 석사학위 논문, 2006.
- 전누리, '민주화의 불꽃, 학교를 삼키다―87년 6월 항쟁과 고등학생운동, 청소년인권운동의 뿌리', 〈인권오름〉 제6호, 2006년 5월 31일.

## 9장

- 공현, "'굴종의 삶을 떨쳐 반교육의 벽 부수고"―들불처럼 번진 청소년들의 참교육 운동', 〈인권오름〉 제10호, 2006년 6월 27일.
- 노동문학사 편집부, 《노동해방문학》4, 노동문학사, 1989.
- 박종혁, '자살학우 실태보고', 푸른나무 이야기 모임 엮음, 《푸른나무》1, 푸른나무, 1988.
- 전국교직원노동조합학생사업국, 《자살학생과 청소년문제》, 1992.
- 전누리, '민주화의 불꽃, 학교를 삼키다―87년 6월 항쟁과 고등학생운동, 청소년인권운동의 뿌리', 〈인권오름〉 제6호, 2006년 5월 31일.
- 정재희, '돌 캐러 간다', 푸른나무 이야기모임 엮음, 《푸른나무》1, 푸른나무, 1988.

## 10장

- 고근예 외, '[기획―청소년인권운동, 길을 묻다] '청소년 인권운동' 첫발을 내딛다', 〈인권오름〉, 2006년 10월 25일.
- 고근예, '[기획―청소년인권운동, 길을 묻다] 뿔뿔이 한해살이 운동을 넘어', 〈인권오름〉, 2007년 4월 18일.
- 공현·둠코, 《인물로 만나는 청소년운동사》, 교육공동체 벗, 2016.
- 김영지, 〈청소년 대안공간으로서 사이버스페이스 활용 실태와 의미〉, 한국청소년개발원, 2001.
- 므스, '[기획―청소년인권운동, 길을 묻다] 학교 안과 밖, 그 경계에서', 〈인권오름〉, 2007년 3월 21일.
- 배경내, 《인권은 교문 앞에서 멈춘다》, 우리교육, 2000.
- 유윤종, '[기획―청소년인권운동, 길을 묻다] 사회를 흔든 "학생인권" 함성', 〈인권오름〉, 2006년 5월 3일.
- 유윤종, '[기획―청소년인권운동, 길을 묻다] '재량권 춤추는 사립학교', 이제 그만!', 〈인권오름〉, 2007년 1월 24일
- 전누리, '[기획―청소년인권운동, 길을 묻다] 청소년인권운동의 지평을 넓히다', 〈인권오름〉, 2006년 12월 20일.

## 11장

- '[촛불 청소년, 그 후] 촛불세대, 일상의 촛불화', 〈한겨레21〉 제728호, 2008년 9월 25일.
- '"청소년인권은 처음부터 없었다."―국가인권위원회에 진정서 낸 어느 청소년 활동가의 외침', 〈인터넷뉴스 바이러스〉 2008년 8월 26일.
- '광우병 촛불집회의 주역, 청소년', 〈인터넷뉴스 바이러스〉 2008년 12월 19일.

- '미 쇠고기 촛불문화제 이끈 청소년 주역들', 〈인터넷뉴스 바이러스〉 2008년 6월 11일.
- '청소년 주역들이 평가한 2008 촛불, '국민단합'과 '정치참여'', 〈인터넷뉴스 바이러스〉 2008년 6월 20일.
- '촛불 불구속 입건 청소년, "촛불집회 현장은 나에게 학교였다."', 〈인터넷뉴스 바이러스〉 2008년 8월 1일.
- 권박효원 · 권우성, '"효순이, 미선이는 우리 동생입니다." ─ [현장] 여중생 압사 미군 규탄 집회 나선 청소년들', 〈오마이뉴스〉 2002년 7월 18일.
- 김예란 · 김효실 · 정민우, 〈광장에 균열내기: 촛불 십대의 정치 참여에 대한 문화적 해석〉, 《한국언론정보학보》 52호, 2010.
- 이창호 · 정의철, 〈촛불문화제에 나타난 청소년의 사회참여 특성에 대한 연구〉, 《언론과학연구》 제8권 제3호, 2008.